FRANCOPHONIES
D'AMÉRIQUE

Printemps 2004   Numéro 17

Les Presses de l'Université d'Ottawa

FRANCOPHONIES
D'AMÉRIQUE
Printemps 2004   Numéro 17

Directeur :

PAUL DUBÉ
Université de l'Alberta, Edmonton

Conseil d'administration :

GRATIEN ALLAIRE, président
Université Laurentienne, Sudbury

JAMES DE FINNEY
Université de Moncton

PIERRE-YVES MOCQUAIS
Université de Calgary

JEAN-PIERRE WALLOT
CRCCF, Université d'Ottawa

Comité de lecture :

PAMELA V. SING, responsable des recensions
Faculté Saint-Jean, Université de l'Alberta,
Edmonton

RAOUL BOUDREAU
Université de Moncton

LESLIE CHOQUETTE
Collège de l'Assomption, Worcester (Mass.)

ESTELLE DANSEREAU
Université de Calgary

PIERRE PAUL KARCH
Collège universitaire Glendon, Université
York

Secrétariat de rédaction :

Centre de recherche en civilisation
canadienne-française
Université d'Ottawa
MONIQUE PARISIEN-LÉGARÉ

Révision linguistique :
ANDRÉ LAROSE

Francophonies d'Amérique est indexée
dans :

Klapp, *Bibliographie d'histoire littéraire
française* (Stuttgart, Allemagne)

*International Bibliography of Periodical
Literature (IBZ)* et *International
Bibliography of Book Reviews (IBR)*
(Osnabrück, Allemagne)

*International Bibliography of the Social Sciences
(IBSS), The London School of Economics and
Political Science (Londres, Grande-Bretagne)*

MLA International Bibliography (New York)
Project Muse (John's Hopkins University
Press)

Cette revue est publiée grâce à la contribution financière
des universités suivantes :

UNIVERSITÉ D'OTTAWA
UNIVERSITÉ LAURENTIENNE DE SUDBURY
UNIVERSITÉ DE MONCTON
UNIVERSITÉ DE L'ALBERTA — FACULTÉ SAINT-JEAN
UNIVERSITÉ DE CALGARY
ET LE REGROUPEMENT DES UNIVERSITÉS DE LA FRANCOPHONIE HORS QUÉBEC

ISBN 2-7603-0579-1

FRANCOPHONIES
D'AMÉRIQUE

Comment communiquer avec

FRANCOPHONIES
D'AMÉRIQUE

POUR LES QUESTIONS DE DISTRIBUTION OU DE PROMOTION :

Customer Service Inquiries / Services à la clientèle
University of Toronto Press – Journals Division
5201, rue Dufferin
Toronto (Ontario) M3H 5T8
Téléphone : (416) 667-7810
Télécopieur : (416) 667-7881
Courriel : journals@utpress.utoronto.ca
Site Web : www.utpjournals.com

POUR TOUTE QUESTION TOUCHANT AU CONTENU DE LA REVUE :

Paul Dubé
Directeur
Francophonies d'Amérique
Département des langues modernes
et des études culturelles
Université de l'Alberta
EDMONTON (Alberta) T6G 2E6
Téléphone : (780) 492-1207
Télécopieur : (780) 492-9106
Courriel : pdube@gpu.srv.ualberta.ca

POUR TOUTE QUESTION RELEVANT DU SECRÉTARIAT DE RÉDACTION :

Monique P.-Légaré
Centre de recherche
en civilisation canadienne-française
Université d'Ottawa
145, rue Jean-Jacques-Lussier, bureau 274
Ottawa (Ontario) K1N 6N5
Téléphone : (613) 562-5800 poste 4001
Télécopieur : (613) 562-5143
Courriel : crccf@uottawa.ca

POUR LES NOUVELLES PUBLICATIONS ET LES THÈSES SOUTENUES :

Francine Bisson
Bibliothèque Morisset
Université d'Ottawa
Ottawa (Ontario) K1N 6N5
Téléphone : (613) 562-5800 poste 3616
Télécopieur : (613) 562-5133
Courriel : fbisson@uottawa.ca

TABLE DES MATIÈRES

CANADA

FRANCOPHONIES
D'AMÉRIQUE
Paul Dubé
Université de l'Alberta

> [...] le rôle social de l'écrivain, [c'est] ... aussi le devoir
> de transcender la réalité par fabulation pour brasser les
> fausses certitudes que l'on a et qui nous enferment.
> FRANCE DAIGLE, « Interview »

Le modèle d'engagement que nous propose France Daigle pour l'écrivain pourrait aussi bien s'appliquer aux chercheur/es qui continuent leur travail de « réflexion » sur cette vaste francophonie nord-américaine, de plus en plus fouillée et auscultée dans tous ses angles et perspectives, non seulement pour « brasser les fausses certitudes que l'on a et qui nous enferment », mais aussi, et surtout peut-être, dans le premier temps d'études nouvelles et renouvelées qui contribuent à nous signaler sa complexité, comme la nécessité, parfois, d'une action concrète...

Cette année, comme par le passé, *Francophonies d'Amérique* nous invite à voyager dans les méandres de cette francophonie à tous les plans plurielle, dont le caractère hétérogène se trouve ici accentué grâce, en partie, à un numéro pour lequel aucune thématique n'a été retenue. D'autre part, la revue continue à susciter, par la diffusion des recherches et du savoir qu'elle offre, des études sur des lieux oubliés, parfois une francophonie ayant passé aux oubliettes de l'histoire et ressuscitée ici par/pour la mémoire ; plus souvent dans le prolongement des travaux dans des domaines déjà bien rodés comme l'éducation, l'histoire, la littérature et la langue. De plus, et comme toujours, *Francophonies d'Amérique* a répertorié pour ses lecteurs et lectrices une liste exhaustive des derniers écrits parus dans les communautés francophones – romans, œuvres de poésie, pièces de théâtre, essais ou thèses – et présente une dizaine de recensions d'ouvrages tirés de cette liste. En somme, la revue maintient le cap suivant son mandat original comme l'entendait son fondateur, Jules Tessier, en 1990, soit celui de servir de « lieu de rencontre pour mettre en commun le résultat des études et travaux portant sur la vie française à l'extérieur du Québec envisagée à partir des perspectives multiples offertes par les disciplines groupées sous la double appellation des sciences humaines et sociales ».

La répartition des articles suivant les grandes régions de la francophonie nord-américaine nous procure comme toujours un horizon de plus en plus large des collectivités francophones, sorte de paradigme pour l'éclectisme des regards qui permet d'apprécier en profondeur des lieux déjà parcourus et d'inscrire de nouvelles pistes à l'étendue des possibilités...

Paul Dubé

La première région représentée dans ce numéro et qui offre justement cette diversité de regards et de perspectives est la grande région des **États-Unis**, au-delà même de celle parcourue par Pélagie dans son périple entrepris en 1770. Le premier article, signé Clint Bruce et Jennifer Gipson, nous fait découvrir les « degrés de résistance dans la littérature des Créoles de couleur de la Louisiane au XIXᵉ siècle » ; il dévoile des éléments d'une réalité inconnue du monde entier et même de la francophonie. Qui sait, par exemple, qu'il existait aux États-Unis avant la Guerre civile « une population d'origine africaine, francophone et libre » ? qu'elle a produit une littérature qu'on pourrait qualifier d'engagée (comme l'indique le titre) longtemps avant la lettre, et que ses auteurs ont incarné un mouvement de résistance dont le modèle et l'influence se retrouvent dans quelques grands chapitres de l'histoire américaine du XXᵉ siècle ?

L'étude du « cas de Bristol » au Connecticut, sur les « attitudes linguistiques et le transfert à l'anglais dans une communauté franco-américaine non-homogène » nous plonge également dans l'histoire, celle de ces « petits Canadas » américains créés en Nouvelle-Angleterre; on nous y parle d'une problématique qui hante trop bien, comme on le sait, les communautés françaises du Canada. Composée de l'histoire de la région relatant, entre autres, les mouvements migratoires à différentes époques, puisant dans des données empiriques (recensements) et dans de nombreux entretiens, l'étude menée avec méthode arrive à des constatations fort intéressantes et en quelque sorte inattendues : le cas de Bristol pourrait même, à certains égards, faire l'envie de plusieurs de nos communautés francophones canadiennes.

Le troisième article de la série américaine mesure le rapport entre « l'écriture et l'identité franco-américaine » chez Jack Kerouac à partir d'une de ses dernières publications, *Satori in Paris*. Contrairement aux critiques anglophones qui passent sous silence la dimension francophone dans les ouvrages de Kerouac – l'ethnie chez les Américains étant « nécessairement abandonnée dans la certitude du "melting pot" » –, Susan Pinette relève cette fausse lecture de Kerouac pour signaler la singulière importance de l'ethnie pour l'intelligence du texte, même que la relation dialectique entre l'ethnie et l'activité créatrice est la nécessaire « tension productrice » de l'œuvre.

De l'**Acadie**, le « Portrait d'auteure » donne la parole à une France Daigle toujours éloquente qui partage généreusement ses réflexions sur la langue française et le chiac, sa relation à la France, son cheminement personnel vers l'écriture, son choix de vivre à Moncton, la dimension autobiographique de son œuvre, l'engagement social et littéraire, son prochain livre, et j'en passe; donc, une France Daigle dans tous ses états, et « de plus en plus confiante dans [ses] moyens ».

Ce portrait s'avère être une excellente mise en situation pour l'étude qui suit, soit une « sémiologie du personnage autofictif dans *Pas pire* », un des derniers ouvrages de madame Daigle. François Giroux, qui a aussi mené l'interview susmentionnée, passe à une étude s'inspirant d'une théorisation bien connue du personnage fictif signée Philippe Hamon. Analysant le « mélange de l'autobiographie et de la fiction » dans la création du personnage « autofictif », outre son fonctionnement intratextuel, le critique lance l'hypothèse selon laquelle une telle étude pourrait, entre autres, « nous fournir un éclairage très intimiste sur la démarche créatrice, voire personnelle, de l'auteure ». Il va de soi que l'Acadie apparaît et se profile au bout de ce cheminement, ce qui donne lieu à des interrogations, posées de façon neuve et originale, sur des problématiques d'identité et de légitimation propres aux minorités.

Marianne Cormier nous amène du côté de l'éducation en mesurant les capacités qu'a l'école française en milieu minoritaire d'atteindre « les finalités » d'une éducation dont les attentes sont peut-être démesurées. Considérée « comme balancier compensateur par rapport à la réalité sociale », l'école doit cependant composer avec des facteurs tels « l'hétérogénéité » de la clientèle, la « fatigue des acteurs », le fameux « complexe du minoritaire », les « maigres ressources », le « milieu social » nord-américain, sans compter les limites à l'étendue du travail que peut produire cette institution. La réponse au défi lancé n'est pas donnée d'avance, mais cela n'empêche pas qu'avec « l'évolution des connaissances et les recherches approfondies » qui se poursuivent, il y ait de nouvelles pistes à explorer, des approches à favoriser pour maintenir l'espoir et augmenter les chances de succès.

Bertille Beaulieu clôt cette riche contribution de l'Acadie par une bibliographie de 185 titres du roman acadien, de 1863 à nos jours, présentés ici en ordre chronologique. Voici donc le résultat d'un travail d'une grande utilité pour les chercheur/es qui se penchent sur l'impressionnante production littéraire acadienne, un travail qui fournit une base solide de références pour **le grand thème** que *Francophonies d'Amérique* a choisi pour son numéro **de l'an prochain** qui portera, on l'a deviné, **sur une Acadie marquant ses 400 ans d'histoire.**

Nous abordons l'**Ontario** par le biais de la sociolinguistique. Il s'agit d'une étude d'un « phénomène de variation linguistique observé dans le parler des adolescents francophones de quatre localités ». Les auteurs Nadasdi, Mougeon et Rehner nous présentent des jeunes « scolarisés en français » mais dont l'expérience – « le contact avec l'anglais », le « niveau de maintien du français » au quotidien, le niveau de scolarisation, et les localités de résidence des locuteurs – en dehors de l'école amène des variations révélatrices dans l'usage de la langue. Ces chercheurs documentent avec méthode des pratiques langagières qui renvoient à des antécédents liés à des facteurs sociaux et à des situations bien concrètes du vécu.

L'étude suivante évoque dans l'histoire du Canada français l'époque charnière des années cinquante et soixante, celle des événements et de la dynamique liés à la Révolution tranquille au Québec, dont les rapports de celui-ci avec les communautés francophones. L'historien Gratien Allaire revient sur la question de la fin du Canada français ou de son « éclatement », c'est selon, de sa transformation ou, comme l'auteur préfère, de sa « métamorphose » en ce qu'il est devenu aujourd'hui. Pour ce faire, il revoit cette période de bouleversements à travers la participation et les prises de position de trois grandes associations (mentionnées dans le titre), dans un travail dit « exploratoire », mais qui annonce l'amorce d'une étude importante à faire pour comprendre ce moment crucial de notre histoire. Déjà, cependant, on y trouve des éléments de leçons à tirer pour la francophonie actuelle en mal de renouvellement.

La même pluralité d'approches opère à la production qui nous parvient des chercheur/es de l'**Ouest canadien**. Le premier texte nous convie à un voyage sur le tourisme en terre albertaine. Prenant comme cadre théorique les trois grands discours – traditionaliste, modernisant et mondialisant – qui expriment l'évolution des francophones dans le temps, l'analyse de la question se fait à l'aide de recherches empiriques auprès de groupes et d'individus qui œuvrent dans le domaine.

On apprend que des organismes francophones officiels longtemps tenus à l'écart (avec leur assentiment) de ces domaines – le réseau institutionnel continue à s'élargir – participent maintenant au développement de ce potentiel économique peu exploité à date par les organismes touristiques gouvernementaux. On se rend compte qu'en misant, entre autres, sur un certain héritage culturel, sur l'histoire des francophones et sur des produits authentiques de la région, on peut non seulement contribuer à l'expansion de l'économie, mais entrevoir la possibilité de valoriser et d'augmenter la reproduction linguistique et culturelle de la population francophone.

Paul Dubé

L'Ouest canadien est un terrain fertile, voire « privilégié » d'altérité : l'hétérogénéité de ses espaces, la pluralité de ses communautés ethniques, ses vagues d'immigration successives dans le temps, imprègnent la texture sociale d'une altérité profonde. La critique littéraire focalisant sur les minorités françaises du Canada examine « l'identité » des littératures de l'exiguïté francophones dans leur « rapport constant avec toute forme d'altérité », constate Glen Moulaison. C'est ainsi inspiré qu'il nous propose l'étude d'une « forme particulière d'altérité » dans deux romans représentant effectivement deux formes d'altérité à deux époques éloignées l'une de l'autre, mais dévoilant peut-être une caractéristique fondamentale de l'identité « franco-ouestienne ».

Dans « La francophonie plurielle au Manitoba », Anne-Sophie Marchand se donne pour objectifs, à partir d'une perspective sociolinguistique, de « décrire les principales raisons » de la survivance de la minorité francophone du Manitoba malgré des politiques assimilationnistes des gouvernements successifs et une minorisation de plus en plus accentuée. L'auteure y découvre des « communautés linguistiques » dont la langue est « un parler métissé empreint de variétés » dont « certains dialectes français », « beaucoup d'anglicismes », mais aussi « la partie la plus normative du français ». Est-ce ce français dans un « état intermédiaire », le paradoxe qui a permis le maintien de la langue depuis le XVIIIe siècle dans le pays de Riel ?

* * * *

La production d'un volume comme celui-ci est le résultat d'un travail de collaboration de nombreuses personnes que je tiens à remercier. D'abord, aux membres du comité de lecture, ma plus sincère gratitude pour l'engagement accordé et pour la rigueur et la compétence dans l'accomplissement du travail imposé ; à la nouvelle responsable des recensions, Pamela Sing, pour une rapidité d'adaptation aux exigences du « métier », et pour une contribution remarquée à son secteur ; à Gratien Allaire, le président du conseil d'administration, qui a si généreusement accordé temps et sagesse à la bonne direction et à la gestion de la revue.

Des remerciements spéciaux sont aussi dans l'ordre des choses pour Francine Dufort Thérien qui nous a quittés au cours de l'année après avoir été notre efficace et dévouée ministre de nos finances pendant quelques années ; pour Francine Bisson, qui s'occupe méticuleusement de ce travail indispensable des nouvelles publications ; pour André LaRose, notre lecteur de la dernière heure, dont l'expertise et la rigueur nous permettent d'atteindre dans nos pages un niveau de qualité enviée ; et surtout, pour Monique Parisien-Légaré qui, en tant que secrétaire de rédaction, a fourni, dans des conditions difficiles, un volume de travail remarquable.

Hommages et gratitude à nos universités-partenaires (Ottawa, Laurentienne, Moncton, Calgary et Alberta), qui assurent le financement de la revue, et au Regroupement des universités de la francophonie hors Québec, qui nous permet de publier un deuxième numéro annuel. Remerciements également aux Presses de l'Université de Toronto (avec les Presses de l'Université d'Ottawa), qui assument la responsabilité de la publication de la revue et maintiennent rigueur, qualité et respect des échéances.

« JE N'ÉTAIS QU'UN OBJET DE MÉPRIS » : DEGRÉS DE RÉSISTANCE DANS LA LITTÉRATURE DES CRÉOLES DE COULEUR EN LOUISIANE AU XIXe SIÈCLE

Clint Bruce et Jennifer Gipson
Centenary College of Louisiana

Un beau matin de l'année 1911, à la Nouvelle-Orléans, un messager livre un colis à Alcée Fortier, professeur de l'Université Tulane, ancien président de l'American Folklore Society et de l'Athénée louisianais, et ambassadeur culturel de la Louisiane francophone à l'extérieur de l'État. M. Fortier déballe le paquet. C'est un livre que le destinataire feuillette, avant de s'exclamer : « Je ne croyais pas qu'à la Nouvelle-Orléans il y avait encore un nègre qui pourrait écrire le français de cette façon-là[1] ».

Le volume s'intitulait *Nos Hommes et notre histoire*, et son auteur, Rodolphe Lucien Desdunes, avait consacré sa vie à l'avancement de son peuple, les Créoles de couleur de la Louisiane. Le compliment très condescendant du professeur Fortier en disait long sur l'évolution des relations entre Créoles blancs et Créoles noirs[2] : d'abord l'existence d'une population d'origine africaine, francophone et libre avant la Guerre civile américaine ; ensuite, une tentative de la part de l'élite créole blanche de les reléguer à l'oubli. L'ouvrage de Desdunes, un ensemble de « notices biographiques accompagnées de réflexions et de souvenirs personnels », se voulait un monument à la reconnaissance d'une population qui avait produit, entre autres, une littérature fort intéressante au cours du siècle précédent. Ce corpus n'est pas vaste – aucun roman, par exemple – mais il a joué un rôle non négligeable chez une élite de couleur soucieuse de défendre ses droits précaires avant et après la Guerre civile.

Dans les pages suivantes, nous survolerons un certain nombre de ces textes en les envisageant comme une littérature de résistance à des degrés différents en fonction des conditions politiques changeantes et oppressives au fil du XIXe siècle. Dès le transfert de la Louisiane aux États-Unis en 1803, les Créoles libres d'origine africaine représentent une exception gênante pour la dichotomie raciale blanc-noir de leur nouvelle patrie : de plus, ils cherchent à s'affirmer, entre autres dans la création littéraire.

Dans son étude *Resistance and Carribean Literature*, Selwyn R. Cudjoe décrit la résistance comme « tout acte ou ensemble d'actes ayant pour but de libérer un peuple de ses oppresseurs » (Cudjoe, 1980, p. 19 [traduction libre]). S'appuyant sur les travaux de l'historien Roger Bastide, il dénomme trois sortes de résistance : culturelle, socioéconomique et politique. C'est le premier type qui nous intéresse, type défini comme « relevant des croyances, mœurs ou mode de vie autochtones et exprimé dans la religion et les arts » (p. 19). Cudjoe conçoit sa grille en fonction des luttes de libération nationale contre la colonisation européenne. Cependant, le fondement de son argumentation s'adapte bien au contexte à l'étude si l'on tient compte des spécificités de la société libre de couleur. Minoritaires et fort conscients de leur statut fragile, les écrivains de l'avant-guerre, de la Reconstruction et de la fin du siècle ont élaboré diverses stratégies de dénonciation, de contestation et de revendication en vue d'améliorer la situation des Créoles de couleur et des Noirs.

Aperçu historique des Créoles de couleur

Dans un article portant sur la thématique identitaire de la poésie des Créoles de couleur, James Cowan a déjà présenté dans cette revue un excellent résumé du cheminement historique de cette population (Cowan, 1998, p. 119-130). Nous en esquisserons seulement les grandes lignes.

La population de la colonie française de la Louisiane fait la sourde oreille au Code Noir[3], qui interdit explicitement tout mariage ou ménage entre les races. Au moment du transfert du territoire aux États-Unis en 1803, les gens de couleur libres constituent une véritable caste intermédiaire. Les mieux nantis envoient leurs enfants achever leur instruction en France, mais la plupart travaillent comme artisans ou commerçants. Si les esclaves envient ces noirs, mulâtres, quarterons et octavons pour leur statut de gens libres, ces derniers envient à leur tour les droits dont jouissent leurs concitoyens blancs.

La situation des Créoles de couleur se dégrade considérablement à partir de 1850, au moment où les Créoles blancs assimilent les valeurs américaines à l'endroit des races. La fraternité fragile au sein de l'ensemble des Créoles, fondée sur la communauté linguistique, culturelle et religieuse, s'effrite. À la veille de la Guerre civile, la communauté des Créoles de couleur est importante, numériquement parlant : en 1860, il y a 355 Noirs libres au Texas, 753 dans le Mississippi et 114 aux Arkansas, tandis qu'en Louisiane la population libre de couleur se chiffre à 18 647 habitants (Lodgson et Cossé Bell, 1992, p. 209).

En avril 1862, à peine un an après le début de la Guerre civile américaine, la Nouvelle-Orléans tombe aux mains de l'armée fédérale. En juillet, Paul Trévigne lance le premier journal noir du Sud des États-Unis, *L'Union*, publié trois fois par semaine. Faute de soutien, ce premier journal cesse de paraître en 1864, et deux jours plus tard sort la première édition de *La Tribune de la Nouvelle-Orléans* (Rankin, 1984, p. 22-23).

Une fois le conflit terminé, le Sud entier se retrouve aux prises avec des transformations aussi subites que tardives. En Louisiane, les gens de couleur, s'alliant aux affranchis, jouent un rôle de premier plan au cours de la Reconstruction. Par exemple, de nombreux Afro-Américains, francophones et anglophones, seront élus à tous les niveaux, bien que les réactionnaires forment des sociétés secrètes afin de terroriser les progressistes. Avec Washington à l'écoute, *La Tribune* exerce une influence au niveau national grâce à sa section anglaise[4]. Cependant, la création littéraire en français contribue surtout à la cohésion interne de l'élite de couleur.

Dans les années suivant la retraite du gouvernement fédéral, les Créoles et les Noirs subissent une perte alarmante sur le plan des droits. À partir de 1890, la politique ségrégationniste s'installe partout dans le Sud et les Créoles de couleur portent leur lutte jusqu'à la Cour suprême.

Les premiers cris

Un des premiers textes de la plume d'un homme de couleur qui nous soit parvenu aborde directement les injustices subies par sa classe. Attribué à un Hippolyte Castra, « La Campagne de 1814-15 » met en scène un narrateur qui participe à la bataille de la Nouvelle-Orléans. Le soldat noir s'enrôle et croit, naturellement, aux promesses faites par les autorités : que sa participation en tant que citoyen lui vaudra les pleins droits d'un citoyen de la nouvelle république américaine. Pourtant, l'issue ne sera que décevante :

> En arrivant sur le champ de bataille,
> Je combattis comme un brave guerrier :
> Ni les boulets non plus que la mitraille,
> Jamais, jamais, ne purent m'effrayer.
> Je me battis avec cette vaillance
> Dans l'espoir seul de servir mon pays,
> Ne pensant pas que pour ma récompense,
> Je ne serais qu'un objet de mépris[5].

Le refrain final clôt chaque huitain et rappelle cette triste vérité : malgré les contributions de l'homme de couleur à la nation, il reste « un objet de mépris » au statut et aux droits incertains.

Ce texte nous a été conservé grâce à Desdunes, qui nous le livre, comme il le dit, « tel qu'il existe dans les cahiers de nos familles » (p. 8). Faisant le point un siècle après la bataille, le militant vieilli constate avec amertume que la situation n'a guère changé : « Courons vaincre, mes frères ! N'est-ce pas ce que nous avons entendu en 1861, 1865, 1898 et ce que nous entendons encore dans les moments difficiles ? » Desdunes poursuit : « Nous sommes tous frères quand le danger nous menace, mais nous devenons des ennemis au retour de la sécurité » (p. 10-11).

Un autre écrit de ces premières années propose un traitement tout à fait exceptionnel de l'esclavage. Expatrié à Paris dès l'âge de 19 ans[6], Victor Séjour publie en 1837 dans *La Revue des Colonies* une nouvelle, intitulée *Le Mulâtre*. L'intrigue se déroule à Saint-Domingue et peut se résumer ainsi : Georges, esclave mulâtre et fils de son maître Alfred (sans le savoir) tue ce dernier. Celui-ci avait mis à mort, selon le Code Noir en vigueur, la femme de son fils, pourtant innocente de tout crime. Georges se rend compte du lien de parenté quelques instants après le parricide et se suicide sur-le-champ. Dans cette nouvelle, Séjour dénonce, non pas des individus, mais un système maléfique qui empêche maîtres et esclaves de s'épanouir.

Dans son étude de l'œuvre de Séjour, Era Brisbane Young estime que « *Séjour, in this his first work of protest, demonstrates that the effect of slavery, like an insidious disease, permeates and corrupts every aspect of the lives of the slaves, and eventually spreads to the masters as well* » (Young, 1979, p. 92). L'esclavage opère un semblable abrutissement chez les dominants comme chez les dominés. Rapportant la joie qu'éprouvent deux enfants blancs en attendant la pendaison de Zélie, femme de Georges, le narrateur du Mulâtre, Antoine, commente :

> Cela vous étonne d'entendre deux enfants de dix ans s'entretenir si gaiement de la mort d'autrui ; c'est une conséquence peut-être fatale de leur éducation. Dès leur bas âge on leur répète que nous sommes nés pour les servir, créés pour leurs caprices, et qu'ils doivent nous

considérer ni plus ni moins qu'un chien [...] Or, que leur importent notre agonie, et nos souffrances ? (Séjour, 1837, p. 385).

Il va de soi que *Le Mulâtre* n'aurait jamais été publié en Louisiane. Le seul autre texte, à notre connaissance, qui aborde le thème de la vengeance de façon si percutante est un poème anonyme et inédit que Charles Barthélémy Roussève reproduit dans son livre *The Negro in Louisiana: Aspects of his History and his Literature*. « Le Docteur Noir » met en scène un médecin esclave qui laisse mourir son maître afin de se venger des torts que ce dernier lui avait infligés. L'esclave se prononce en ces termes :

> Te souviens-tu que dans ta rage
> Frappant ma femme et mon enfant,
> Sous les coups de ton fouet sauvage,
> Tu les fis mourir lentement. [...]
> Mais aujourd'hui, vil oppresseur,
> Je me ris de ton impuissance,
> Tremble, et redoute mon pouvoir,
> Je suis, je suis le docteur noir (Roussève, 1937, p. 190-191).

Comme dans la nouvelle de Séjour, justice est peut-être rendue, mais au prix d'un avilissement de part et d'autre.

Les années 1840 et 1850 : résistances décalées

La virulence qui marque *Le Mulâtre* sera unique dans l'œuvre de Séjour, qui connaî-tra en France une carrière impressionnante comme dramaturge et deviendra proche et secrétaire de Napoléon III[7]. D'après l'analyse de Young, l'écrivain aurait exploité le sort analogue des Juifs et des Noirs dans ses deux œuvres qui traitent de l'anti-sémi-tisme, *Diégarias* et, plus tard, *La Tireuse de cartes* : « *It does seem that Séjour, a young black man in France, deliberately chose the subject of racial persecution as the subject of his first drama [...]. The theme of* Diégarias *is but an extension of the theme of* Le Mulâtre. *[...] Both the Negro and the Jew are victims of an unconscionable society* » (Desdunes, 1911, p. 107). En transposant l'oppression qu'il avait connue dans un contexte similaire, Séjour rejoint en quelque sorte ses confrères restés en Amérique, lesquels aborderont de biais cette question évidemment préoccupante.

Auguste Viatte qualifie la décennie 1840-1850 d'« apogée de la littérature louisianaise » (Viatte, 1954, p. 242), et c'est pendant cette période que nous retrouvons deux initiatives dirigées par l'élite de couleur : la revue *L'Album littéraire : Journal des jeunes gens, amateurs de littérature*, lancée en 1843, et *Les Cenelles : Choix de poésies indigè-nes* de 1845, la première collection de poésie afro-américaine éditée aux États-Unis. Sur le plan thématique, ces ardents francophiles de *L'Album* ou des *Cenelles* semblaient voir dans la poésie un moyen d'évasion – du moins à la surface. Qu'ils aient peu parlé de revendication n'a rien d'étonnant : le climat social ainsi que les contraintes légales de la Louisiane de l'avant-guerre n'encourageaient guère la production d'ouvrages susceptibles de susciter une agitation quelconque à ce chapitre. Même si elle ne fut appliquée que rarement (Fabre, 1998, p. 190), une loi de 1830 prescrivait des punitions sévères, jusqu'à la peine de mort, pour toute personne provoquant rébellion ou ten-sions raciales parmi les Afro-Américains (Everett, 1952, p. 246).

Pourtant, dans *L'Album* et dans *Cenelles*, Armand Lanusse, éditeur du recueil, et quelques autres trouvent une cible de prédilection : le plaçage. Coutume fort courante à la Nouvelle-Orléans, le plaçage était une entente par laquelle une fille de couleur devenait la concubine d'un homme blanc. En général, la famille d'une « placée » recevait une somme d'argent, tandis que la jeune femme atteignait à un certain prestige. Si quelques femmes de couleur y trouvaient un moyen d'accéder à une position sociale supérieure, d'autres membres de leur communauté, y compris nos auteurs de couleur, ne voyaient dans cette pratique qu'une forme de prostitution honteuse et une atteinte à l'honneur de leur caste.

Face au contexte social difficile, ces écrivains recourent à diverses stratégies narratives et langagières afin d'évoquer le sujet délicat des relations interraciales. Sans mettre en scène l'homme blanc, le poème « Une nouvelle impression[8] » et la nouvelle « Marie[9] » évoquent des scénarios familiers, des mots-clés ou même des références à la prostitution pour communiquer au lecteur qu'il s'agit du plaçage. La fable « Le coq et le renard[10] », qui emprunte son titre à La Fontaine, pointe du doigt le fossé racial[11]. Seule la nouvelle « Un mariage de conscience » d'Armand Lanusse (1843, p. 130-137) met en scène directement un homme blanc. L'abord n'est pas moins codé pour autant, car on y lit : « Mais quand celle qui me donna le jour voulut me faire comprendre que ce jeune homme, *occupant dans la société un rang plus élevé que le nôtre* [nous soulignons], ne pouvait s'unir légitimement à moi, je me cachai ma tête dans mes mains et me retirai le cœur indigné » (Desdunes, 1911, p. 133-134). Pour le lectorat de *L'Album littéraire,* ces références, indirectes à nos yeux, se seraient imposées de manière on ne peut plus claire. « Épigramme » de Lanusse, le seul de nos exemples à oser nommer l'acte dont il est question, dévoile son sujet d'un coup d'ironie cinglant. Une mère créole désire se confesser mais, ce faisant, révèle un projet plus urgent que le salut :

> Mais avant que la grâce en mon âme scintille,
> Pour m'ôter tout motif de pécher désormais,
> Que ne puis-je, pasteur
> – Quoi donc ? – placer ma fille… (p. 48).

Le plus souvent, ce corpus sur le plaçage accuse l'avarice des mères créoles, comme cette « certaine bigote ». Dans « Une nouvelle impression », on lit : « L'amour n'a plus d'attraits, une mère éhontée / Aujourd'hui vend le cœur de sa fille attristée ». « Un mariage de conscience » et « Marie » poursuivent ce même thème.

Dans les trois derniers textes, le plaçage mène à la mort. De même, dans « La jeune fille au bal » des *Cenelles*, Lanusse lance cet avertissement : « L'éclat qui t'environne et qui charme ta vue / N'est qu'un prisme trompeur qui recèle la mort » (p. 101). Dans « Un mariage de conscience », dont le titre fait référence à une union bénie par le clergé mais non par l'État, le drame éclate. Le mari abandonne sa femme placée. Par la suite, cette fille désespérée, que le narrateur écoute raconter ses peines à la Vierge Marie sa patronne, à la cathédrale Saint-Louis, se fait écraser sous la calèche de son mari.

Notons que le symbolisme marial traverse ce texte, comme il traverse « Marie ». La pureté de ces pieuses, toutes deux dénommées Marie, s'oppose sensiblement à la cupidité des placées volontaires. À partir de ce contraste s'établit une distinction d'importance : les placées volontaires contribuent aux souffrances de leurs prochaines et même de leurs prochains, comme dans « Le coq et le renard », où la « femelle », vraisemblablement symbole d'une placée méchante, abandonne son « coq », homme de sa race, en faveur d'un « renard » (un Blanc). Le même scénario se répète dans « À Élora » des *Cenelles* où Lanusse, s'adressant à Élora, dit avoir entendu : « Que vous fuyez l'hymen et son sévère code / Pour en adopter un moins sûr mais plus commode » (p. 121).

Certes, le plaçage soulève une question de grande portée pour la communauté de couleur. Les placées qui préfèrent des « renards » ternissent l'amour-propre des hommes de leur classe, mais, d'un point de vue pratique, toute femme placée leur est désormais « inaccessible ». Les mœurs légères attribuées aux placées et à leurs mères avides entachent la réputation de toute une classe et, dans l'imaginaire littéraire du moins, provoquent la ruine, voire la mort. Pourtant, cette pratique si méprisée ne pouvait exister sans la participation des Blancs. Les écrivains de *L'Album* auraient-ils aimé recouvrir ces derniers des mêmes reproches auxquels sont sujets quelques personnages créoles ? Probablement. Pourtant, en ciblant explicitement les enjeux *intra*-raciaux et propres aux gens de couleur libres, ils arrivent néanmoins à une forte condamnation de cette institution, *inter*-raciale par nature. Cette dénonciation décalée vise l'existence même du plaçage sans attaquer de front le côté « demande » de son marché.

De manière plus générale, la stratégie analogique pratiquée par Victor Séjour permet à d'autres écrivains de préconiser un discours contestataire sans aborder directement la politique raciale. Tel est le cas de Michel Séligny, feuilletoniste apprécié de la critique louisianaise, dans les années 1850. Fils d'une octavonne libre née à Saint-Domingue, elle-même propriétaire de huit esclaves (Amelinckx, 1998, p. 14-15), Séligny publie plusieurs nouvelles et récits dans des journaux louisianais. Dans son excellente édition des feuilletons de Séligny, Frans Amelinckx fait remarquer que cet auteur ne met en scène aucun personnage de couleur et qu'il écrit pour un lectorat blanc. Cependant, examinant la thématique morale de ces textes, qui s'inscrivent dans l'univers manichéen du roman-feuilleton populaire, Amelinckx conclut : « Il n'y a aucun doute, Séligny considérait l'esclavage comme un mal [...] Mais il considérait ce mal dans un contexte plus vaste et plus humanitaire que celui des abolitionnistes » (p. 37). Il en est ainsi pour « Un duel à la Métairie[12] » ou encore « Une exécution militaire au fort Saint-Charles[13] » : les deux textes dénoncent, de par la représentation troublante qu'en donne le feuilletoniste, les institutions violentes évoquées par leur titre. Chez Séligny, comme chez la plupart des auteurs des années 1840 et 1850, la résistance n'est pas absente mais plutôt déplacée ou implicite en raison de conditions d'écriture peu propices.

L'écriture politique de la Reconstruction

Les revendications égalitaires des gens de couleur éclatent au grand jour par suite de la fondation de *L'Union* et de son successeur, *La Tribune*. D'autant plus que cette résistance culturelle, jusqu'alors diluée par des subterfuges thématiques, participera d'une résistance politique plus large dont les poètes de la presse noire se feront les chantres. L'heure est aux rêves et, de ce fait, James Cowan note la rupture avec les productions antérieures : « La mission que se donne cette poésie est tout autre que celle des *Cenelles* : son fer de lance est l'universalité des valeurs humaines. Elle s'inspire d'une croyance quelque peu naïve en l'avènement d'une fraternité universelle, elle est d'une indulgence incroyable pour l'adversaire, si cruel soit-il » (Cowan, 2001, p. 98).

Cowan a examiné la portée politique de ces textes dans l'article mentionné plus haut et a publié en 2001 un livre attrayant qui en réunit presque une soixantaine. Commentons brièvement la teneur idéologique qui fit de cette poésie un outil efficace pour rallier la communauté progressiste francophone. Quoique faisant mauvais ménage en France à cette époque, les valeurs républicaines françaises et une vision romantique de la religion catholique constituent les deux axes sur lesquels s'appuie – le plus souvent selon l'écrivain (les Créoles de couleur étaient loin d'être homogènes !), mais parfois de manière syncrétique – l'écriture de la Reconstruction. Caroline Senter qualifie la poésie de cette période de « Reconstruction romantique », cette étiquette concise ayant l'avantage de comprendre et les circonstances immédiates et les assises esthétiques héritées de la France. Son article, « Creole Poets on the Verge of a Nation », explique ainsi la convergence d'une résistance littéraire et d'une résistance politique : « *The Tribune poets practiced a Romantic Reconstruction, seeking to inspire specific citizens – readers – toward specific actions that would approach the ideals of the poems invoked, or gain ascendancy over those that challenged them* » (Senter, 2000, p. 292).

L'exemple le plus saillant de cet alliage est sans doute « La Marseillaise noire : Chant de paix », de Camille Naudin. En pastichant l'hymne de la Révolution, le poète renchérit sur la fougue hypertrophiée de l'originale en prônant une transformation pacifique des valeurs. Pour ces « Fils d'Africains, tristes victimes / Qu'un joug absurde abrutissait » (Cowan, 2001, p. 88), la lutte doit éviter la violence, pour des raisons morales aussi bien que pratiques. Les trois principes de la République française ancrent davantage le poème dans une tradition particulière, mais à cette nuance près que l'Égalité assume une primauté dans le contexte américain. L'affirmation : « Tu régneras, Égalité ! » (p. 89) qui clôt le texte devient donc fort significative.

Généralement, si nous tenons à l'idée selon laquelle la poésie de la Reconstruction constitue une écriture politique, on peut voir qu'elle ressemble dans une certaine mesure à l'écriture marxiste en ce que chaque terme renvoie à « l'ensemble des principes qui le soutient d'une façon inavouée » (Barthes, 1953, p. 23). Dans « La Marseillaise noire » comme ailleurs, nous avons affaire à une matrice idéologique et axiologique aisément identifiable. Cependant, les figures y sont loin d'être « sévèrement codifiées » (p. 23), et les approches, voire les interprétations varient beaucoup, contrairement à ce qu'on voit chez les marxistes. Par exemple, l'échange poétique entre Antony (« Il est[14] ») et Lanusse (« Il n'est pas[15] ») montre des conceptions fondamentalement différentes de l'existence de Dieu – l'une d'un fidèle, l'autre d'un matérialiste. Henry Train fera passer son message en abordant et le général (« L'ignorance[16] ») et le particulier (« La Rébellion du Sud en permanence[17] »). La poésie de *L'Union* et de *La Tribune* reste d'ailleurs axée sur l'immédiat, reprenant des incidents comme l'assassinat du président Lincoln (« Le 13 avril[18] »), la prise de Port Hudson (« Le Capitaine André Caillou et ses compagnons[19] ») et le massacre de 1866 (« Ode aux martyrs[20] »).

Quoique la création poétique fût à l'honneur dans ces années de la Reconstruction, *L'Union* et *La Tribune* publièrent également quelques œuvres en prose. Le roman-feuilleton d'Adolph Duhart « Trois Amours » propose un dénouement utopique face au passé troublé de la société créole. Lydia, une fille « de sang mêlé[21] » aura la permission d'épouser son amoureux blanc « pur sang » sans grands remous : Duhart rêve d'une société louisianaise où la force du caractère l'emporterait sur les préjugés. D'autre part, dans la nouvelle « Monsieur Paul[22] », Joanni Questy se montre nettement plus pessimiste en mettant en scène l'amitié entre un Créole de couleur et un Français de France[23]. Si Monsieur Paul, le protagoniste français, meurt dans un duel, victime ainsi des mœurs du pays, c'est que la tentative d'implanter les valeurs libérales en terre américaine connaîtra un tragique échec. Les années qui suivront donneront raison à Questy.

Les années 1890 : la résistance à contre-courant

Pour la population de couleur, la fin du siècle amène une régression définitive des acquis de la Reconstruction. En Louisiane, un groupe de gens de couleur forme le Comité des Citoyens afin de mener une lutte judiciaire et éditoriale contre l'oppression raciste, notamment la politique ségrégationniste. Du côté littéraire, leur journal bilingue, *The Daily Crusader*, publie quelques poésies en français. Mais en général, Michel Fabre a raison de noter que, après la Guerre civile, « on assiste au déclin irréversible de la littérature francophone parmi les Créoles des deux races. Il va de pair avec celui de la langue française » (Desdunes, 1911, p. 201).

Œuvrant aux côtés de Rodolphe Desdunes, Victor Ernest Rillieux s'impose comme chantre des militants de la fin du siècle. Né en 1842, donc d'une autre génération que celle des *Cenelles*, Rillieux écrit en pleine période conservatrice et offre par moments des poèmes fortement contestataires débarrassés de toute « indulgence incroyable pour l'adversaire ». Deux poèmes remarquables traitent du combat pour l'équité en louant chacun une héroïne : d'un côté, une Créole de couleur, et de l'autre, une Américaine noire. Presque tous les numéros du *Daily Crusader* ont été perdus, mais plusieurs textes de Rillieux paraissent dans l'anthologie *Creole Voices*, éditée en 1945 par Edward Maceo Coleman.

« Retour au berceau maudit », paru en 1894, commente le retour en Louisiane de Louisa Lamotte. Cette femme de couleur, directrice du Collège des Jeunes Filles d'Abbeville en France et lauréate des Palmes académiques, revient en Louisiane « malgré les préjugés qu'elle aurait à accepter » (Allain et Ancelet, 1981, p. 197). Toute la stratégie du poème consiste à opposer la supériorité morale de Lamotte au régime injuste de son pays d'origine, le « berceau maudit ». Tandis que les écrivains de *La Tribune* croyaient réellement en l'avènement de lois aussi équitables que celles de France, Rillieux sait la cause perdue et ne peut que déplorer l'écart. À Paris, Lamotte, l'« [a]imable Sévigné d'Orléans la Nouvelle », pouvait à juste titre bénéficier d'« honneurs incessants » ; en Louisiane, « ces lieux de tourments », elle est « soumise aux viles lois d'un peuple sans clémence » (Rillieux, 1945, p. 114).

Un an plus tard, dans *The Daily Crusader*, Rillieux publie « Amour et Dévouement » (p. 115-117), un hommage à Ida B. Wells, qui militait, entre autres, contre le lynchage. La dénonciation de l'oppression et la louange de Wells se fondent sur un jeu brillant d'ironie et d'images contradictoires. Dans un premier plan, Rillieux fait défiler des héroïnes : Wells est de la lignée de Judith et de Jeanne d'Arc. Cette « vierge au teint brun » leur est même supérieure, car elle dédaigne toute violence : « Par la voix, tu combats ! / [...] Sans laisser sur les sols qu'effleurent tes pas d'ange / Un long sillon de sang ». La religion et « Dieu », favorables à Wells et à son peuple, s'opposent très ironiquement au culte de l'intolérance : à travers tout le Sud, « les rifles », « la potence », et d'autres symboles de la loi de Lynch sont « bénits ». L'Amérique, « adepte du supplice », sacrifie de plus en plus de victimes « au dieu de l'injustice ».

Dans ces deux poèmes, cette « lyre rebelle », comme Rillieux qualifie sa poésie, crible la nation américaine de reproches. La dénonciation, maintenant ouverte, devient de plus en plus généralisée. Le sentiment d'appartenance chez Rillieux s'élargit aussi : même si le poète s'exprime dans une langue autre que celle de ses frères et sœurs anglophones, les Créoles louisianais s'identifient aux souffrances de la communauté afro-américaine en général. Si la dénonciation atteint une acuité lancinante dans cette poésie, c'est que Rillieux redoutait la marée montante des lois réactionnaires. Effectivement, en 1896, dans le fameux procès *Plessy vs. Ferguson* devant la Cour suprême, la cause de Homer Plessy et du Comité sera perdue au profit de la ségrégation.

Conclusion : vers la résistance à venir

Le code *Jim Crow* est bien implanté dans le Sud en 1911 quand R.L. Desdunes, membre fondateur du Comité, fait paraître *Nos Hommes et notre histoire*. L'avenir s'annonce sombre, mais l'appel à la résistance se veut encore plus fort. Chez Desdunes, cette résistance est double. D'une part, Desdunes, dans sa chronique historique, insiste sur le devoir de ses lecteurs de ne pas laisser sombrer dans l'oubli leur héritage et la tradition contestataire des Créoles de couleur – comme l'auraient voulu certains Blancs.

D'autre part, sans nier son identité louisianaise et francophone, Desdunes, à la manière de Rillieux et des militants de cette période, étend sa revendication à des enjeux nationaux, voire universels. Car, loin d'être un simple hommage historique, le mémoire que propose Desdunes aurait pu servir d'inspiration et d'assise pour une deuxième résistance, plus active. Pourtant, « [c]ette résistance ne veut pas dire : violence, corruption, carnage, confusion, mais bien une saine détermination de ne pas accepter la tyrannie, quoiqu'on soit obligé même de la subir », précise Desdunes, car « [i]l y a de l'honneur à souffrir pour ses principes » (Desdunes, 1991, p. 24). Dans cet écho de la tradition des Créoles de couleur, ne faut-il pas voir aussi un énoncé des principes pacifistes du mouvement des droits civiques des années 1950 ? S'interrogeant sur l'utilité de la souffrance, Martin Luther King estime que : « *The answer is found in the realization that unearned suffering is redemptive. Suffering, the nonviolent resister realizes, has tremendous transformational and educational possibilities* » (King, 1986, p. 18). Dans une autre langue et à une autre époque, le révérend King et ses disciples affronteront le même adversaire que Desdunes et les siens. Dans la lutte contre la ségrégation, le Comité oppose non seulement des précédents judiciaires, mais aussi un exemple de résistance pacifiste pour les générations de militants à venir – militants qui, souvent à leur insu, étaient héritiers de la tradition contestataire des Créoles de couleur.

Il aurait peut-être fallu, avant d'entamer notre analyse, adopter une mise en garde à l'instar de celle de Cudjoe : nous avons privilégié les thématiques de certains de ces écrits au détriment de leurs qualités proprement littéraires (Cudjoe, 1980, p. 65). En ce qui concerne son corpus, Cudjoe soutient justement cette emphase critique sur le politique : « La résistance, c'est un contenu idéologique incarné dans une forme artistique, ce qui crée l'esthétique politique de la littérature caraïbe » (1980, p. 65). Il conviendrait tout autant de parler d'une « esthétique politique » créole. Expression d'une caste intermédiaire du Sud des États-Unis, celle-ci est également sujette aux pressions d'un XIXᵉ siècle tyrannique et volatil. D'où les degrés variables de résistance que nous avons soulignés dans les pages précédentes : implicite ou déplacée dans les années 1840, par exemple, la revendication devient un moteur manifeste vingt ans plus tard.

Compte tenu de cette variabilité, on ne peut trop rappeler ce que l'écriture des Créoles louisianais eut de courageux et de visionnaire. Dès leurs premières tentatives dans un milieu esclavagiste, ces francophones ont été parmi les premiers auteurs de couleur sur le sol américain à faire de leur littérature un outil de résistance contre l'ordre discriminatoire. Au moyen de diverses stratégies de résistance, leurs plumes ont véhiculé une vision de progrès et d'espoir : ces écrivains ont articulé les cris de ralliement des mouvements égalitaires du XXᵉ siècle, mouvements qui continuent même de nos jours. Certes, *Nos Hommes et notre histoire* sonnait le glas de la littérature contestataire de langue française. Pourtant, les paroles de King et la suite des événements sont la preuve que l'idéologie des Créoles de couleur n'a pas connu le même sort que leur tradition littéraire.

NOTES

1. Cité dans Charles E. O'NEILL, Sr. (1973), « Foreword », dans Rodolphe Lucien DESDUNES, *Our People and Our History, Fifty Creole Portraits*, traduit par Dorothea Olga McCANTS, Baton Rouge, Louisiana State University Press, p. xix.
2. À l'origine, ce terme s'appliquait à tout ce qui provenait du Nouveau Monde, par opposition à ce qui était importé d'Europe. On parlait de chevaux créoles, de denrées créoles, mais surtout d'individus créoles. Ainsi, au XVIIIe siècle, toute personne née dans les colonies était considérée comme créole. Ce n'est que plus tard, et surtout après la Guerre civile, que les Créoles blancs essaieront de s'approprier l'exclusivité du mot « Créole » en tant que substantif sans qualificatif. Il s'agissait, bien sûr, d'une tentative de s'affirmer comme Blancs « pur sang » (ce qui n'était pas souvent le cas). En même temps, les Créoles de couleur se considéraient tout autant comme des Créoles – tout court – que leurs voisins « blancs ». L'histoire a donné raison aux gens de couleur, car aujourd'hui, on associe le plus souvent le terme à la mixité et à une certaine africanité – non à la « pureté de la race latine » avancée par les Créoles blancs.
3. Ensemble de règlements décrétés d'abord en 1685 et précisant le statut légal des esclaves noirs dans les territoires français. Le Code Noir de Louisiane, contenant 55 articles, fut promulgué en 1724.
4. Chaque numéro comprenait à la fois une édition française et une édition anglaise. Comme dans la plupart des journaux bilingues en Louisiane, le contenu des deux « versions » pouvait différer considérablement. L'actualité européenne devenait moins importante dans l'édition anglaise, par exemple, tandis que celle-ci accordait généralement plus d'importance à la vie commerciale. Les textes littéraires écrits en français n'étaient pas traduits.
5. Voir DESDUNES, 1911, p. 8-9. Désormais la pagination des citations tirées de cet ouvrage sera directement incluse dans le texte.
6. Au dire de Desdunes, « Séjour, comme tant d'autres, était obligé de s'éloigner du pays qui l'avait vu naître, à cause des entraves du préjugé de race » (DESDUNES, 1911, p. 38-39).
7. Edward Larocque Tinker estime que, par suite du succès des premières pièces, « Séjour verse dans le mélodrame » (TINKER, 1932, p. 428). Pour un traitement approfondi de la carrière de Séjour, voir Charles Edward O'NEIL (1995), *Victor Séjour : Parisian Playwright from Louisiana*, Center for Louisiana Studies, Lafayette.
8. Voir M. F...L..., « Une nouvelle impression », *L'Album littéraire : Journal des jeunes gens, amateurs de littérature*, Publié par J.L. MARCIACQ, Nouvelle-Orléans, vol. 1, 15 juillet 1843, p. 81-82.
9. Voir « Marie », *L'Album littéraire*, vol. 1, 15 juillet 1843, p. 83-85.
10. L. B...LLE , « Le coq et le renard », *L'Album littéraire*, vol. 1, 15 juillet 1843, p. 123.
11. Fabre laisse également entendre que « Le coq et le renard » renvoie au plaçage. Voir FABRE, 1998, p. 189.
12. Voir Michel SÉLIGNY (1998), « Un duel à la Métairie », *Michel Séligny, homme libre de couleur de la Nouvelle-Orléans. Nouvelles et récits*, Sainte-Foy, Presses de l'Université Laval / CIDEF, p. 81-91.
13. Voir Michel SÉLIGNY (1998), « Une exécution militaire au fort Saint-Charles », *Michel Séligny, homme libre de couleur de la Nouvelle-Orléans. Nouvelles et récits*, p. 143-151.
14. Voir ANTONY, « Il est », *La Tribune*, 2 septembre 1866.
15. Voir Armand LANUSSE, « Il n'est pas », *La Tribune*, 9 septembre 1866.
16. Voir Henry TRAIN, « L'ignorance », *La Tribune*, 28 mai 1865.
17. Voir Henry TRAIN, « La Rébellion du Sud en permanence », *La Tribune*, 24 septembre 1865.
18. Voir Lélia D...t (Adolphe DUHART), « Le 13 avril », *La Tribune*, 25 avril 1865.
19. Voir E. H., « Le Capitaine André Caillou et ses compagnons », *L'Union*, 4 juillet 1863.
20. Voir Camille NAUDIN, « Ode aux martyrs », *La Tribune*, 30 juillet 1867.
21. Voir Adolph DUHART, « Trois Amours », *La Tribune*, 1er septembre 1865.
22. Voir Joanni QUESTY, « Monsieur Paul », *La Tribune*, 25 octobre au 3 novembre 1867.
23. L'affinité entre Français étrangers et gens de couleur a été relevée par Joseph LODGSON et Caryn COSSÉ BELL, 1992, p. 207.

BIBLIOGRAPHIE

ALLAIN, Mathé et Barry ANCELET (dir.) (1981), *Littérature française de la Louisiane : Anthologie*, Bedford, N.H., National Materials Development Center for French.

AMELINCKX, Frans C. (1998), « Introduction », *Michel Séligny, homme libre de couleur de la Nouvelle-Orléans. Nouvelles et récits*, Sainte-Foy, Presses de l'Université Laval / CIDEF, p. 14-15.

BARTHES, Roland (1953), *Le Degré zéro de l'écriture* suivi de *Nouveaux essais critiques*, Paris, Seuil.

COWAN, James L. (1998), « Les Créoles de couleur néo-orléanais et leur identité littéraire », *Francophonies d'Amérique*, n° 8, p. 119-130.

COWAN, James L. (2001), *La Marseillaise noire et autres poèmes des Créoles de couleur de la Nouvelle-Orléans (1862-1869)*, Lyon, Éditions du Cosmogone.

CUDJOE, Selwyn R. (1980), *Resistance and Carribean Literature*, Chicago, Ohio University Press.

DESDUNES, Rodolphe Lucien (1911), *Nos Hommes et notre histoire*, Montréal, Arbour et Dupont.

DESDUNES, Rodolphe Lucien (1973), *Our People and Our History*, traduit par Dorothea Olga MCCANTS, Baton Rouge, Louisiana State University.

EVERETT, Donald Edward (1952), *Free Persons of Color in New Orleans, 1803-1865*, thèse de doctorat, Tulane University.

FABRE, Michel (1998), « "Une émulation sans envie" : la presse et la littérature des Créoles de la Nouvelle-Orléans au dix-neuvième siècle », Wolfgang BINDER (dir.), *Creoles and Cajuns*, Frankfurt am Main, Peter Lang, p. 185-207.

KING, Jr., Martin Luther (1986), « An Experiment in Love », *The Essential Writings and Speeches of Martin Luther King, Jr.*, San Francisco, Harper San Francisco, p. 16-20.

LANUSSE, Armand (1843), « Un mariage de conscience », *L'Album littéraire*, vol. 1, 15 août, p. 130-137.

LANUSSE, Armand (1845), « Épigramme », *Les Cenelles : choix de poésies indigènes*, Nouvelle-Orléans, H. Lauve et Compagnie, p. 48.

LANUSSE, Armand (1845), « La jeune femme au bal », *Les Cenelles : choix de poésies indigènes*, Nouvelle-Orléans, H. Lauve et Compagnie, p. 101.

LANUSSE, Armand (1845), « À Élora », *Les Cenelles : choix de poésies indigènes*, Nouvelle-Orléans, H. Lauve et Compagnie, p. 121.

LODGSON, Joseph et Caryn COSSÉ BELL (1992), « The Americanization of Black New Orleans », Arnold R. HIRSCH et Joseph LODGSON (dir.), *Creole New Orleans: Race and Americanization*, Baton Rouge, Louisiana State University Press, p. 201-261.

RANKIN, David C. (1984), « Introduction », Jean-Charles HOUZEAU, *My Passage at the New Orleans Tribune: A Memoir of the Civil War Era*, Baton Rouge, Louisiana State University Press, p. 1-67.

RILLIEUX, Victor Ernest (1945), « Amour et Dévouement », Edward Maceo COLEMAN (dir.), *Creole Voices: Poems in French by Free Men of Color First Published in 1845*, Washington, D.C., Associated Publishers, p. 115-117.

RILLIEUX, Victor Ernest (1945), « Retour au berceau maudit », Edward Maceo COLEMAN (dir.), *Creole Voices: Poems in French by Free Men of Color First Published in 1845*, Washington, D.C., Associated Publishers, p. 113-115.

ROUSSÈVE, Charles Barthélémy (1937), *The Negro in Louisiana: Aspects of his History and His Literature*, Nouvelle-Orléans, Xavier University Press.

SÉJOUR, Victor (1837), « Le Mulâtre », *Revue des colonies*, n° 9 (mars), p. 376-392.

SENTER, Caroline (2000), « Creole Poets on the Verge of a Nation », Sybil KEIN (dir.), *Creole: The History and Legacy of Louisiana's Free People of Color*, Baton Rouge, Louisiana State University Press, p. 276-294.

VIATTE, Auguste (1954), *Histoire littéraire de l'Amérique française des origines à 1950*, Presses de l'université Laval, Québec.

YOUNG, Era Brisbane (1979), *An Examination of Selected Dramas from the Theater of Victor Séjour Including Works of Social Protest*, thèse de doctorat, New York University.

ATTITUDES LINGUISTIQUES ET TRANSFERT À L'ANGLAIS DANS UNE COMMUNAUTÉ FRANCO-AMÉRICAINE NON HOMOGÈNE : LE CAS DE BRISTOL (CONNECTICUT)

Mariame Bagaté, Jodie Lemery, Véronique Martin,
Louis Stelling, Nadja Wyvekens
University at Albany, State University of New York

Dès le début de leur implantation dans le nord-est des États-Unis au XIXe siècle, les communautés franco-américaines se sont préoccupées du maintien du français en s'efforçant de freiner le transfert à l'anglais. En créant un réseau d'institutions de langue française dans un contexte d'immigration continue, elles ont largement réussi à résister à l'assimilation linguistique américaine pendant presque un siècle. Toutefois, à partir des années 1930, la crise économique et les changements sur le plan des lois d'immigration ont fortement réduit l'arrivée de nouveaux francophones. Cette fin du renouvellement linguistique de la population franco-américaine a entraîné une accélération du transfert à l'anglais (Weil, 1989 ; Roby, 1990 et 2000 ; Chartier, 1991).

Si l'on accepte cette thèse, le cas des Franco-Américains de Bristol, dans l'État du Connecticut, s'avère intéressant parce qu'il s'agit d'une communauté où l'immigration en provenance du Canada francophone a repris dans les années 1950. Ces vagues de nouveaux arrivants ont été accompagnées par une migration importante de Franco-Américains du nord du Maine. On peut donc se demander si l'arrivée de ces nouveaux francophones à Bristol a modifié le processus de transfert à l'anglais et dans quelle mesure.

Dans cet article, nous essayons de décrire le processus de transfert linguistique à Bristol. Nous présentons d'abord un bref historique de cette communauté francophone ainsi que des données démographiques puisées dans plusieurs recensements du *United States Census Bureau*. Ensuite, nous analysons des commentaires provenant d'une trentaine d'entretiens réalisés auprès des Franco-Américains de Bristol au cours de l'été 2002[1] et comparons l'origine, l'appartenance à la première, deuxième ou troisième génération d'immigrants, le type de mariage (exogame, endogame), l'usage et la transmission de la langue ainsi que les attitudes linguistiques des locuteurs interviewés.

Selon une première analyse, il semble que malgré des signes d'une certaine vitalité linguistique à Bristol, la nouvelle immigration n'a réussi qu'à ralentir le transfert à l'anglais. Ceci paraît attribuable en partie au fait que les nouveaux Franco-Américains arrivés à Bristol après la Deuxième Guerre mondiale ne se sont pas, pour la plupart, identifiés à la communauté franco-américaine formée avant la guerre, mais sont plutôt restés divisés en différents sous-groupes selon leurs lieux d'origine et leurs attitudes linguistiques et culturelles. Nos recherches portent à croire que le caractère hétérogène de cette communauté constitue un frein aux échanges et aux interactions linguistiques nécessaires au maintien du français.

Histoire

Étant donné que l'histoire des Franco-Américains est assez connue, nous allons nous limiter ici au rappel des éléments principaux qui se rapportent à notre étude. Selon Albert Faucher (cité par Roby, 1990, p. 7), « l'événement majeur de l'histoire canadienne-française au XIXe siècle » est l'accroissement considérable de l'immigration des Canadiens vers les États-Unis à partir de 1840. Yves Roby constate que 900 000 Québécois se sont installés aux États-Unis entre 1840 et 1930 (Roby, 1990, p. 7). Cette immigration massive garde un caractère assez particulier parce qu'une fois installés, les Franco-Américains se sont efforcés de reconstruire leurs propres communautés en sol américain. Les immigrants, très attachés à leur culture d'origine, ont pu mettre en place les structures nécessaires à la continuité et à la transmission de leur langue et de leurs traditions. Ils ont ainsi créé leurs propres écoles, églises, journaux et organisations culturelles.

Malgré le peu de ressources disponibles[2], nous savons que dans ses grandes lignes l'histoire de la communauté franco-américaine de Bristol est similaire à celle des autres communautés francophones mieux connues du nord-est des États-Unis, telles que Lewiston dans le Maine, Lowell dans le Massachussetts ou Woonsocket dans le Rhode Island. Cependant, la communauté de Bristol est différente, entre autres parce qu'elle n'a pas attiré autant d'immigrants à la fin du XIXe siècle que les autres communautés, ce qui a retardé la création de ses institutions.

Ce n'est qu'au début du siècle dernier que cette population est devenue assez importante pour pouvoir demander une paroisse de langue française dirigée par un prêtre canadien. À partir de 1901, environ 200 familles franco-américaines ont fait plusieurs demandes auprès de l'évêque de Hartford (Roby, 1990, p. 175). Ces demandes sont restées sans réponse jusqu'en 1908, date de l'établissement de l'église Sainte-Anne. Cet événement a marqué une victoire importante pour les Franco-Américains, qui avaient ainsi non seulement un lieu de prière, mais aussi un lieu de rencontre et d'échange en français. Onze ans plus tard, ils ont fondé une école paroissiale qui permettait aux enfants d'être scolarisés en français. Cette école faisait venir des sœurs de l'Assomption de la Sainte-Vierge de Nicolet, au Québec, pour enseigner. L'infrastructure mise en place à cette même époque incluait également une succursale de compagnie d'assurances, la Société des Artisans Canadiens-Français, et le *French-Canadian Champlain Club*.

Une autre caractéristique de la ville de Bristol est que, dès le début, son industrie se différenciait déjà de celle de la plupart des autres villes qui attiraient les Franco-Américains. Tandis que l'industrie textile dominait les villes comme Lewiston, Lowell et Woonsocket, Bristol était connue surtout pour la fabrication des horloges, des roulements à billes et des ressorts. Dans les années 1920, neuf ouvriers sur dix travaillaient dans les quatre plus grandes entreprises de la ville : New Departure, Ingraham, Bristol Brass et Wallace Barnes (Clouette et Roth, p. 194-197). Au cours des entretiens dont il sera question ici, plusieurs locuteurs parlent du travail à la New Departure. Leurs propos confirment l'idée selon laquelle les immigrants qui s'étaient déjà installés en Nouvelle-Angleterre ont souvent aidé leurs compatriotes à trouver du travail en les présentant à leurs employeurs. Cette pratique encourageait l'arrivée d'autres Franco-Américains et, par conséquent, le maintien du français (Clouette et Roth, p. 142).

Analyse des données démographiques

La ville de Bristol nous intéresse parce que sa population francophone semble avoir évolué différemment de celle des autres communautés. Pour pouvoir l'étudier, nous avons consulté des recensements faits par le United States Census Bureau entre 1930 et 2000. L'une des plus grandes difficultés d'une telle tâche est de trouver des résultats comparables sur plusieurs recensements malgré les changements dans les questions posées et les définitions de catégories. La non-disponibilité de certains renseignements constitue un autre problème[3].

Le tableau 1 montre qu'au cours des années 1930, l'immigration dans le Connecticut comme dans les six autres États de la Nouvelle-Angleterre a presque cessé. Selon les historiens, cette évolution est attribuable à des changements dans les lois de l'immigration ainsi qu'à la crise économique (Chartier, 1991 ; Roby, 1990 et 2000 ; Weil, 1989).

Le tableau 2 présente les chiffres de l'immigration canadienne[4] en Nouvelle-Angleterre entre 1930 et 1970. Il permet de constater que le nombre d'immigrants était en chute constante et que ce ralentissement était moins important au Connecticut que dans les autres États de la région. De plus, nous observons que le Connecticut est le seul État dans lequel le nombre d'immigrants en provenance du Canada se stabilise entre 1940 et 1950, alors qu'il continue à chuter dans les autres États. Le Connecticut est aussi le seul État à connaître, au cours des années 1950, une augmentation du nombre d'immigrants canadiens suivie d'une légère baisse sans grandes conséquences.

Il est important de noter que le renouvellement de la population dans le Connecticut a été renforcé par une grande migration de Franco-Américains en provenance du New Hampshire, du Vermont et surtout du nord du Maine. La plupart de ces émigrants souhaitaient s'installer dans le Connecticut à cause du travail qui y était offert. En effet, cette migration a eu un tel impact démographique que, déjà en 1970, la population franco-américaine du Connecticut avait dépassé celles des autres États, sauf celle du Massachusetts (Allen, p. 52-53).

Au tableau 3, nous pouvons voir que le renouvellement de la population franco-américaine n'a pas pu continuer jusqu'à aujourd'hui et que, selon les deux derniers recensements, la population d'ascendance française ou canadienne-française a chuté autant dans le Connecticut que dans les autres États de la Nouvelle-Angleterre. La chute moyenne est d'environ 16 % entre 1990 et 2000.

Parmi les villes franco-américaines du Connecticut, Bristol était celle qui avait de loin le nombre le plus élevé de francophones en 1990 (voir tableau 4). Mis à part East Hartford, cette communauté francophone est toujours la plus importante de l'État. Pourtant, le transfert à l'anglais à Bristol comme dans le Connecticut en général n'a pas été arrêté, mais seulement retardé par ce renouvellement démographique. La chute de 32,8 % dans le nombre de personnes qui parlaient français à la maison à Bristol entre 1980 et 2000, une des plus grandes chutes à l'intérieur de l'État, en témoigne.

Nous pouvons voir au tableau 5 que la chute de 30,2 % dans le nombre de personnes qui parlent français à la maison à Bristol est deux fois plus importante que la diminution démographique de 14,5 % de cette communauté. Bien que pour cent personnes d'ascendance française ou canadienne-française, il y en ait cinq de moins qui parlent français en 2000 qu'en 1990, cela représente une perte de 18,3 % parmi les Franco-Américains qui emploient le français à la maison.

Analyse

Les données que nous présentons ici proviennent d'entretiens réalisés au cours de l'été 2002 par la professeure Cynthia Fox de l'Université à Albany, auprès de 15 hommes et de 15 femmes âgés de 22 à 98 ans (voir tableau 6). Madame Fox a pris contact avec la communauté franco-américaine de Bristol par l'intermédiaire de représentants de deux de ses institutions clés : l'église Sainte-Anne et le *Club Franco-American*. Le curé de la paroisse l'a présentée à trois locuteurs, et un des anciens présidents du *Club* lui a permis de faire la connaissance d'une dizaine d'autres personnes. Ces premiers contacts en ont entraîné d'autres. D'autre part, des contacts avec le comité exécutif de la *Bristol Historical Society* ont conduit à la publication d'un article décrivant le projet dans le *Hartford Courant*. Par suite de cette parution, plusieurs locuteurs se sont portés volontaires pour cette étude.

L'échantillon de locuteurs ainsi constitué dresse un portrait assez fidèle de la complexité démographique de cette communauté. Comme le tableau 7 l'indique, seulement sept des locuteurs interviewés sont nés à Bristol ; les autres sont arrivés dans cette ville entre l'âge de 11 ans et de 75 ans. On remarque qu'ils sont arrivés entre 1916 et 1997. Enfin, il faut noter que certains de ces locuteurs sont nés au Québec ou au Nouveau-Brunswick, tandis que d'autres sont nés aux États-Unis dans des communautés franco-américaines telles que Berlin dans le New Hampshire, New Bedford dans le Massachusetts et Van Buren dans le Maine.

Afin de mieux comprendre l'interaction de ces différents facteurs dans la composition de la communauté, il est utile d'examiner la répartition des locuteurs selon la date où la famille est arrivée aux États-Unis et son lieu d'origine au Canada. Dans le tableau 6, on voit en effet que, par rapport à la date d'arrivée, les locuteurs se divisent nettement en deux premiers groupes : ceux dont la famille a quitté le Canada pendant la grande immigration de 1840-1930 et que nous qualifions de « Franco-Américains de tradition » et ceux dont la famille est partie du Canada après la Deuxième Guerre mondiale et que nous appelons les « nouveaux Franco-Américains ». Nous observons aussi une division en ce qui concerne le lieu d'origine : les Franco-Américains de tradition sont pour la plupart de l'ouest du Québec, alors que les nouveaux Franco-Américains émigrent de la Beauce, du Nouveau-Brunswick et de la région frontalière des deux provinces. Ces différences entre les lieux d'origine nous amènent à faire une deuxième distinction, c'est-à-dire à diviser le groupe des nouveaux Franco-Américains en deux sous-groupes. Nous avons donc maintenant trois groupes distincts : un premier groupe composé des Franco-Américains de tradition, un deuxième groupe constitué des Franco-Américains originaires du Nouveau-Brunswick et de communautés franco-américaines du nord-est des États-Unis, et finalement un dernier groupe composé de Québécois qui sont venus plutôt de l'est du Québec.

Chacun de ces trois groupes a des caractéristiques distinctes. Une analyse des informations fournies par les locuteurs du corpus nous permet de mieux comprendre la situation linguistique propre à Bristol qui résulte en partie de la complexité de cette immigration.

Groupe 1

Au tableau 7, nous constatons que les Franco-Américains de tradition sont tous de la deuxième ou troisième génération et que ce groupe a des caractéristiques typiques d'une population en voie d'assimilation. Leur emploi du français et leur participation à des activités francophones ont considérablement diminué au fil du temps.

Nous constatons aussi que les mariages des membres du premier groupe sont exogames et que personne ne semble avoir réussi à transmettre la langue à ses enfants. BR08 ne voit pas l'intérêt de transmettre le français. En parlant de l'école, il dit : « *My children really have no reason to take it [...]* ». Il affirme d'ailleurs que le français n'est plus parlé que par les personnes les plus âgées et n'est donc d'aucune utilité pour les enfants. Ces attitudes ont entraîné la disparition de la langue au sein de la famille.

Les locuteurs de ce groupe semblent partager une attitude commune, c'est-à-dire que le français ne leur est plus très utile et qu'il l'est encore moins pour la génération suivante. Le sentiment général, décrit par BR07, est que « c'est toujours bon d'avoir deux langues mais c'est pas nécessaire [...] ». Le français a cessé d'être la langue d'usage et de premier choix dans la plupart de leurs occupations quotidiennes. Ce groupe est donc relativement proche de l'assimilation complète.

Groupe 2

La deuxième catégorie est composée de locuteurs de diverses origines, notamment du Nouveau-Brunswick, du nord du Maine et d'autres communautés franco-américaines. Il s'agit d'un groupe moins homogène que les deux autres, mais dont les locuteurs ont au moins en commun le fait d'être tous bilingues. Bien qu'ils soient tous arrivés à Bristol après la guerre, la plupart d'entre eux sont de la deuxième ou troisième génération d'immigrants (aux États-Unis). Comme le groupe précédent, ils n'ont pas réussi à transmettre la langue à leurs enfants et ont progressivement cessé d'utiliser le français. Ces locuteurs ne participent pratiquement pas aux activités francophones. Nous constatons que ce manque de contacts linguistiques entre eux et la communauté francophone active peut s'expliquer ainsi : d'abord, leur assimilation a été facilitée par leur bilinguisme ; ensuite, ils se sont sentis différents des Franco-Américains déjà sur place à cause de leurs origines et de la valeur associée à leur variété de français.

Ce groupe ne semble pas avoir apporté beaucoup de vitalité à la communauté linguistique existante. Il est en effet resté plutôt à l'écart de la communauté franco-américaine de Bristol, s'intégrant assez bien à la culture américaine dominante. BR23 a indiqué qu'il était au courant de l'existence d'une communauté francophone à Bristol, mais qu'il ne voyait pas de francophones dans la communauté. BR15, qui fait partie du groupe 3, confirme cette idée en disant : « Il y en a de la province de Québec là, qui viennent des alentours de la Beauce là, beaucoup là. On se tient un peu avec eux autres mais notre monde qu'on se tient le plus là c'est le nord du Maine puis le Nouveau-Brunswick. »

Étant déjà bilingues à leur arrivée, les membres de ce groupe devaient se sentir plus à l'aise dans la communauté anglophone que les autres groupes, parce qu'ils pouvaient communiquer directement avec les Américains et n'avaient donc pas vraiment besoin du soutien d'un environnement francophone à Bristol. De nombreux membres de ce groupe pensent en effet que l'assimilation est inévitable. BR10, par exemple, compare ceux qui veulent garder leur propre façon de parler (leur propre dialecte) aux gens qui ont peur d'apprendre à utiliser l'ordinateur. Selon eux, l'assimilation linguistique n'est pas une chose négative mais représente plutôt le progrès et une évolution normale.

Un autre trait caractéristique de ce groupe est son sentiment d'insécurité linguistique en français. Les locuteurs expliquent qu'ils s'expriment en français acadien ou dans la variété de français parlée au Québec il y a deux ou trois générations. De plus, le français des locuteurs déjà installés aux États-Unis avant d'arriver à Bristol a été largement influencé par l'anglais. BR26, qui est né dans le Maine francophone, dit même, en parlant d'un Québécois : « Il parle trop bien le français. J'ai de la misère à le comprendre des fois ». Il remarque de « grosses différences » entre son français et le français parlé au Québec, affirmant que « Nous autres, on parle français mais c'est pas vraiment le vrai français ».

Groupe 3

Le troisième groupe de Franco-Américains est sans doute, parmi les trois, le groupe qui maintient le plus la langue. Les locuteurs appartiennent à la première génération d'immigrants et viennent du Québec, en particulier de la Beauce. Ces locuteurs n'étaient pas bilingues lors de leur arrivée. Ils ont manifesté un souci de conserver leur langue au sein de la famille et dans leurs activités. Les locuteurs du troisième groupe font en effet preuve d'un très fort attachement à leur culture et à leur langue, comme on peut le voir dans les propos des locuteurs BR03 : « Je suis canadienne et je suis fière d'être canadienne » et BR06 : « J'ai essayé autant que possible de garder mon français ». Ne parlant que le français lors de leur arrivée, ils ont eu des difficultés à communiquer, ce qui explique en partie pourquoi ils sont restés aussi actifs dans la communauté francophone et utilisent le français si souvent. BR06 admet qu'elle peut « […] parler l'anglais mais ça va toujours mieux lorsque c'est le français ». Ils participent donc activement aux activités francophones, culturelles ou religieuses, telles que La Rencontre, *Le Club Franco-American*, Les Dames de Sainte-Anne, ou L'Union Saint-Jean-Baptiste.

Ils ont, dans la plupart des cas, conservé des liens avec les membres de leur famille étendue restés au Canada et retournent leur rendre visite régulièrement. Ces liens renforcent le besoin de garder la langue ainsi que la nécessité de la transmettre à leurs enfants afin que ceux-ci puissent communiquer avec le reste de la famille restée au Québec. BR03 explique qu'elle voulait que ses enfants apprennent le français pour pouvoir aller au Canada. On remarque que, dans la plupart des cas, ils transmettent la langue à leurs enfants et donc qu'encore aujourd'hui, la majorité d'entre eux semble utiliser le français presque tous les jours au sein de la famille ainsi qu'avec les amis. La pratique du français au sein de la famille immédiate est renforcée par le fait que non seulement ils se marient avec d'autres Franco-Américains, mais que leurs conjoints sont aussi originaires du Québec (et non pas de l'Acadie). Ils partagent donc entre époux une même culture et une même langue.

L'interaction entre les groupes

Le groupe 3, malgré tous ces signes d'activité, ne semble pas avoir contribué à maintenir de façon durable les échanges en français dans la communauté. Une des raisons de cette évolution est que les locuteurs de différentes origines semblent avoir gardé le plus de contacts avec les membres de leur communauté restreinte. C'est ce que tendent à montrer les mariages endogames ainsi que certains commentaires tels que celui du locuteur BR15, du troisième groupe, qui avoue avoir très peu de contacts avec les locuteurs du deuxième groupe et beaucoup plus avec les locuteurs de son propre groupe. Il ne semble donc pas y avoir beaucoup d'échanges en français entre les différents groupes. On peut aussi comprendre que certains locuteurs plus à l'aise en français qu'en anglais, tels que BR06 et BR16 (qui ne parle que le français), aient peu de contacts avec d'autres locuteurs déjà largement assimilés et donc plus à l'aise en anglais comme ceux des deux autres groupes. Il faut en effet garder à l'esprit que lorsque les locuteurs du troisième groupe, qui sont tous de la première génération, sont arrivés du Québec, ils ont rencontré des Franco-Américains déjà partiellement assimilés et d'autres Franco-Américains facilement et volontairement assimilables parce qu'ils étaient déjà bilingues.

Le manque de contacts linguistiques entre les groupes de locuteurs semble être également dû à la conscience collective d'une hiérarchie des variétés du français à Bristol. À partir des commentaires de nos locuteurs, nous avons pu déterminer la structure de cette hiérarchie : au sommet se trouve le français québécois, avec la variété beauceronne, qui est un peu moins valorisée que le français québécois « standard », mais plus valorisée que le français du Nouveau-Brunswick et du nord du Maine. En bas de cette hiérarchie se trouve le français américain, c'est-à-dire le français des communautés franco-américaines. De par leur place au milieu et en bas de la hiérarchie, les membres du groupe 2 ont ressenti une insécurité linguistique qui a freiné leurs échanges en français.

En plus de ces divisions linguistiques, les locuteurs semblent aussi partagés sur la question de leur identité individuelle. En réponse à la question posée lors de l'entretien cherchant à savoir comment ils se définiraient eux-mêmes, les locuteurs ont déclaré être Canadiens, Québécois, Canadiens français, Franco-Américains et Américains.

Nous pouvons remarquer qu'aucun locuteur ne s'est décrit comme Acadien. Ceux qui le sont se déclarent soit Américains, soit Franco-Américains. Le recensement de 2000, qui propose pour la première fois la catégorie « Acadien / Cajun », tend à confirmer notre observation : personne ne s'est identifié comme tel.

Aujourd'hui, les locuteurs n'ont pas le sentiment d'appartenir à une seule culture ; ils semblent définir leur « franco-américanicité » de différentes façons. Certains ont gardé les traditions culturelles (la bénédiction du jour de l'An, les tourtières, la musique, etc.), d'autres se sont efforcés de conserver la langue, et d'autres encore sont restés attachés à la pratique religieuse en français. Ce manque d'unanimité entre les membres de la communauté a contribué en partie à la chute des institutions franco-américaines.

La communauté franco-américaine a vu sa seule école, l'école Sainte-Anne, passer progressivement de l'enseignement bilingue à l'enseignement unilingue anglais. L'église Sainte-Anne a connu une transition similaire. À l'origine, l'office était toujours célébré en français, puis il a été célébré en anglais de plus en plus souvent au point de n'être maintenant offert en français qu'une fois par semaine, le dimanche matin à huit heures. L'église et les activités paroissiales ne suffisent plus à encourager la pratique du français. BR08 (qui comprend le français mais ne le parle pratiquement pas) dit : « *Most of the people that I see in church […] speak as little or less French than I do […] the potential for using French is very limited* ».

Les médias sont maintenant uniquement anglophones. Il n'y a plus d'émission de télévision ni de radio en français. Plusieurs de nos locuteurs disent qu'ils avaient l'habitude de regarder l'émission *Bonjour* de Josée Vachon, qui n'est plus diffusée maintenant.

Les clubs, longtemps piliers de la culture franco-américaine, existent toujours, mais ils fonctionnent eux aussi de plus en plus en anglais. Parlant du *Club Franco-American*, BRS1 affirme : « *The French Club is not a French club, it's an American club* » ; quant à et BR26, il déclare :

« Tu vas au club français puis il y a plus du monde qui parle anglais là que d'autre chose parce que les jeunes français ont perdu leur français ou ils l'ont jamais eu. Les Français là qui ont une trentaine d'années là ceux-là eux autres ils parlent pas trop français. Surtout ceux qui sont venus au monde par ici, puis vraiment c'est ceux-là qui vont appartenir au club parce qu'ils sont descendants des Français ».

BR26 n'est pas le seul à exprimer cette idée : presque tous les locuteurs interviewés ont affirmé que, lorsqu'il n'y a qu'une seule personne non francophone présente, tout le monde s'exprime en anglais par politesse, quel que soit le contexte social. Bien que certains Franco-Américains s'y réunissent toujours, ces associations culturelles ont donc cessé de constituer un cadre propice aux échanges linguistiques en français.

Dans le passé, les Franco-Américains avaient souvent l'occasion de parler français au travail. Les grandes usines de la région qui employaient traditionnellement des Franco-Américains ont fermé. La population franco-américaine actuellement sur le marché du travail ne trouve donc plus d'interlocuteurs francophones sur ses lieux de travail, sinon dans de rares cas, notamment celui des entreprises familiales (comme celle de la famille de BR12) où le français est la langue de travail et celui des commerces (comme la librairie religieuse de BR10) où le français est utilisé avec certains clients.

Bien que le français disparaisse ou ait déjà disparu au travail, à l'école, à l'église et dans d'autres contextes sociaux, on pourrait s'attendre à ce que la langue soit restée plus présente dans le cadre familial. Or les comportements évoluent, et même les parents du groupe 3 (BR24 et BR25) cessent de transmettre la langue à leurs enfants. Cette nouvelle tendance montre que l'arrivée des nouveaux immigrants n'a que ralenti le processus d'assimilation. En effet, même les nouveaux immigrés semblent désormais suivre la même voie que les Franco-Américains de tradition. Tout ce qui représente la culture franco-américaine à Bristol ne passe plus obligatoirement par la langue française.

Conclusion

Selon les comportements linguistiques que nous venons de décrire, nous voyons qu'à Bristol la langue française ne semble plus occuper la place prédominante qu'elle avait dans le passé. Pourtant, dans les quatre communautés étudiées jusqu'ici dans le cadre du projet « *A Sociolinguistic Investigation of Franco-American French* », Woonsocket dans le Rhode Island, Van Buren et Waterville dans le Maine, et Bristol, cette dernière est la seule où il existe toujours une messe en français ainsi qu'un club franco-américain. Même si l'usage du français a diminué à l'échelle de la collectivité, la moitié de nos locuteurs utilisent le français tous les jours et ont presque tous la possibilité de parler français avec au moins une personne de leur entourage. Ce n'est pas le cas de beaucoup d'autres villes franco-américaines qui n'ont connu que la grande vague d'immigration qui s'est terminée dans les années 1930[5]. Cependant, la nouvelle vague d'immigration n'a ralenti l'assimilation et le transfert à l'anglais que pendant une quarantaine d'années.

NOTES

1.   Le corpus de Bristol s'est constitué dans le cadre du projet de recherche de la professeure Cynthia Fox de l'Université à Albany, « A Sociolinguistic Investigation of Franco-American French » (BCS-0003942) subventionné par la National Science Foundation. Nous souhaitons vivement remercier madame Fox pour son soutien et ses conseils lors de la rédaction de cet article ainsi que pour avoir bien voulu mettre à notre disposition le corpus qu'elle a constitué.
2.   Bien que les immigrants constituent au moins deux tiers de la population de Bristol en 1910 (CLOUETTE et ROTH, p. 140), ils sont pratiquement absents de tout récit historique portant sur la ville. Dans les rares travaux où on les mentionne, il est question des Irlandais, ou simplement des immigrants en général, mais pas des Franco-Américains. Par exemple, JOSEPHSON, dans une thèse de 75 pages sur l'histoire de Bristol, ne mentionne jamais les Franco-Américains et ne se réfère aux Canadiens qu'une seule fois : « Canadiens came to fill the need for laborers in many factories during the twentieth centrury » (p. 62). De même, les travaux historiques portant sur les Franco-Américains de la Nouvelle-Angleterre ou du Connecticut ne mentionnent que rarement la communauté francophone de Bristol. C'est donc à la lumière de ces ressources limitées que nous décrivons ici des événements qui ont marqué l'histoire de ces immigrants originaires du Canada français, qui sont venus partager la vie des *Bristolites*.
3.   Pour clarifier nos méthodes, les explications de definitions, les catégories utilisées et les sources (recensement et section exacte) ainsi que tout commentaire méthodologique non intégré au texte lui-même se trouvent dans des notes au bas des tableaux.
4.   Nous avons été obligés de prendre en compte l'immigration canadienne dans sa totalité (et non pas celle du Canada français uniquement) pour pouvoir inclure les années 1960 et 1970 dans notre étude. Ceci pour deux raisons pratiques, d'abord, à partir de 1960, le recensement ne distingue plus les immigrants en provenance du Canada français de ceux du reste du pays. De fait, une comparaison parmi les Canadiens français uniquement est impossible si nous voulons suivre le développement de l'immigration après 1950. Ensuite, les questionnaires des divers recensements ne donnent pas de définition exacte pour la distinction entre « Canada-French » et « Canada-Other ». Or deux faits nous donnent de bonnes raisons de penser que l'immigration canadienne totale est composée en grande partie de francophones : premièrement, beaucoup de nos « nouveaux Franco-Américains » sont arrivés d'en dehors du Québec ; deuxièmement, les francophones sont plus motivés à immigrer.
5.   Par exemple, à Cohoes, dans l'État de New York, la communauté francophone n'a plus de messe en français depuis le milieu des années 1960. La plupart de ses habitants francophones ont plus de 60 ans et disent qu'ils n'ont jamais l'occasion d'employer le français parce qu'il ne reste personne avec qui le parler (FOX, p. 264-265).

BIBLIOGRAPHIE

ALLEN, James P. (1974), « Franco-Americans in Maine: A Geographical Perspective », *Acadiensis*, n° 4, p. 32-66.
CHARTIER, Armand (1991), *L'Histoire des Franco-Américains de la Nouvelle-Angleterre*, Sillery (Québec), Septentrion.
CLOUETTE, Bruce et Matthew ROTH (1984), *Bristol, Connecticut: a bicentenial history, 1785-1985*, Canaan, New Hampshire, Phoenix Publishing.
CONVENTION NATIONALE DES CANADIENS-AMÉRICAINS DE L'ÉTAT DU CONNECTICUT (1899), *Congrès nationaux : Histoire et statistiques des Canadiens-Américains du Connecticut : 1885-1898*, Worcester, Massachusetts, Imprimerie de l'Opinion Publique.
FOX, Cynthia (1995), « On Maintaining a Francophone Identity in Cohoes, NY », *The French Review*, vol. 69, n° 2,

p. 264-274.

GIGUÈRE, Madeleine (1996), « New England's Francophone Population based upon the 1990 Census », dans Claire QUINTAL (dir.), *Steeples and Smokestacks: A Collection of Essays on the Franco-American Experience in New England*, Worcester, Massachusetts, Éditions de l'Institut français, p. 567-594.

JOSEPHSON, Beryl P. (1974), *A History of Bristol, Connecticut*, thèse de M.A., Central Connecticut State College.

LEACH, Gail et Steven VASTOLA (2001), *Bristol: Images of America*, Great Britain, Arcadia Publishing.

ROBY, Yves (1990), *Les Franco-Américains de la Nouvelle-Angleterre 1776-1930*, Sillery (Québec), Septentrion.

ROBY, Yves (2000), *Les Franco-Américains de la Nouvelle-Angleterre : rêves et réalités*, Sillery (Québec), Septentrion.

UNITED STATES CENSUS BUREAU, 1990 Census Summary Tape File 3A.

UNITED STATES CENSUS BUREAU, Census 2000 Summary Tape File 3A.

WEIL, François (1989), *Les Franco-Américains 1860-1980*, Paris, Belin.

Tableau 1

Évolution en pourcentage de l'émigration canadienne en Nouvelle-Angleterre entre 1930 et 1970

État	1930-1939	1940-1949	1950-1959	1960-1969
Connecticut	-17,94 %	0,13 %	10,26 %	-5,61 %
Maine	-17,29 %	-10,90 %	-18,89 %	-29,31 %
Massachusetts	-18,81 %	-17,68 %	-21,01 %	-27,85 %
New Hampshire	-17,64 %	-16,97 %	-24,53 %	-19,14 %
Rhode Island	-21,72 %	-17,76 %	-28,53 %	-34,85 %
Vermont	N/D[1]	-5,52 %	-19,06 %	-30,47 %
Total Nouvelle-Angleterre	N/D	-12,65 %	-18,74 %	-25,23 %

[1] Chiffres non disponibles pour le Vermont, car la population de « Foreign-born whites » pour l'État est inférieure à 50 000.

Sources

« *Nativity and Parentage of the White Population* », U.S. Bureau of the Census, <u>1940 Census of Population</u>, Characteristics of the population, United States Summary, Table 6.
« *Country of Birth of the Foreign-Born White Population*", U.S. Bureau of the Census, <u>1950 Census of Population</u>, Characteristics of the population, United States Summary, Table 71.
« *Country of Origin of the Foreign Stock by Nativity, Color, and Sex, for the State: 1960*», U.S. Bureau of the Census, <u>1960 Census of Population</u>, Detailed Characteristics, Table 99.
(« *State summaries* » : Connecticut, Maine, Massachusetts, New Hampshire, Rhode Island et Vermont)
« *Country of Origin of the Foreign Stock by Nativity and Race* », U.S. Bureau of the Census, <u>1970 Census of Population</u>, Detailed Characteristics, Table 141.
(« *State summaries*» : Connecticut, Maine, Massachusetts, New Hampshire, Rhode Island et Vermont)
Calculs effectués par Véronique Martin, Louis Stelling et Nadja Wyvekens.

Tableau 2

Population émigrée du Canada en Nouvelle-Angleterre entre 1930 et 1970, par État

État	1930	1940	1950	1960	1970
Connecticut	37 808	31 025	31 066	34 253	32 331
Maine	73 743	60 990	54 339	44 075	31 157
Massachusetts	288 056	233 873	192 514	152 075	109 714
New Hampshire	50 959	41 972	34 850	26 301	21 268
Rhode Island	39 278	30 747	25 286	18 072	11 773
Vermont	données non disponibles[1]	19 735	18 646	15 092	10 493
Total Nouvelle-Angleterre	489 844	418 342	356 701	289 868	216 736

[1] Chiffres non disponibles pour le Vermont, car la population de « Foreign-born whites» pour l'État est inférieure à 50 000.

[2] Total de la Nouvelle-Angleterre n'incluant pas les chiffres du Vermont.

Sources

« *Nativity and Parentage of the White Population* », U.S. Bureau of the Census, 1940 Census of Population, Characteristics of the population, United States Summary, Table 6.

« *Country of Birth of the Foreign-Born White Population* », U.S. Bureau of the Census, 1950 Census of Population, Characteristics of the population, United States Summary, Table 71.

« *Country of Origin of the Foreign Stock by Nativity, Color, and Sex, for the State: 1960*», U.S. Bureau of the Census, 1960 Census of Population, Detailed Characteristics, Table 99.

(« *State summaries* » : Connecticut, Maine, Massachusetts, New Hampshire, Rhode Island et Vermont)

« *Country of Origin of the Foreign Stock by Nativity and Race* », U.S. Bureau of the Census, 1970 Census of Population, Detailed Characteristics, Table 141.

(« *State summaries*» : Connecticut, Maine, Massachusetts, New Hampshire, Rhode Island et Vermont)

Calculs effectués par Véronique Martin, Louis Stelling et Nadja Wyvekens.

Tableau 3

Ascendance française ou canadienne-française en Nouvelle-Angleterre, 1990 et 2000, par État

État		Pop. totale (x 1 000 habitants)	D'ascendance fr., can.-fr. (x 1 000 habitants)	D'ascendance fr., can.-fr. (%)
Connecticut	1990	3 287	262	8,0 %
	2000	3 406	218	6,4 %
	Δ / p.t.	119	-44	-1,6 %
	Δ / p. franco			-16,8 %
Maine	1990	1 228	277	22,6 %
	2000	1 275	237	18,6 %
	Δ / p.t.	47	-40	-4,0 %
	Δ / p. franco			-14,4 %
Massachusetts	1990	6 016	685	11,4 %
	2000	6 349	560	8,8 %
	Δ / p.t.	333	-125	-2,6 %
	Δ / p. franco			-18,2 %
New Hampshire	1990	1 109	260	23,4 %
	2000	1 236	241	19,5 %
	Δ / p.t.	127	-19	-3,9 %
	Δ / p. franco			-7,3 %
Rhode Island	1990	1 003	158	15,8 %
	2000	1 048	129	12,3 %
	Δ / p.t.	45	-29	-3,4 %
	Δ / p. franco			-18,4 %
Vermont	1990	563	134	23,8 %
	2000	609	110	18,1 %
	Δ / p.t.	46	-24	-5,7 %
	Δ / p. franco			-17,9 %
Total Nouvelle-Angleterre	1990	13 206	1 776	13,4 %
	2000	13 923	1 495	10,7 %
	Δ / p.t.	717	-281	-2,7 %
	Δ / p. franco			-15,8 %

Sources

« Total Population », U.S. Bureau of the Census, *1990 Census of Population*, Summary Tape File 3A.

« Total Population », U.S. Bureau of the Census, *Census 2000*, Summary Tape File 3A.

« First Ancestry », U.S. Bureau of the Census, *1990 Census of Population*, Summary Tape File 3A.

« First Ancestry », U.S. Bureau of the Census, *Census 2000*, Summary Tape File 3A.

*La catégorie « First Ancestry » a été choisie pour deux raisons. D'abord, les chiffres du recensement de 2000 n'avaient pas tous été publiés au moment où nous faisions ces recherches. Ensuite, « First Ancestry » nous donne une idée de ce que les gens considèrent être leur ascendance culturelle principale.

Calculs effectués par Louis Stelling et Jodie Lemery.

Tableau 4

Français parlé à la maison de 1960 à 2000 (locuteurs âgés de 5 ans et plus), selon la ville du Connecticut

Ville	1960 *Foreign Born Mother Tongue**	1970 *Mother Tongue*	1980 *Lang. Spoken at Home*	1990 *Lang. Spoken at Home*	2000 *Lang. Spoken at Home*	Évolution depuis 1980 (%)
Bristol	1 396	8 747	4 172	4 016	2 803	
% △				-3,74 %	-30,20 %	**-32,81 %**
East Hartford	541	5 562	2 828	2 325	2 858	
% △				-17,79 %	22,92 %	1,06 %
Hartford	3 584	12 073	3 750	1 911	1 683	
% △				-49,04 %	-11,93 %	-55,12 %
Meriden	588	3 806	1 519	1 389	671	
% △				-8,56 %	-51,69 %	-55,83 %
New Britain	882	6 515	2 468	1 735	1 360	
% △				-29,70 %	-21,61 %	-44,89 %
Waterbury	2 186	6 984	2 396	1 626	1 088	
% △				-32,14 %	-33,09 %	-54,59 %
West Hartford	524	2 512	1 293	1 000	1 004	
% △				-22,66 %	0,40 %	-22,35 %
Total	9 701	46 199	18 426	14 002	11 467	
% △				-24,01 %	-18,10 %	-37,77 %

* = « Mother tongue of the Foreign Born population »
Ces chiffres incluent un faible pourcentage de francophones d'origine non canadienne. Nous avons choisi ici toutes les villes de l'État du Connecticut ayant une population francophone d'au moins 1 000 personnes. Trois autres villes ont été exclues parce qu'elles ont un nombre important d'immigrants francophones qui ne sont pas originaires du Canada.

Sources

« *Language(s) Spoken at Home* », U.S. Bureau of the Census, <u>1980 Census of Population</u>, *General Social and Economic Characteristics: Connecticut, Table 116a.*
« *Language(s) Spoken at Home* », U.S. Bureau of the Census, <u>1990 Census of Population</u>, *Summary Tape File 3A.*
« *Language(s) Spoken at Home* », U.S. Bureau of the Census, <u>Census 2000</u>, *Summary Tape File 3A.*
Pourcentages calculés par Louis Stelling et Jodie Lemery.

Tableau 5

Population totale, locuteurs du français à la maison et population d'ascendance française ou canadienne-française, Bristol (Conn.), 1990 et 2000

	1990	2000	Chute
Population totale	60 640	60 062	-578
			-0,95 %
Population totale (5 ans et +)	56 412	56 303	-109
			-0,19 %
Nombre de locuteurs du français à la maison (5 ans et +)	4 016	2 803	-1 213
En proportion de la population totale (5 ans et +)	7,12 %	4,98 %	-2,15 %
Proportion de locuteurs du français à la maison			-30,20 %
Population d'ascendance française ou canadienne-française	14 293	12 215	-2 078
En proportion de la population totale	23,57 %	20 34 %	-3,43 %
Proportion d'ascendance française ou canadienne-française			-14,54 %
Proportion de locuteurs du français à la maison par rapport à la population d'ascendance française ou canadienne-française	28,10 %	22,95 %	-5,15 %
			-18,32 %

Sources
« *Total Population* », U.S. Bureau of the Census, *1990 Census of Population*, Summary Tape File 3A.
« *Total Population* », U.S. Bureau of the Census, *Census 2000*, Summary Tape File 3A.
« *Language(s) Spoken at Home* », U.S. Bureau of the Census, *1990 Census of Population*, Summary Tape File 3A.
« *Language(s) Spoken at Home* », U.S. Bureau of the Census, *Census 2000*, Summary Tape File 3A.
« *First Ancestry* », U.S. Bureau of the Census, *1990 Census of Population*, Summary Tape File 3A.
« *First Ancestry* », U.S. Bureau of the Census, *Census 2000*, Summary Tape File 3A.
Calculs effectués par Louis Stelling.

Tableau 6

Locuteurs interviewés

	Locuteur	Âge / Sexe	Lieu de naissance	
Groupe 1	BR-07	75 m	**Bristol, CT**	nés/venus à Bristol avant la guerre (Franco-Américains de tradition)
	BR-08	51 m	**Bristol, CT**	
	BR-11	80 f	**Bristol, CT**	
	BR-20	59 f	**Bristol, CT**	
	BR-S5	98 f	Saint-Hyacinthe, QC	
	BR-S2	89 ? m	près de Magog, QC	
Groupe 2	BR-02	75 m	Grand Isle, ME	venus du Maine
	BR-09	74 m	Sainte-Agathe, ME	
	BR-18	64 f	Van Buren, ME	
	BR-26	60 m	Grand Isle, ME	
	BR-13	56 f	Nouveau-Brunswick	venus du N.-B.
	BR-17	49 m	Nouveau-Brunswick	
	BR-01	73 m	New Bedford, MA	nés aux États-Unis (sauf le Maine)
	BR-10	64 m	Berlin, NH	
	BR-19	77 m	Manville, RI	
	BR-23	51 m	Berlin, NH	
Groupe 3	BR-03	57 f	Saint-Benoît-Labre, QC	venus du Québec après la guerre
	BR-04	76 m	La Guadeloupe, QC	
	BR-05	72 f	Saint-Martin, QC	
	BR-06	75 f	Saint-Ludger, QC	
	BR-12	22 m	**Bristol, CT**	
	BR-16	75 f	Magog / Saint-Ludger, QC	
	BR-24	45 f	Saint-Ludger, QC	
	BR-25	43 f	Bristol, CT	
	BR-14	55 f	QC / frontière du N.-B.	
	BR-15	57 m	QC / frontière du N.-B.	
	BR-S3	27? f	QC / frontière du N.-B.	
	BR-21	46 m	Notre-Dame-du-Lac, QC	
	BR-S1	76 ? m	**Bristol, CT**	
	BR-22	44 f	Sherbrooke, QC	

* Les locuteurs BRS4 et BRS6 n'ont pas été inclus dans ce tableau en raison du manque de renseignements à leur sujet.

Tableau 7

Caractéristiques et comportements des locuteurs

		Âge/sexe	Génération	Mariage	Transmission	Usage passé	Usage aujourd'hui	Activités passé	Activités aujourd'hui	
Groupe 1	BR-07	75 m	2/3	exogame	0	4	1	1	1	nés/venus à Bristol avant la guerre (Franco-Américains de tradition)
	BR-08	51 m	2	exogame	0	4	0	0	0	
	BR-11	80 f	2	exogame	pas d'enfant	4	1	2	1	
	BR-20	59 f	2/3	exogame	1	4	2	1	0	
	BR-S5	98 f	1	pas mariée	pas d'enfant	4	4	3	0	
Groupe 2	BR-02	75 m	≥2	endogame	0	4	1	1	1	venus du Maine
	BR-09	74 m	≥2	endogame	0	4	4	3	■	
	BR-18	64 f	≥2	exogame	pas d'enfant	4	2	0	0	
	BR-26	60 m	≥2	endogame	1	4	2	0	0	
	BR-13	56 f	1	exogame	1	4	4	3	2	venus du N.-B.
	BR-17	49 m	2/3	pas marié	1	4	4	■	0	
	BR-01	73 m	2/3	pas marié	pas d'enfant	4	1	1	1	nés aux États-Unis (sauf le Maine)
	BR-10	64 m	2/3	endogame	1	4	4	0	0	
	BR-19	77 m	3	exogame	0	4	2	0	0	
	BR-23	51 m	3	exogame	0	4	1	0	0	

Groupe 3	BR-03	57 f	1	endogame	2	4	4	3	3	venus du Québec après la guerre
	BR-04	76 m	1	endogame	2	4	4	3	2	
	BR-05	72 f	1	endogame	2	4	4	2	2	
	BR-06	75 f	1	endogame	2	4	4	4	4	
	BR-12	22 m	1	pas marié	pas d'enfant	4	4	1	1	
	BR-16	75 f	1	endogame	2	4	4	3	2	
	BR-24	45 f	1	exogame	0	4	4	0	0	
	BR-25	43 f	1	exogame	0	4	1	■	■	
	BR-14	55 f	1	endogame	2	4	4	3	3	
	BR-15	57 m	1	endogame	2	4	4	3	3	
	BR-S3	28? f	1	endogame	2	4	4	■	■	
	BR-21	46 m	1	endogame	0	4	1	2	0	
	BR-22	44 f	1	endogame	0	4	1	2	1	

Transmission : Transmission du français à la génération suivante. 0 = aucune transmission ; 1 = a commencé à transmettre mais a arrêté ; 2 = a transmis.

Usage : Emploi du français. 0 = jamais ; 1 = avec certains membres de la famille ou certains amis lorsqu'ils se rencontrent par hasard ; 2 = avec au moins une personne, systématiquement (plusieurs fois par semaines ; l'institutrice qui ne le parle qu'avec ses étudiants en classe) ; 3 = avec plusieurs personnes, fréquemment, mais pas tous les jours ; 4 = tous les jours.

Activités : Participation aux activités francophones. 0 = aucune participation ; 1 = faible niveau de participation (une activité, rarement) ; 2 = niveau de participation moyen (une activité régulièrement) ; 3 = plus d'une activité ; 4 = très actif.

Les locuteurs BRS1, BRS2, BRS4 et BRS6 n'ont pas été inclus dans ce tableau en raison du manque de renseignements à leur sujet, mais leurs commentaires font partie de notre analyse.

JACK KEROUAC : L'ÉCRITURE ET L'IDENTITÉ FRANCO-AMÉRICAINE

Susan Pinette
University of Maine

Jack Kerouac demeure le fils célèbre de la communauté franco-américaine du Nord-Est des États-Unis. Enfant d'un des « petits Canadas » situés au cœur des villes industrielles de la Nouvelle-Angleterre, Kerouac incarne la franco-américanie pour beaucoup de lecteurs. Quoiqu'il ne soit ni le seul écrivain de cette communauté[1] ni francophone « dans le sens quotidien du terme » – le français de ses livres n'étant plus qu'une « métaphore complexe », une langue dans laquelle il s'exprime (Anctil, 1990, p. 101-103) –, Jack Kerouac représente le « fait français » aux États-Unis. Père de la « Beat Generation » il prend sa place grâce à sa réputation de grand homme de la littérature américaine. Ce qui détermine assurément son statut de représentant, cependant, c'est la présence visible de ce groupe minoritaire dans ses textes. Les personnages franco-américains, la religion populaire, l'univers familial et les bribes de français éparpillées partout montrent que Kerouac n'était pas seulement de cette communauté ; il l'a écrite. « Kerouac sought to make his life into art », confirme Matt Theado (2000, p. 9).

Étant représentants de cette ethnie, Kerouac et ses textes s'imposent à ceux qui s'intéressent aux communautés franco-américaines aux États-Unis. Cette imposition est accentuée aux États-Unis par le fait que les critiques anglophones passent sous silence le fait français dans les textes de Kerouac. Les commentaires des anglophones se caractérisent par le rejet total de la signifiance de l'ethnie[2]. Barry Miles, par exemple, n'essaie même pas de comprendre le contexte ethnique d'où sort Kerouac.

> Lowell was a town of small, localised ethnic neighbourhoods [...] many of the immigrant communities had recently arrived [...] there was a sense of rootlessness, of not being a part of mainstream American culture and yet being cut off, forgotten, by their own. This was doubly so for the French Canadians, who, despite the familial connections to Quebec, in most cases had to look back centuries to find a connection with France herself (1998, p. 10).

Miles ne saisit pas les différences entre la France, le Québec et la franco-américanie. Il avance que la famille Kerouac mangeait du porc parce que le « [p]ork is the predominant meat of Brittany » (1998, p. 11) et que Kerouac se sentait perdu et loin de la France[3]. En fin de compte, Miles ne s'intéresse pas à l'ethnie, car elle est nécessairement abandonnée et sans effet dans le contexte du « melting pot » américain. Miles peut ignorer le côté franco-américain de Kerouac parce qu'il veut parler du « vrai Américain », de celui qui a renoncé complètement à son héritage. « Jack appears to have been the all-American boy : he ate prodigious numbers of hamburgers, drank ice-cream sundaes, played baseball on a sand lot with local kids, and was passionate about sports » (p. 18). L'exégèse de Miles déploie le drame du « melting pot » si cher à l'identité américaine.

Les Franco-Américains qui souhaitent sauvegarder la franco-américanie résistent à cette interprétation dominante, et ils affirment la représentation de l'ethnie dans les textes de Kerouac. Bien que Kerouac soit reconnu pour sa révolte, Armand Chartier soutient que l'identité franco-américaine de Kerouac était inébranlable : « Nous ne contestons pas que Jack Kerouac se soit révolté contre l'hypocrisie, contre les manières guindées de la bourgeoisie et ses multiples contraintes sociales. Pourtant, il a su nuancer sa révolte, puisqu'il est demeuré, jusqu'à la fin, fidèle à son culte du passé : son passé à lui, celui de sa famille, et celui du Canada ancestral » (1986a, p. 95). Chartier défend l'existence indépendante et inassimilée de la communauté franco-américaine et maintient que Kerouac montre la vigueur de ses traditions culturelles. En y restant fidèle, Kerouac réussit à mettre cette communauté sur la scène nationale et internationale. « Ce petit peuple, il l'aura pourtant fait connaître universellement » (1986b, p. 79). Claire Quintal indique que ces textes affirment l'héritage commun des Franco-Américains et des Québécois, un lien historiquement essentiel à la « survivance » des Franco-Américains aux États-Unis : « Kerouac est un gars de chez vous, aussi bien que de chez nous » (Quintal, 1988, p. 398). Les Franco-Américains saisissent dans les ouvrages de Kerouac une civilisation distincte qui s'écrit même en anglais, comme le déclare Rhea Côté Robbins au sujet de la vie franco-américaine « Perfect, present, future tense. In French. Everything in French. Even if it is in English, it is still in French » (2001, p. 81)[4]. Pour tous ces lecteurs franco-américains, les textes de Kerouac signalent la visibilité et la viabilité d'une franco-américanie souvent ignorée et oubliée aux États-Unis[5].

Les exégèses des anglophones et celles des Franco-Américains semblent être bien distinctes, même contradictoires. D'une part les critiques américains nient l'influence de l'ethnie sur l'œuvre de Kerouac ; d'autre part, les Franco-Américains en font ressortir l'importance essentielle. Il ne faut pas, cependant, laisser ces commentaires complètement opposés dissimuler les concordances fondamentales qui les soutiennent. Ces lecteurs s'accordent sur la manière dont ils comprennent le rapport entre l'identité minoritaire de l'auteur et la création artistique. Tous conçoivent une division presque absolue entre le vécu et la production créatice. Pour les Américains, l'importance du vécu se limite à la biographie de son enfance et n'a rien à voir avec l'activité créatrice qui définit la vie d'adulte. La littérature doit son existence au génie de l'écrivain. Pour les Franco-Américains, le texte ne fait que refléter un vécu bien précis et déterminé qui existe en dehors de toute création. Les ouvrages de Kerouac ne sont que des transcriptions d'une vie franco-américaine qui existe hors-temps et hors-texte. Le lecteur ne doit que retirer le voile de fiction pour apercevoir la vérité de l'ethnie, comme le fait Chartier pour « Galloway (appellation fictive qu'il donne à Lowell) » (1986a, p. 85).

Ne relevant pas le rapport dynamique et créateur entre le vécu et l'écrit, ces lecteurs américains et franco-américains interprètent mal l'œuvre de Kerouac. Un des derniers textes de Kerouac reste une énigme pour beaucoup de lecteurs qu'ils soient Franco-Américains ou non. *Satori in Paris* raconte les pérégrinations du narrateur en France dans le but d'y faire des recherches généalogiques. Celui-ci relate ses aventures à Paris et en Bretagne, les liaisons passagères et les recherches qu'il fait entre – et pendant – ses états d'ivresse. Les lecteurs américains professent de l'incompréhension devant le texte. « Ultimately, *Satori in Paris* recounts a Kerouac adventure in a loose, conversational style that points, on occasion, to the deep affinity for humankind that Kerouac had always shared in his books. The book ends, though, like Kerouac's trip itself : foreshortened, with its meaning unclear » (Theado, p. 178)[6]. Comme beaucoup de ses textes, *Satori in Paris* est difficile à comprendre. Une clé essentielle du texte se trouve cependant dans la relation de l'auteur à son identité franco-américaine. Ces lecteurs américains ne comprennent pas *Satori in Paris* parce qu'ils ne reconnaissent pas le rôle fondamental que joue l'ethnie dans l'écrit. Le texte reste énigmatique s'il est divorcé du contexte minoritaire des États-Unis. Ce n'est qu'en relation avec l'identité ethnique que le texte a du sens. Les lecteurs franco-américains n'arrivent pas non plus à comprendre le texte. Ils glanent des renseignements sur la vie de Kerouac dans l'œuvre, ne prêtant aucune attention au commentaire que fait le texte sur l'identité franco-américaine. Chartier maintient que ce texte montre « la profondeur de sa fidélité aux valeurs apprises pendant son enfance » (1986a, p. 93). *Satori in Paris* n'affirme pas l'identité franco-américaine, mais la critique comme insuffisante en elle-même dans la recherche de soi.

En prenant *Satori in Paris* comme exemple paradigmatique, nous montrerons que l'ethnie et l'écriture sont liées indissociablement dans l'œuvre de Kerouac. Nous commencerons par la thèse de ceux qui croient que l'identité minoritaire n'a rien à voir avec l'écrit, ce qui, dans un deuxième temps, sera contesté par l'argument voulant que le contexte de l'ethnie soit essentiel à la compréhension du texte. Nous passerons ensuite à ceux qui constatent que l'œuvre de Kerouac renforce l'identité franco-américaine. Nous montrerons que *Satori in Paris* critique cette identité et la rejette, offrant à la place une identité qui ne se sert des définitions établies de l'ethnie que comme guide/médium producteur de l'écriture.

Satori in Paris : *le décalage du nom propre*

Dans son travail indispensable aux recherches concernant l'autobiographie, *Le pacte autobiographique*, Philippe Lejeune montre l'importance fondamentale du nom propre dans le texte autobiographique.

> C'est donc par rapport au *nom propre* que l'on doit situer les problèmes de l'autobiographie. Dans les textes imprimés, toute l'énonciation est prise en charge par une personne qui a coutume de placer son *nom* sur la couverture du livre, et sur la page de garde, au-dessus ou au-dessous du titre du volume. C'est dans ce nom que se résume toute l'existence de ce qu'on appelle l'*auteur* : seule marque dans le texte d'un indubitable hors-texte, renvoyant à une personne réelle, qui demande ainsi qu'on lui attribue, en dernier ressort, la responsabilité de l'énonciation de tout le texte écrit (Lejeune, 1975, p. 23).

Ce n'est que l'identité de l'auteur et du personnage principal qui définit l'autobiographie. Sans le nom propre, le texte n'est que du romanesque. Le nom propre revendique la vérité et garantit la révélation véritable du soi qui se produit dans le texte.

Satori in Paris est un récit autobiographique qui s'annonce comme tel (par opposition aux autres textes de la « légende Duluoz ») avec la déclaration du nom propre. « I'll use my real name here, full name in this case, Jean-Louis Lebris de Kérouac, because this story is about my search for this name in France » (p. 8). Le texte se conforme aux exigences du genre tel que défini par Lejeune. Malgré les proclamations du narrateur, le décalage entre le nom de l'auteur (Jack Kerouac) et celui du narrateur (Jean-Louis Lebris de Kérouac) est tout de suite évident. Il est possible de soutenir que le nom de l'auteur n'est que le nom anglicisé du narrateur. Le texte, cependant, dément cette interprétation. Le récit se construit sur l'échec du narrateur qui ne parvient pas à prouver que les deux noms sont les mêmes.

Satori in Paris est construit autour de la tentative de prouver l'identité des deux noms. Les premiers essais se font à Paris, où le narrateur fait des recherches dans les documents généalogiques. Il va à la Bibliothèque Nationale, aux Archives Nationales et à la Bibliothèque Mazarine. Chaque fois, il est mis en présence du décalage entre les deux noms.

> […] when they saw my name Kerouac but with a "Jack" in front of it, as tho I were a Johann Maria Philipp Frimont von Palota suddenly traveling from Staten Island to the Vienna library and signing my name on the call-cards Johnny Pelota and asking for Hergotts' *Genealogica augustae gentis Habsburgicae* (incomplete title) and my name not spelled "Palota," as it should, just as my real name should be spelled "Kerouack," but both old Johnny and me've been thru so many centuries of genealogical wars and crests and caockatoos and gules and jousts against Fitzwilliams, agh – It doesnt matter (p. 34).

Le texte insiste sur la différence des noms : « Jack Kerouac » n'est pas seulement un nom anglicisé, mais un nom qui témoigne de l'expérience de l'émigration et des effets de la vie aux États-Unis. Le décalage entre les deux noms ne peut pas être effacé, car il représente de véritables différences introduites par l'histoire.

Ses expériences à Paris se répètent en Bretagne quand le narrateur fait enfin la connaissance d'un Lebris. Le narrateur rencontre pour la première fois quelqu'un de sa parenté et la réunion est le point culminant du texte. Comme à Paris, le narrateur n'arrive pas à convaincre ces locuteurs que ce nom français est le sien. « "You are Jean-Louis Lebris de Kérouac, you said and they said on the phone ?" "*Sans doute, Monsieur.*" I show him my passport which says: "John Louis Kerouac" because you cant go around America and join the Merchant Marine and be called "Jean" » (p. 95). Kerouac affirme son identité, mais, comme à Paris, les Lebris l'acceptent difficilement. Quand Lebris lui demande de lui montrer où le narrateur se trouve sur son document généalogique, celui-ci n'y arrive pas.

> But I'm home, there's no doubt about it […] he [Ulysse Lebris] looks and says "Come over and see my genealogy" which I do […] "Where is the record of your family ?" snaps Ulysse. "In the Rivistica Heraldica !" I yell, when I shoulda said "Rivista Araldica" which are Italian words meaning: "Heraldic Review". He writes it down. His daughter comes in again and says she's read some of my books, translated and published in Paris by that publisher who was out for lunch, and Ulysse is surprised. In fact his daughter wants my autograph (p. 100-101).

Le récit insiste sur le décalage entre les noms et le ré-inscrit à chaque instance. Ulysse Lebris ne le reconnaît pas en tant que Jean-Louis Lebris de Kérouac. Sa fille pourtant l'identifie comme Jack Kerouac, l'auteur américain, et lui demande son autographe.

L'importance du décalage entre les noms est mise en relief par le personnage de Lebris lui-même. Comme le héros d'Homère, Ulysse se reconnaît et se sent chez lui.

Entouré de sa famille, celui-ci est patriarche, père d'une famille Lebris qui peut facilement se faire représenter sur un arbre généalogique. Le narrateur, par contre, cherche à se placer à l'origine française mais n'y arrive pas. Le décalage du nom français au nom anglicisé ne témoigne pas de la faillite de ses recherches généalogiques, comme les commentateurs américains le maintiennent. *Satori in Paris* énonce l'autobiographie d'une vie ethnique, c'est-à-dire d'une vie qui se caractérise par l'incapacité de faire coïncider le « vrai » nom avec le nom américanisé, d'une vie qui, par définition, ne peut rejoindre l'origine imaginaire. C'est justement cet espace entre les noms, cette expérience de déracinement que le texte signale comme endroit créateur. Cet espace, Sandra Gilbert l'appelle une « hyphen-nation » :

> I am an Italian-American who doesn't speak Italian, just the way I'm a French-American whose French ranges from tremulous to nonexistent, as well as a Russian-American who barely recognizes the sound of Russian and has never seen a street in Russia. Because of all these complex combinations, moreover, I am an American-American who spent years denying being American, years inhabiting a country (or perhaps countries) of hyphenation – maybe even a hyphen-nation (Gilbert, 1997, p. 52).

Le décalage de cet espace de la « hyphen-nation » est à la base du texte et produit la narration.

L'autobiographie du sujet minoritaire

L'essentiel du voyage, indiqué par le titre, est le satori que reçoit le narrateur pendant sa tournée. Le récit s'ouvre : « Somewhere during my ten days in Paris (and Brittany) I received an illumination of some kind that seems to've changed me again, towards what I suppose'll be my pattern for another seven years or more: in effect, a *satori*: the Japanese word for "sudden illumination," "sudden awakening" or simply "kick in the eye" » (p. 7). Le texte proclame l'illumination de soi et offre la possibilité que cette compréhension soit basée sur les recherches généalogiques du narrateur. Son illumination semble liée intimement à son identité de minoritaire, qui est à l'origine de son voyage en France.

Le texte de Kerouac commente un modèle bien établi dans les communautés minoritaires aux États-Unis : le voyage au pays d'origine pour « se retrouver ». C'est le retour au foyer qui se fait autour des recherches généalogiques. Rhea Côté Robbins atteste : « When I went to France, I felt as if I were going home » (p. 35) et Lanette Landry Petrie déclare à son retour de France : « I was not prepared to have the special sense of belonging that I did experience » (p. 37). *Satori in Paris* met en place ce schéma bien connu dans la communauté d'origine étrangère. Le narrateur relève des similarités entre des églises de France et celles de Lowell. « I was also all hot to see St. Louis de France church on the island of St. Louis in the Seine River, because that's the name of the church of my baptism in Lowell, Massachusetts » (p. 12). Dans les bibliothèques, il proclame son droit d'être là : « The Swiss woman by now is asking me when I'm going to leave. I say "I'll leave as soon as I've verified my family in the library" » (p. 21). Il rappelle ses liens généalogiques – « I saw the greatness of Paris that it can weep for the follies of the Revolution and at the same time rejoice they got rid of all those long nosed nobles, of which I am a descendant (Princes of Brittany) » (p. 16) – et il refuse de se considérer comme touriste : « So how can an American tourist who doesnt speak

French get around at all ? Let alone me ? » (p. 31). Kerouac cherche à réduire les différences entre les Français et lui et offre la possibilité aux lecteurs que ce « retour au foyer » lui rende ce satori qui l'illuminera.

Or, dès qu'il offre cette possibilité, le texte la remet en question. Le narrateur déclare qu'il n'est pas certain d'où vient cette connaissance de soi qu'il a trouvée en France. « But as I say I don't know how I got that *satori* and the only thing to do is start at the beginning » (p. 10). Le récit qui suit décrit trois occasions où le satori aurait pu se produire. Ces occasions se caractérisent par leur lien étroit avec trois aspects de l'identité franco-américaine, soit la langue française, la religion et la culture. Chaque fois, cependant, le narrateur rejette ces trois aspects comme sources uniques de sa révélation en continuant le conte qui ne finit que lorsque la source du satori est révélée.

La première fois que le narrateur avance la possibilité du satori, c'est lors d'une conversation en français avec un Français. Il est en train de manger dans un restaurant et commence à parler avec un autre client.

> A marvelous man, and Jewish, and we have our conversation in French, and I even tell him that I roll my "r's" on my tongue and not in my throat because I come from Medieval French Quebec-via-Brittany stock [...] I also remind him that [...] in those days you said not "toi" or "moi" but like "twé" or "mwé" (as we still do in Quebec and in two days I heard it in Brittany) [...] Maybe that's when my Satori took place. Or how. The amazing long sincere conversations in French with hundreds of people everywhere, was what I really liked, and did, and it was an accomplishment because they couldn't have replied in detail to my detailed points if they hadn't understood every word I said. Finally I began being so cocky I didn't even bother with Parisian French and let loose blasts and *pataraffes* of *chalivarie* French that had them in stitches because they still understood, so there, Professor Sheffer and Professor Cannon (my old French "teachers" in college and prep school who used to laugh at my "accent" but gave me A's) (p. 45-46).

Kerouac représente un attribut bien profond de l'expérience franco-américaine. « Quant au français parlé par les Francos, il était étiqueté de "patois" à cause de sa divergence du "parisien", cette "norme théorique" ou langue "légitime" à laquelle les anglophones mesuraient les "pratiques linguistiques" francophones. Parler un "patois" était s'afficher comme "arriéré", "inculte", "de seconde classe" » (Péloquin-Faré, 1990, p. 150). Beaucoup de Franco-Américains ont honte de leur langue, et il est tout à fait normal d'entendre dire par des Franco-Américains dont le français est la langue première qu'ils ne parlent pas le « vrai » français. Le narrateur évoque comme source possible de son changement d'esprit l'expérience de cette conversation où un Français le comprend et ne rit pas de son français franco-américain. Kerouac nous offre la possibilité que la réception favorable de son accent lui ait donné une connaissance de soi très profonde. C'est non sans hésitation et à l'interrogatif que le narrateur présente cependant cette possibilité. Et, fait plus révélateur, il nous a déjà déclaré au début du conte que « it seems the satori was handed to me by a taxi driver named Raymond Baillet » (p. 7).

Le deuxième satori possible se produit quand Kerouac fait la connaissance d'un jeune Breton, Jean-Marie Noblet, qu'il rencontre dans un train en direction de Rennes.

« And don't you think we didn't swing infos back and forth in French, and not Parisian either, and him not speaking a word of English » (p. 62). Kerouac exprime la même joie quant au fait de pouvoir parler français avec Noblet. Les deux jeunes hommes s'enivrent et commencent à parler avec un prêtre qui est assis à côté d'eux. Kerouac fait un sermon à Noblet et au prêtre, qui se termine ainsi : « Nous autres qu'ils n'ont pas vue les miracles de Jésu […] on à seulement de continuer d'accepter l'assurance qu'il nous à été descendu dans la parole sainte du nouveau testament […] Alors, la Foi, et l'Église qui à défendu la Foi comme qu'a pouva » (Partly French Canuck) […] No applause from the priest, but a side underlook, brief, like the look of an applauder, thank God. Was that my Satori, that look, or Noblet ? » (p. 64-65). Le narrateur se demande si le fait de parler français ou le regard du prêtre suscite son satori. Comme la langue, la religion catholique définit la civilisation franco-américaine. La paroisse était à la base de toutes les institutions sociales franco-américaines et le prêtre, le personnage central de la vie franco-américaine. Comme il l'a fait auparavant, le narrateur désavoue l'influence de cet incident dès qu'il le donne comme possibilité de satori, et il continue son histoire.

Le narrateur se demande une dernière fois si ses expériences en Bretagne ont suscité sa révélation. Cette fois-ci, c'est la nourriture qui déclenche l'interrogation.

> The butter was in a little clay butter bucket two inches high and so wide and so cute I said: – "Let me have this butter bucket when I've finished the butter, my mother will love it and it will be a souvenir for her from Brittany". "I'll get you a clean one from the kitchen. Meanwhile you eat your breakfast and I'll go upstairs and make a few beds" so I slup down the rest of the beer, he brings the coffee and rushes upstairs, and I smur (like Van Gogh's butterburls) fresh creamery butter outa that little bucket, almost all of it in one bite, right on the fresh bread, and crunch, munch, talk about your Fritos, the butter's gone even before Krupp and Remington got up to stick a teaspoon smallsize into a butler-cut-up grapefruit. Satori there in Victor Hugo Inn? (p. 82)

La nourriture reste un symbole puissant de la civilisation franco-américaine. Les tourtières et la soupe aux pois représentent toutes les habitudes de la vie familiale. Les traditions des jours de fête, les croyances et les rôles familiaux se trouvent tous symbolisés par la nourriture. Le narrateur, encore une fois, évoque cela pour le rejeter du même souffle, en quelque sorte.

Le narrateur propose donc toutes ces représentations de la vie franco-américaine comme source de l'illumination et puis il les repousse. Aucune ne lui donne son satori; aucune ne l'entraîne à une meilleure connaissance de soi. Le satori n'arrive qu'à la fin du voyage. Ce n'est qu'en partant de la France qu'il reçoit enfin son satori. C'est le conducteur qui l'emmène à l'aéroport qui en est la source. « It seems the satori was handed to me by a taxi driver named Raymond Baillet » (p. 7). Mais il se rend compte du rôle important du conducteur seulement à la fin de l'histoire. « The satori taxidriver of page one » (p. 118). Ce n'est que la narration de ses expériences qui lui révèle la source de l'inspiration. Sa recherche était nécessaire mais pas suffisante pour lui faire atteindre l'objet de sa quête. Ce n'est qu'en mettant ses expériences par écrit qu'il arrive à comprendre la source du satori. L'identité ethnique sert comme ligne directrice du voyage mais en elle-même, elle n'offre pas le satori. Ce n'est que dans l'acte créateur que le narrateur arrive à se comprendre.

Conclusion

Satori in Paris montre la nécessité de voir le rapport entre le vécu et l'écrit. Si l'on rejette l'importance de l'ethnie, le texte reste incompréhensible. Si on le réduit à un retour au foyer, son commentaire sur le rôle essentiel de l'activité créatrice pour l'identité minoritaire reste caché. L'œuvre de Kerouac crée un lien étroit entre l'ethnie et l'écriture. Ce lien ne se présente pas comme une représentation mimétique, mais comme une dialectique entre l'ethnie qui produit l'écriture et l'écriture qui met en question l'ethnie. *Satori in Paris* exige une lecture qui reconnaîtra cette tension productrice.

NOTES

1. Pour n'en énumérer que quelques-uns : Norman Beaupré, Clark Blaise, Grégoire Chabot, Robert Cormier, Paul Marion, Grace Metalious, Michael Parent, Susann Pelletier, David Plante, E. Annie Proulx, Rhea Côté Robbins, Gérard Robichaud et Connie Voisine.
2. Éric Waddell signale l'absence presque totale du côté franco-américain dans les études des anglophones. « Aussi, la lecture des critiques anglo-américaines de Kérouac provoqua en moi un malaise extrême. J'ai pris, par exemple, des pages de notes à la lecture de la biographie d'Ann Charters, relevant sa difficulté à lire Kérouac en tant que Franco-Américain » (p. 4). L'étude anglophone qui se distingue par sa reconnaissance du rôle important de l'ethnie dans l'œuvre de Kerouac est *Memory Babe* de Gerald Nicosia.
3. Barry Miles ne tient pas compte de l'aspect fictif de l'identité ethnique. Kerouac décrivait la Bretagne comme une origine lointaine, mais cette origine est aussi fictive que vraie. En comprenant le texte comme un miroir de la réalité, Miles pense que Kerouac est d'origine française. Miles ne réussit pas à comprendre que l'identité franco-américaine consiste en ce que Kerouac vivait et ce qu'il imaginait.
4. À l'étonnement incrédule de Ferland. « S'agirait-il, implicitement, de persuader une nation qu'elle peut fort bien vivre sa culture sans la langue qui lui est propre ? Pour outrées qu'elles puissent paraître, ces questions sont d'actualité. Elles viennent spontanément, par exemple quand on lit telle déclaration du secrétaire de l'association Action pour les Franco-Américains du Nord-Est (ACFANE), selon qui *la personnalité culturelle franco-américaine en Nouvelle-Angleterre paraît suffisamment forte pour se perpétuer sans la connaissance du français*. Voilà qui est troublant et peut être grave de conséquences » (Ferland, p. 425). La réaction de Ferland à cette assertion de l'ACFANE fait écho à des commentaires faits par Pierre Anctil. Celui-ci annonce la faillite de la franco-américaine et son assimilation totale.
    À cette époque, stimulés et appuyés par un clergé d'expression française, par un réseau institutionnel développé et par une certaine élite littéraire et artistique, les Franco-Américains maintenaient des liens solides avec le pays du départ et "survivaient" en tant qu'entité francophone distincte. Il en était déjà tout autrement quand les Canadiens français devenus Québécois s'aventurèrent outre-frontière à la recherche de la Franco-Américaine [*sic*], sur la voie entre autres de ce qu'ils avaient lu dans l'œuvre de Kerouac. Pour beaucoup, la déception fut vive et le réveil cruel quand ils durent constater le degré d'érosion du fait français en Nouvelle-Angleterre (Anctil, 1988, p. 408).
    En s'appuyant sur le mot « survenir », Pierre Anctil note l'infidélité des Franco-Américains aux principes de l'idéologie de la survivance, c'est-à-dire principalement à la langue. Fernan Carrière note : « Reconnaissons-le, nous craignons, nous ne voulons pas amorcer une discussion pour remettre en question le paradigme premier de l'équation, qui veut que langue et religion soient indissociablement liées pour définir l'espace culturel. Pour la religion, c'est devenu une donnée variable. Pour la langue, c'est autre chose. Et si c'était que nous n'avons pas le choix » (1990, p. 150). Pour Ferland et Anctil, Kerouac est la dernière expression d'une communauté actuellement en train de disparaître parce qu'elle n'est presque plus francophone.
5. Dyke Hendrickson appelle les Franco-Américains la « silent minority » dans son étude *Quiet Presence*. « The Franco-Americans are the invisible minority group of New England. [...] But because those of French-Canadian ancestry do number close to 2.5 million, the presence, albeit quiet presence, of the Franco-Americans should be more than a footnote in New England history » (Hendrickson, 1980, p. viii).
6. « The follow of his genealogical pursuit appears most clearly in Kerouac's novel Satori in Paris [...] in June 1965 he began what was to have been an extended trip to Paris, Brittany and Cornwall, to further research his

family's history. [...] But in reality he was so drunk and disorderly that he just barely kept out of serious trouble » (Nicosia, 1983, p. 33). « It is a lamentably poor piece of writing. [...] it is a catalogue of disasters [...] there was no satori ; nothing was revealed at all » (Miles, 1998, p. 281-282).

BIBLIOGRAPHIE

ANCTIL, Pierre (1990), « Paradise Lost, ou le texte de langue française dans l'œuvre de Jack Kérouac », dans Pierre ANCTIL, Louis DUPONT, Rémi FERLAND et Éric WADDELL (dir.), *Un Homme grand : Jack Kerouac at the Crossroads of Many Cultures = Un Homme grand : Jack Kérouac à la confluence des cultures*, Ottawa, Carleton University Press, p. 93-105.

ANCTIL, Pierre (1988), « Jack Kerouac anachronique », *Voix et Images*, vol. 13, n° 39, p. 408-412.

CARRIÈRE, Fernan (1990), « Parti de Québec à la recherche de son frère », dans Pierre ANCTIL, Louis DUPONT, Rémi FERLAND et Éric WADDELL (dir.), *Un Homme grand : Jack Kerouac at the Crossroads of Many Cultures = Un Homme grand : Jack Kérouac à la confluence des cultures*, Ottawa, Carleton University Press, p. 145-154.

CHARTIER, Armand B. (1986a), « Jack Kérouac, Franco-Américain », *Revue d'histoire littéraire du Québec et du Canada français*, n° 12, p. 83-96.

CHARTIER, Armand B. (1986b), « La littérature franco-américaine de la Nouvelle-Angleterre : origines et évolution », *Revue d'histoire littéraire du Québec et du Canada français*, n° 12, p. 59-82.

FERLAND, Rémi (1988), « Les enjeux de la Rencontre internationale Jack Kerouac », *Voix et Images*, vol. 13, n° 39, p. 422-425.

GILBERT, Sandra (1997), « Mysteries of the Hyphen: Poetry, Pasta, and Identity Politics », dans A. Kenneth CIONGOLI et Jay PARINI (dir.), *Beyond* The Godfather: *Italian American Writers on the Real Italian American Experience*, Hanover, University Press of New England, p. 49-61.

HENDRICKSON, Dyke (1980), *Quiet Presence: Dramatic, First-Person Accounts: The True Stories of Franco-Americans in New England*, Portland, ME, Guy Gannett.

KEROUAC, Jack (1985), *Satori in Paris and Pic*, New York, Grove Press.

LEJEUNE, Philippe (1975), *Le pacte autobiographique*, Paris, Éditions du Seuil.

MILES, Barry (1998), *Jack Kerouac King of the Beats : A Portrait*, New York, Henry Holt and Company.

NICOSIA, Gerald (1983), *Memory Babe: A Critical Biography of Jack Kerouac*, New York, Grove Press.

THEADO, Matt (2000), *Understanding Jack Kerouac*, Columbia, University of South Carolina Press.

PÉLOQUIN-FARÉ, Louise (1990), « Les attitudes des Franco-Américains de la Nouvelle-Angleterre envers la langue française », dans Noël CORBETT (dir.), *Langue et identité : Le français et les francophones d'Amérique du Nord*, Québec, Presses de l'Université Laval, p. 145-158.

PETRIE, Lanette Landry, « Back to the Beginning ». *Je suis franco-américaine et fière de l'être/I am Franco-American and Proud of It.* Unpublished anthology edited by Rhea Côté ROBBINS, Lanette Landry PETRIE, Kristin LANGELLIER, and Kathryn SLOTT, p. 36.

QUINTAL, Claire (1988), « Mémère Kerouac ou la revanche du berceau en franco-américanie », *Voix et Images*, vol. 13, n° 39, p. 397-401.

ROBBINS, Rhea Côté (2001), *Wednesday's Child*, Brewer, Rheta Press.

ROBBINS, Rhea Côté, « The Epistle to the Franco-Americains ». *Je suis franco-américain et fière de l'être = I am Franco-American and Proud of It.* Unpublished anthology edited by Rhea Côté ROBBINS, Lanette Landry PETRIE, Kristin LANGELLIER, and Kathryn SLOTT, p. 35.

WADDELL, Éric (1990), « Kérouac, le Québec, l'Amérique... et moi ». *Un Homme grand : Jack Kerouac at the Crossroads of Many Cultures = Un Homme grand : Jack Kérouac à la confluence des cultures*, dans Pierre ANCTIL, Louis DUPONT, Rémi FERLAND et Éric WADDELL (dir.), *Un Homme grand : Jack Kerouac at the Crossroads of Many Cultures = Un Homme grand : Jack Kérouac à la confluence des cultures*, Ottawa, Carleton University Press, p. 1-18.

SÉMIOLOGIE DU PERSONNAGE AUTOFICTIF DANS
PAS PIRE DE FRANCE DAIGLE

François Giroux
Université de Moncton

P*as pire*, le roman de France Daigle, constitue un bel exemple d'une tendance apparue dès les débuts de la période d'émergence de la littérature acadienne, celle du mélange de l'autobiographie et de la fiction. En 1962, dans *On a mangé la dune*, Antonine Maillet utilisait déjà ce genre en se masquant sous les traits de sa jeune protagoniste de 8 ans, Radi[1], sans frontière précise entre le réellement vécu de son enfance et ce que son invention y avait ajouté. C'est ce que l'on appelle un *personnage autofictif*. L'une des variantes de cette procédure consiste en un auteur à la fois personnage et narrateur d'une histoire où sa vie et son imaginaire s'entremêlent.

Dans *Pas pire*, France Daigle, l'auteure, narre elle-même l'histoire sous son nom véritable. Sa protagoniste est France Daigle, également identifiée sous ce nom. De plus, cette protagoniste va jusqu'à avouer dans le roman les caractères tant véridiques que fictifs de son propre personnage : « ce côté autobiographique m'embête un peu. J'aurais préféré l'éviter, mais je n'ai pu faire autrement. Je ne sais pas pourquoi, mais je ne voulais pas, je ne pouvais pas cacher le vrai, dans un personnage fictif, bien que cela me gêne de me dévoiler ainsi »[2] (p. 154). Il s'agit donc d'un cas on ne peut plus clair de personnage autofictif. L'examen de ce cas pourrait nous fournir un éclairage très intimiste sur la démarche créatrice, voire personnelle, de l'auteure.

Notre hypothèse de travail est que le côté imaginaire du personnage autofictif permet à l'auteure de *Pas pire* d'y compléter une dynamique que le seul contenu authentique de sa vie n'aurait su pousser aussi loin. En conséquence, il nous faut départager au moins approximativement le vrai du faux dans le personnage autofictif, cerner le mouvement qui anime celui-ci dans l'histoire et qualifier l'apport du fictif à son fonctionnement.

L'angle d'analyse abordé ici sera celui de la caractérisation du personnage autofictif, constitué à la fois de la narratrice et de la protagoniste. La méthode utilisée s'inspire de la théorie sur le statut sémiologique du personnage, développée par Philippe Hamon (1977). Elle repose sur l'assertion que le personnage constitue en lui-même un signe concret, porteur d'une signification abstraite. Hamon se concentre sur la construction théorique du personnage, sur le fonctionnement du texte à son niveau. La littéralité de cette unité personnage, sa stricte conformité d'interprétation selon son énoncé, doit primer sur tout point de vue culturel et esthétique. Comme il ne nous est pas possible dans notre court travail de tout recenser ni de tout manipuler, nous n'étudierons ici qu'un seul trait de l'étiquette sémantique du personnage autofictif de *Pas pire*. Il s'agit de l'agoraphobie, qui se démarque par son importance quantitative – elle est le propos central du discours et des préoccupations de la protagoniste dans trois des quatre parties du roman – et par le fait qu'elle constitue la cible centrale de l'intrigue, le personnage autofictif devant chercher à la surmonter lors d'une occasion très spéciale : une entrevue télévisée à Paris, qui l'oblige à quitter son monde familier et sécurisant. Nous comparerons ensuite cet élément au faisceau de traits de certains autres personnages. Nous construirons ainsi des axes de sens dont l'examen permettra de discerner la dynamique motivant la narratrice et activant la protagoniste tout au long du roman.

Cette approche sémiologique s'attardera donc à la détermination du personnage autofictif par l'une de ses caractéristiques particulières, par le projet d'action qui l'anime et la réalisation qui en découle, ainsi que par la transformation de France Daigle en cours de roman. Le fonctionnement de ce personnage à l'intérieur du texte nous permettra également de relever et d'interpréter plus efficacement le métatexte qui habite le roman. Dans notre analyse, nous prendrons soin de départager le réel de l'imaginaire, du moins sommairement, afin de pouvoir mesurer l'importance de la contribution du fictif à la dynamique du personnage.

Construction du trait agoraphobique

Le personnage autofictif de *Pas pire* souffre d'agoraphobie. C'est au début de la deuxième partie du roman, en relatant une visite chez son amie Marie Surette, que la narratrice informe le lecteur de son trouble nerveux, une réalité dans le quotidien de l'auteure. Le texte apporte peu à peu des précisions sur la nature et les conséquences de cette phobie : France « ne p[eut] aucunement tolérer les grands espaces » (p. 54) ; elle ne se déplace qu'en auto, « même pour aller au petit magasin » (p. 85), tout en évitant la grosse circulation et les sorties à l'extérieur de Dieppe et de Moncton, ne fût-ce que pour aller aussi proche que dans la vallée de Memramcook ou à Shédiac. À la mer, elle évite de se baigner à marée basse, la plage se révélant alors un espace trop grand ; elle se sent mal dans les grandes bibliothèques et les « librairies à étages ». La narratrice décrit également les symptômes d'une crise : « Le cœur me débat, mes jambes sont molles pis j'ai de la misère à respirer. [...] On dirait que je pourrais m'évanouir ou virer folle » (p. 58). Elle rajoute un peu plus loin : « Ça qu'est tannant, c'est qu'une crise peut quasiment m'arriver n'importe quand, chaque fois qu'y a une distance à traverser » (p. 60).

La lutte de la narratrice-protagoniste contre son agoraphobie se concentre autour de deux objectifs. À une échelle réduite, c'est de réussir à se rendre en auto à la source d'eau qui se trouve à une quinzaine de minutes de chez elle : « Le pire c'est que j'arrête pas d'y penser [...], mais je m'en sens pas capable, pis ça me chavire. [...] Une vraie folie ! » (p. 64). À une échelle plus grande, c'est de se rendre à Paris pour y participer à l'émission littéraire télévisée *Bouillon de culture*, ce qui constitue un élément inventé par l'auteure. En recevant l'invitation, la première réaction de France est enthousiaste : « Un germe de reconnaissance comme ça, après tant d'années. [...] Et ce serait comme une seconde naissance, tout aussi importante, sinon plus, que la première » (p. 50). Mais peu après, en visite chez Marie, on sent qu'elle recule. Son amie résumera alors, par son insistance, toute l'importance que revêt une reconnaissance pour l'Acadie, surtout dans la perspective d'une validation de l'art acadien par Paris, le centre même de l'espace littéraire francophone :

– Tu vas y aller quand même, j'espère.

– […]

Elle me regarda dans le blanc des yeux.

– Y faut que tu y alles. Tu peux pas nous faire ça.

– […]

– Penses-y pas. Tu vas y aller. Y a sûrement une manière. (p. 66)

Si la protagoniste n'ose pas répondre franchement à son amie, elle se confiera pourtant un peu plus tard à Camil Gaudain : « ce voyage-là, en France, m'excite pas beaucoup [: …] j'suis agoraphobe » (p. 107).

France Daigle ne réussira pas à se rendre seule à la source, non loin de chez elle, du moins pas durant le roman. Elle nous relate plutôt ses efforts infructueux et se met alors à philosopher : « [l']erreur, c'est peut-être de vouloir aller trop vite, ou d'en vouloir trop, tout simplement » (p. 90). Elle va même jusqu'à remettre en question ses ambitions : « Accepter de ne pas pouvoir aller plus loin. M'en contenter. Être fière d'être rendue là » (p. 103).

Mais la protagoniste-narratrice va relever brillamment un plus grand défi, fictif celui-là : celui d'aller en France pour y répondre aux questions du célèbre Bernard Pivot, par qui passe toute légitimation au sein de l'univers de la littérature francophone. La protagoniste s'y prépare en prévoyant tous les moyens qu'elle pourrait utiliser en voyage pour se sécuriser, au point d'avoir « l'impression de n'être rien d'autre qu'une trousse de survivance ambulante, un paquet de solutions de rechange » (p. 135). Elle réussit donc à se rendre à Paris et y donne une bonne entrevue. Son ami Camil lui confie peu après : « Je trouve que t'es brillante. Sérieusement. J'en reviens pas que tu viens de par chez nous. » (p. 158) De retour chez elle, l'ancien premier motard du Dieppe de son enfance, Chuck Bernard, lui téléphone et s'exclame : « Well ! C'est *great* ! […] Pis sais-tu, j'suis manière de *proud* de toi. » (p. 166) Ce succès semble tellement encourageant que le roman se termine par la perspective d'un nouveau défi pour France : celui de visiter Londres.

En excluant la première partie du roman, qui porte sur les souvenirs d'enfance du personnage autofictif, le thème de l'agoraphobie est mentionné ou évoqué dans près du quart des scènes. Après avoir avoué et expliqué sa névrose au lecteur, notamment par l'intermédiaire du personnage de Marie, la narratrice-protagoniste est confrontée au défi du voyage à Paris, ce qui constituera l'intrigue principale du roman. Impuissante à porter ses cruchons à une source proche de sa maison, France réussira pourtant à se rendre beaucoup plus loin – à Paris – pour obtenir la validation de son talent d'écrivaine. Elle gagne du même coup une manche contre son agoraphobie, trait essentiel de ce personnage autofictif. Mais il faut noter que cette victoire se produit dans un cadre imaginaire, une stratégie de l'auteure.

Un axe de sauvetage : l'agoraphobe et ses personnages-secouristes

Marie Surette est le premier personnage du roman à qui la protagoniste confie son agoraphobie, peu de temps après que la narratrice l'eut mentionnée au lecteur. En motivant la divulgation d'informations sur ce trouble nerveux, Marie constitue un personnage embrayeur. Elle est mère, a son franc-parler, aime le fricot au poulet, connaît bien l'émission de la télé américaine *Saturday Night Live*, mélange claustrophobie et agoraphobie, tout cela en contraste avec France. Marie exprime sans retenue son étonnement puis sa peine à l'annonce de cette maladie. Honteuse d'en parler, France reste néanmoins calme face à sa névrose, ce qui lui permet d'ailleurs de nous en fournir une description objective, alors que son amie se trouble facilement : « contrairement à moi, Marie s'émeut de tout » (p. 63). Toutes ces oppositions n'empêchent toutefois pas celle-ci d'encourager spontanément France dans son projet d'aller à Paris : « [elle] se réjouit pour moi de toutes les manières possibles, m'avouant qu'elle avait toujours su qu'il finirait par m'arriver quelque chose d'excitant » (p. 52). Apprenant le problème de son amie, Marie veut aussitôt l'aider : « Y aurait-ti pas une pilule que tu pourrais prendre ? » (p. 63). Elle lui conseille de moins penser à son problème et l'encourage à répondre favorablement à l'invitation d'aller en France; en prévision du voyage en avion, Marie lui donne même un flacon d'essence de lavande, un remède pour se détendre, selon elle.

Camil Gaudain, un autre aidant, prend ensuite la relève de Marie. Personnage embrayeur destiné à faciliter la transformation de France, il a aussi la particularité de partager un problème de santé avec elle : il est atteint du sida. Il avouera à France s'intéresser aux écrivains parce qu'ils vivent toujours un problème et que c'est souvent là la cause de leur succès. Camil accepte donc d'accompagner France à Paris. « Flottant discrètement » près d'elle tout au long du voyage, il contribue à la divertir de sa phobie et ainsi à dissiper sa tension nerveuse.

Un axe cinétique : des personnages en changement

L'auteure choisit de placer son personnage autofictif au cœur d'événements les uns véridiques – la description du Dieppe de son enfance en témoigne –, les autres imaginaires – l'aménagement touristique de la Petitcodiac par la compagnie Irving en est l'un des nombreux exemples. Elle l'entoure également d'autres personnages dont on ne peut cependant mesurer l'authenticité et dont les pensées profondément intérieures ne peuvent être qu'imaginées par la narratrice qui les exprime. Certains d'entre eux traversent, à l'image du personnage autofictif, une crise d'adaptation qui les incite à s'actualiser, à exploiter leurs capacités au maximum. Ce cheminement intérieur est, dans *Pas pire*, multiplié par trois : celui de France, décrit plus haut, ainsi que ceux de Terry et de Hans.

Dès son entrée en scène, la narratrice indique que Terry Thibodeau « croyait que tout le monde se sentait comme lui, un peu seul, jamais tout à fait comme les autres » (p. 71), bien qu'il ait été incapable d'expliquer lui-même ce sentiment. Pourtant, il postule, « sans trop y croire », un emploi de guide sur un bateau de tourisme naviguant sur la rivière Petitcodiac. Après avoir obtenu l'emploi, Terry « fut obligé de reconnaître sa propre transformation : il avait un emploi […] il avait réappris à parler aux gens, qu'il ne dédaignait plus » (p. 81). Avant que le roman ne se termine, il connaît l'amour et s'exclame d'un « solide Yeessss ! » en apprenant qu'il sera père. Au fil de l'histoire, nous voyons Terry émerger peu à peu de son isolement.

Le personnage de Hans, un Néerlandais, apparaît au début de la troisième partie. Sa démarche semble être tout à l'inverse de celles de Terry, le solitaire, et de France, l'agoraphobe, qui tous deux vont vers l'extérieur d'eux-mêmes. Le cheminement de Hans se rapproche plutôt de celui de l'artiste qui se détache des contingences l'entourant, qui se glisse dans sa coquille afin de mieux se disposer au travail de création. On le voit s'isoler de plus en plus, rentrer en lui. Ainsi, en vouvoyant Élizabeth, une médecin de Moncton en vacances en Grèce, il « savoure » la distance qu'il crée ainsi avec cette amante, « redoutant le moment » où il commencera à la tutoyer. Au cours de la première conversation entre les deux qui nous est rapportée, Hans la questionne sur les labyrinthes, symboles de la complexité d'un cheminement intérieur vers le centre de soi, lieu de renaissance ; le *Dictionnaire des symboles* de Chevalier et Gheerbrant nous indique d'ailleurs que « [c]'est là, dans cette crypte, que se retrouve l'unité perdue de l'être (1982, p. 555) ». Hans introduit aussi une image qui deviendra récurrente dans le roman, celle du diamant, évoquant en lui l'idée « du hasard de la lumière et de la richesse » (p. 99). Dès son apparition, cette pensée change sa vie, illuminant son esprit, le reconnectant avec lui-même, ses préoccupations se « fon[dant] en un[e seule]. Tout cela était devenu quelque chose d'autre en lui. Il était devenu. Le devenir avait agi, avait pris place. Comme par miracle » (p. 100). La narratrice donne elle-même la signification symbolique du diamant : « Sa limpidité [est...] aptitude à tout contenir et à tout engendrer [...] énergie refoulée, [...] tension entre un élan vers la perfection et la promesse d'une explosion » (p. 101). Cette perfection, Hans l'entrevoit par la contemplation de pierres précieuses, dans son aventure momentanée avec Élizabeth et même jusque dans l'ordre logique qui préside à une opération aussi terre à terre que celle de remplir une valise de voyage.

Hans ira jusqu'à se départir de tout ce qu'il a pour acheter douze petits diamants qu'il garde cachés sur lui, « dans une pochette contre sa poitrine » (p. 136) ; coïncidence, l'un des passages encyclopédiques du roman nous indique que le chiffre douze « représente [... entre autres] l'accomplissement et le cycle achevé [...] la perfection [...] m[enant] à la plénitude et au paradis, rien de moins » (p. 82). C'est effectivement ce que cherche par la suite Hans, errant à travers le monde, « savourant » l'absence d'objectifs précis, sinon celui de goûter la vie dans toute sa « légèreté » et sa « fragilité ». Refusant toute attente, tout désir, afin de mieux goûter le moment présent, il se laisse porter par ce que la narratrice désigne comme étant « un souffle de lumière et de couleur » (p. 160). Lorsque le roman se termine, à son arrivée à San Francisco, Hans vient d'acheter un casse-tête de trois mille morceaux représentant un tableau de Bruegel l'Ancien; il se loue une chambre au centre-ville. « Il n'y a plus que neuf petits diamants dans la pochette contre sa poitrine. » (p. 169)

Quant à Élizabeth, ses préoccupations sont éloignées de celles de Hans et ne sait que lui répondre sur « La passion ? Le désir ? La volonté ? » (p. 116). Elle se trouve à l'antipode de la démarche de son amant : en vacances, loin de chez elle, elle goûte son aventure amoureuse puis revient dans sa société, à son travail, avec le sentiment d'avoir apprivoisé le déroulement de sa vie : « le temps était redevenu une bonne chose » (p. 136). Elle met ainsi en relief la démarche de Hans qui, au moment de leur séparation, réalise le dépouillement qu'il a entrepris dans sa vie et confie à son amante « un long parcours vers l'avant, vers quelque chose dont il ne pouvait avoir connaissance » (p. 136).

Le mouvement de ces personnages secondaires accompagne celui du personnage autofictif, ce qui crée une dynamique d'évolution à l'intérieur du roman. Mais ces forces s'exercent dans des directions différentes. À l'agoraphobe qui réussit à franchir en avion le vaste espace séparant le Canada de la France s'oppose Hans qui, en avançant d'avion en avion, de continent en continent, se replie progressivement dans son labyrinthe intérieur ; à France Daigle qui se revêt d'une nouvelle assurance par son voyage réussi à Paris s'oppose le Néerlandais qui se dépouille au fil de ses étapes touristiques. À l'Acadien Terry qui sort de son isolement et, conséquemment, rencontre l'amour s'oppose l'amant européen qui ne vit une aventure que pour mieux s'isoler. À Élizabeth qui se réinsère dans sa vie sociale après son aventure s'oppose Hans qui glisse vers la solitude. Le fonctionnement de ce type d'intrigue, très cinétique chez les personnages, contribue à accentuer la sensation de changements, axe principal autour duquel se développe le personnage autofictif de France Daigle.

Deux autres personnages non humains, l'un visuel (l'escargot) et l'autre textuel (les deltas), contribuent à cette dynamique du mouvement. L'auteure a en effet choisi la figure de l'escargot pour illustrer la couverture du roman et pour marquer systématiquement les changements de paragraphes à l'intérieur des chapitres. À ce mollusque que l'on associe traditionnellement au cycle de la régénération périodique, à la fertilité et la sexualité, l'auteure attribue une nouvelle symbolique : celle de l'agoraphobie. Avec son refuge familier sur le dos, à l'intérieur duquel il peut s'abriter à tout instant, l'escargot peut ainsi traverser toutes ses anxiétés. Dans *Pas pire*, l'escargot vient accentuer visuellement la série de sorties et de rentrées en soi qui active le groupe de personnages identifiés à l'axe cinétique.

Personnage textuel, les deltas font l'objet de plusieurs insertions savantes. La narratrice fournit la clé d'interprétation de ce symbole lorsqu'elle nous présente le personnage de Carmen Després, future conjointe de Terry Thibodeau. Au cours de son enfance, celle-ci reçoit en cadeau un album sur les deltas. Appuyés à la mer, ces sortes de pieds de fleuve, formés par dépôts d'alluvions, sont décrits par la narratrice comme des « territoires morcelés, qui avaient l'air de s'effriter, mais qui en réalité bâtissaient leurs assises, se consolidaient par le dessous, pour finir, un beau jour, par sortir de l'eau et avancer d'un pas sur la mer » (p. 80). La toute jeune Carmen regrette même de « ne pouvoir entrer dans l'image [de l'un des deltas de son album] pour sentir l'air et l'esprit de ces parcours prodigieux » (p. 80). La narratrice, par son choix de la figure du delta, conforte ainsi non seulement la sensation d'une progression, mais aussi le thème du passage du désordre à la cohérence.

Métatexte sur l'Acadie

Le fonctionnement du texte, notamment par le trait agoraphobique du personnage autofictif et l'évolution en cours de roman de plusieurs des personnages, laisse transparaître en filigrane ce que l'on pourrait appeler le motif de l'Acadie. En effet, la narratrice semble évoquer le thème du paradis perdu, l'un des grands mythes acadiens, selon le sociologue Jean-Paul Hautecœur (1975). La première partie du livre porte principalement sur son enfance, dont elle rappelle les moments magiques : le « vieux Dieppe », le « Dieppe des champs et des marais tout autour, que nous brûlions systématiquement tous les printemps » (p. 9), le « Dieppe [d]es amis d'école », avec les « jeux inventés », le *Journal d'Anne Frank* et le grenier familial, l'accueillante vieille madame Doucet, les légumes du jardin de madame Pinet, le grand champ de fraises sauvages « juste derrière la maison », les « talles » de bleuets un peu plus loin, le sentier des trois ruisseaux du boisé derrière l'école, la « rootbeer » maison, la tire de madame Babin, les « bonbons à un cent », le magasin général de Hard Time Gallant, le « diggage » de « lêches » et les pétroliers Irving remontant la rivière Petitcodiac. Tous ces beaux souvenirs ressassés ne sont pas sans parallèle avec ceux encore bien vivants de l'Acadie idéalisée d'avant la déportation, ceux de l'*Évangéline* de Longfellow :

> « Au couchant, au midi, jusqu'au loin dans la plaine,
> On voyait des vergers et des bosquets d'ormeaux.
> Ici, le lin berçait ses frêles chalumeaux,
> Là, le blé jaunissant, ses tiges plus actives [...][3].
> Et c'était au milieu de ces champs en culture

Que s'élevait le bourg. [...][4]
En paix avec le ciel, en paix avec le monde,
C'est ainsi que vivait, dans sa terre féconde,
Le fermier de Grand-Pré[5].

Un peu plus loin, la narratrice raconte un rêve qui revient souvent dans son sommeil, celui où, bébé naissant dans son « petit lit d'hôpital », elle éprouve « chaleur et bonheur » sous les caresses de mains bienveillantes. Elle lui oppose aussitôt un autre rêve récurrent, mais déplaisant celui-là : en marchant dans la ville, elle ressent une « envahissante douleur » aux jambes, au point de ne pouvoir avancer ou même de ne se tenir debout que péniblement et en rassemblant toute sa détermination. Elle ajoute : « je suis toujours surprise de me réveiller dans un corps non souffrant. Mais la trace de cette douleur ne s'efface jamais complètement dans mon esprit » (p. 44). Le personnage autofictif passe, à un niveau onirique, de la douceur de ses souvenirs de bébé à la douleur de sa vie actuelle. Il est à noter qu'en présentant ces deux rêves contrastés, la narratrice avertit le lecteur que ceux-ci « constituent [...] des points de repère susceptibles de nous éclairer » (p. 43). Ce passage sur les rêves représente donc un renforcement de l'image du paradis perdu, celui de l'enfance de France Daigle, mais placé ici en opposition à un sentiment de malaise éprouvé dans le temps présent, celui de l'agoraphobie. D'ailleurs, au début de la deuxième partie du livre, la narratrice-protagoniste établit un lien entre son enfance et sa maladie : France explique que, plus jeune, lors de voyages, elle reliait ses malaises, qu'elle n'associait pas encore avec la peur, au fait qu'elle s'éloignait physiquement et psychologiquement de son entourage d'enfance (p. 54), son paysage familier d'alors au-delà duquel s'accroît l'anxiété du contact avec un monde étranger.

La narratrice partage également avec le lecteur des souvenirs plus sombres sur sa ville natale, ceux du Dieppe de la « catastrophe », du Débarquement d'août 1942 dans le Dieppe d'une France occupée lors de la Deuxième Guerre mondiale : « Je parle des entrailles de Dieppe, de l'odeur de l'échec, du complexe du héros et du fonctionnement délirant de nos forces et de nos faiblesses » (p. 33). Ces impressions du passé laissent deviner une certaine filiation avec LA catastrophe acadienne, celle de la déportation de 1755, celle d'une Acadie occupée par les Anglais, quelques années après la guerre de la Succession d'Autriche et à la veille de la guerre de Sept Ans.

Le thème de l'Acadie se devine également dans les termes que le personnage autofictif utilise pour décrire son agoraphobie : on entend alors parler d'adversité, de division, d'affaiblissement, d'invasion, de décolonisation, d'affranchissement et de territoire. Ainsi, à la première mention de son trouble nerveux dans le texte, la narratrice explique que, dans cet état, « on vire souvent de bord, presque chaque fois qu'on n'arrive pas à se défendre dans l'adversité » (p. 50), ajoutant que « le délire est à la racine d'un problème complexe de relation au monde » (p. 59). Une autre insertion du genre souligne que « toute peur de l'environnement mène inexorablement à une forme de dépérissement ou d'enfermement, quand ce n'est pas carrément à une sorte d'esclavage » (p. 68). Peu après avoir annoncé à Marie son invitation à aller à Paris, la narratrice dit se sentir « divisée [...], affaiblie, envahie » (p. 85), parlant de la nécessité pour elle de se « décoloniser », de « s'affranchir ». C'est à Camil Gaudain qu'elle confie : « des fois ça serait plus simple si j'étais juste normale » (p. 158), et Camil de répondre : « Ah, nous autres les Acadiens, on a ben de la misère quand on se distingue. C'est comme si on avait peur de briller » (p. 158). Incapable de réussir à se rendre en auto jusqu'à une source d'eau, France tente de se raisonner en se disant qu'il faut s'accepter tel que l'on est, ce sur quoi elle ajoute : « Être fière d'être rendue là où j'étais rendue et laisser les autres, nos fils et nos filles, prendre le relais et agrandir le territoire à leur manière » (p. 103).

Il est intéressant de noter que l'un des défis que se donne France dans sa lutte contre sa phobie, c'est de se rendre par elle-même jusqu'à une source, symbole par excellence de l'origine. La première partie du roman fait très bien ressortir une source d'origine à laquelle le personnage autofictif se rattache : il s'agit de celle de son enfance, voire de son rêve du petit lit d'hôpital où, bébé, on la caresse. Mais une source encore plus ancienne se dessine progressivement en surimpression : celle du territoire ancestral, réduit à presque rien et qu'il faut agrandir peu à peu, patiemment. France s'avance encore plus sur ce thème lorsqu'elle se demande quoi dire à l'émission *Bouillon de culture* :

> Que la mort, ou tout au moins l'inexistence, est inscrite dans nos gènes ? Que tout repose dans la manière, dans l'art de s'y faire ? Que tout est affaire de légitimité ? Légitimité de ce que nous sommes aux yeux du monde et à nos propres yeux. [...] Remonter le cours de l'histoire, descendre dans l'inconscient à la recherche de fondements, d'explications, de justifications, d'interprétations de sa propre existence dans des lieux où il n'y a parfois aucune autre manière d'être, d'exister, de voir et d'être vu, reconnu. (p. 107)

Mais le contact avec Paris n'apportera pas toute la reconnaissance de cette légitimité, du moins pas au niveau de la rue où France et Camil, avec leur parler, passent pour des touristes américains : « – C'est étrange. C'est comme si y nous entendaient pas. [...] – Tu crois qu'on a de l'air si pire que ça ? » (p. 146). Presque au même moment, Terry vit une expérience semblable sur la Petitcodiac, lors d'un échange avec un écrivain français au cours duquel chacun a de la difficulté à comprendre le parler de l'autre, entretien qui se conclut ainsi : « – Pardonnez-moi, je n'ai pas retenu votre nom. – Terry. – Thierry ? » (p. 152).

L'histoire de l'Acadie parsème les échanges entre Terry et Carmen lors de leurs fréquentations : le volet sur la vie des Acadiens, de leur arrivée dans la région jusqu'à leur déportation, présenté sur le bateau touristique qui remonte la Petitcodiac ; la couleur des vêtements des Acadiennes d'alors ; la découverte d'un vieux cimetière acadien ; le monument à la mémoire des premiers colons du Coude ; les chicanes entre ceux-ci pour les meilleures terres du coin, avant même l'arrivée des Anglais.

Les liens entre l'agoraphobie et la vision que l'auteure a de l'Acadie deviennent très forts lors de l'entrevue télévisée à Paris. Par une spectaculaire mise en abyme, le roman met en scène un Bernard Pivot fictif interrogeant l'auteure réelle de *Pas pire* à l'intérieur même du roman. Ce processus induit une métalecture, le lecteur étant ainsi stimulé à s'interroger sur sa propre lecture en regard de l'interprétation qu'en donne tant le personnage-lecteur Pivot que la protagoniste autofictive. France lui affirme alors que « toute maladie est une révolution » (p. 147). Elle précise que ce type de révolution, pas toujours sanglante et visible, est en fait « une réaction d'inadaptation » à son environnement. Ne sachant plus si elle parle des agoraphobes ou des Acadiens, le lecteur l'entend, pour ainsi dire, ajouter : « Que nous ayons encore la force et la spécificité de réagir, voilà qui est étonnant, et réjouissant » (p. 148). Par la suite, Pivot pousse la protagoniste à se situer comme Acadienne : « Alors ce sens du détachement, ce sixième sens acadien, vous ne l'avez pas non plus ? » Se référant à son hésitation à s'affirmer, manifestée précédemment dans le roman, elle se décide devant l'animateur français et répond se sentir devenir plutôt « fossile », c'est-à-dire emplie d'une émotion violente face à son environnement, telle une poignée de terre qui, jusque-là s'enracinant calmement et de façon détachée dans les couches du temps, se durcirait tout à coup comme une poignée de diamants.

La symbolique que crée l'auteure autour du diamant est toutefois un peu difficile à saisir. Pour elle, cette pierre précieuse évoque la pétrification et l'émotion violente. Cette association semble douteuse. La pétrification produit un durcissement; appliquée aux émotions, cette dureté suscite plus un détachement ou, à l'autre extrême, un refoulement, et non une violence de sentiments. L'image qui pourrait être associée à la pétrification serait plutôt celle de l'immobilité, qu'elle soit sereine ou contrainte. En fait ni un diamant ni un cœur pétrifié ne peuvent exploser en émotion, quelle qu'elle soit.

Conclusion

Le personnage autofictif de *Pas pire*, par son trait caractéristique principal, familiarise le lecteur avec l'agoraphobie. Mais il fait aussi beaucoup plus. Il permet à l'auteure de tracer un parallèle entre cette anxiété face à un environnement jugé adverse et l'angoisse face à une Acadie « envahie, divisée » et « affaiblie ». Le personnage autofictif laisse entendre que tout comme pour l'agoraphobe, l'Acadie a tendance à se renfermer dans sa coquille et à dépérir. Mais il suggère aussi au lecteur une dimension salvatrice à cette maladie : l'allergie à certains aspects négatifs d'un milieu de vie peut engendrer une volonté de maîtriser ces difficultés. France Daigle, Terry Thibodeau et Hans le Néerlandais évoluent dans ce sens, chacun à leur manière. Pour France l'agoraphobe, cette démarche passe par une reconnaissance de son état par Marie, Camil, Pivot, la télévision française et les lecteurs du roman. Dans le cas de France l'Acadienne, la démarche est la même : faire reconnaître la « [l]égitimité de ce que nous sommes aux yeux du monde et à nos propres yeux » (p. 107).

Seule avec ce que l'iconographie du livre nous porte à appeler le complexe de l'escargot – l'agoraphobie – et seule dans ses efforts pour se rendre à une source de la région, le personnage autobiographique aurait présenté une tranche réaliste de sa vie, mais limitée dans sa portée. L'adjonction d'une dimension fictive à cette narratrice-protagoniste agrandit son rayonnement au point d'y inclure une réflexion sur la question de l'identité acadienne en mal de reconnaissance et de légitimation. L'invitation imaginaire à l'émission de Bernard Pivot et l'entrevue fictive qui en découle permettent de construire un pont symbolique entre l'agoraphobie de France Daigle et celle vécue par l'Acadie elle-même. Enfin, la superposition des efforts d'actualisation des personnages fictifs de Terry et de Hans à ceux de France contribue à faire de *Pas pire* un roman de mouvement, de progression. Bref, le fictif permet ici à l'autobiographique de se dépasser et d'atteindre plus efficacement un autre niveau de discours, celui de la nation.

NOTES

1. Antonine Maillet affirme que « *On a mangé la dune* était très autobiographique ». Voir DESALVO, 1998, p. 16.
2. Les références au roman de France DAIGLE, *Pas pire* [Moncton, Éditions d'Acadie, 1998, 171 pages], seront ainsi indiquées entre parenthèses.
3. Voir LONGFELLOW, 1988, p. 5.
4. *Ibid.*, p. 6.
5. *Ibid.*, p. 11.

BIBLIOGRAPHIE

DAIGLE, France (1998), *Pas pire*, Moncton, Éditions d'Acadie, 171 p.

CHEVALIER, Jean et Alain GHEERBRANT (1982), *Dictionnaire des symboles : mythes, rêves, coutumes, gestes, formes, figures, couleurs, nombres*, éd. rev. et augm., Paris, Laffont/Jupiter, « Bouquins », xxii, 1060 p.

DESALVO, Jean-Luc (1998), « Entretien avec Antonine Maillet », dans *Études francophones*, vol. XIII, n° 1 (printemps), p. 5-18.

HAMON, Philippe (1977), « Pour un statut sémiologique du personnage », dans Roland BARTHES *et al.*, *Poétique du récit*, [Paris], Éditions du Seuil, p. 115-180.

HAUTECŒUR, Jean-Paul (1975), *L'Acadie du discours. Pour une sociologie de la culture acadienne*, Québec, Presses de l'Université Laval, 351 p.

LONGFELLOW, Henry Wadsworth (1988), *Évangéline. Conte d'Acadie*, trad. libre par Pamphile LE MAY, Montréal, Éditions de l'Alternative, « Acadie », xx, 125 p.

FINALITÉS JUSTES OU ATTENTES DÉMESURÉES ?
LE DÉBAT AUTOUR
DE L'ÉCOLE EN MILIEU MINORITAIRE

Marianne Cormier
Université de Moncton

Les communautés minoritaires francophones du Canada ont beaucoup lutté pour obtenir le droit d'avoir et de gérer leurs propres écoles homogènes françaises. Cet énorme effort, qui a porté fruit et permis l'établissement de nombreuses écoles ces dernières années, souligne l'importance qu'accordent ces communautés à une école dans leur langue. On note que l'obtention d'écoles françaises est un outil primordial pour lutter contre l'assimilation galopante au sein de ces communautés et un moyen d'assurer non seulement la survie de ces dernières, mais aussi leur épanouissement.

Pour ce faire, l'école de la minorité doit se différencier de celle de la majorité en se donnant des finalités qui seront en mesure de répondre à ses besoins particuliers. L'établissement de finalités propres à la communauté minoritaire soulève toutefois un débat à savoir si cette institution sociale a la capacité d'y répondre. En effet, on dénote un contraste entre un discours fataliste, qui prévoit la mort imminente et irréversible de cette minorité, et un discours proactif, qui exige un plan d'action énergique pour renverser la tendance à l'assimilation en utilisant surtout l'école.

Ainsi, nous ferons l'analyse du débat portant sur les capacités de l'école de la minorité à répondre aux besoins de celle-ci en examinant d'abord le discours fataliste puis le discours proactif. Nous effectuerons ensuite une étude plus approfondie des divers éléments qui influent sur la situation. C'est ainsi que nous en arriverons à présenter l'hypothèse de l'école considérée comme balancier compensateur par rapport à la réalité sociale (Landry et Allard, 1990). Cette hypothèse est soutenue empiriquement, mais elle est quand même critiquée. Nous présenterons donc certaines limites qui s'imposent à cette institution sociale : le questionnement relatif à sa capacité d'offrir un refuge contre le milieu social, l'hétérogénéité de sa clientèle, sa difficulté de répondre au complexe de minoritaire, la fatigue de ses acteurs et ses maigres ressources.

À la suite de l'énumération des risques et des limites, nous présenterons finalement les pistes de la pédagogie spécifique au milieu minoritaire. En effet, les chercheurs semblent accorder de plus en plus d'importance à cette pédagogie, puisque ce sont, comme le dit Gérin-Lajoie (2002), les enseignants qui côtoient les jeunes sur une base quotidienne. Cette proximité et cette fréquence de contact soulignent l'importance de l'impact des enseignants, et de leur pédagogie, sur la possibilité qui s'offre à l'école de répondre à ses finalités.

Les finalités de l'éducation en milieu minoritaire

Au Canada, la minorité francophone vivant à l'extérieur du Québec a subi les influences d'une idéologie homogénéisante et assimilatrice pendant de longues années (Martel et Villeneuve, 1995). Certaines lois provinciales allaient jusqu'à interdire l'enseignement du français (Martel, 1993). Mais, à la suite de nombreuses luttes menées par les minorités, la vision assimilatrice a graduellement basculé vers une idéologie dualiste que l'enchâssement de l'article 23 dans la *Charte canadienne des droits et libertés* en 1982 est venu confirmer (Martel, 1993).

L'article 23 de la *Charte* accorde aux parents le droit à des écoles homogènes françaises pour leurs enfants ainsi que le droit de gestion de ces dernières (Foucher, 1999). Par cet article, le gouvernement du Canada a voulu non seulement maintenir les deux langues officielles du pays, et leurs cultures, mais aussi en favoriser l'épanouissement. Si l'enchâssement de l'article 23 dans la *Charte* est le résultat de compromis politiques (Proulx, 1989 ; Foucher, 1999), il dénote néanmoins une volonté politique de reconnaître aux minorités francophones le droit à leurs écoles homogènes. Toutefois, malgré cette volonté, les parents des minorités francophones ont dû lutter et fréquemment passer à des actions juridiques (Foucher, 1999 ; Martel, 2001). Les décisions rendues dans les affaires *Mahé* (1990) et *Arsenault-Cameron* (2000) sont les décisions clés qui ont donné un cadre interprétatif pour l'application de l'article 23.

Selon le juge en chef Dickson, l'article 23 vise « à maintenir les deux langues officielles du Canada ainsi que les cultures qu'elles représentent et à favoriser l'épanouissement de chacune de ces langues, dans la mesure du possible dans les provinces où elle n'est pas parlée par la majorité » (*Mahé* [1990]). Dix ans plus tard, la décision *Arsenault-Cameron* (2000) affirme en plus qu'avec le droit à des écoles homogènes, la communauté est la vraie bénéficiaire de cet article : « En outre, l'école est l'institution la plus importante pour la survie de la minorité linguistique officielle, qui est elle-même un véritable bénéficiaire en vertu de l'art. 23; on n'a pas accordé une importance suffisante à ce facteur » (*Arsenault-Cameron* [2000]).

Le droit de gestion donne une certaine autonomie à la minorité, qui a ainsi la liberté de définir sa propre mission et les finalités de son école. Contrairement à celles du groupe majoritaire, les finalités du groupe minoritaire accordent une grande importance aux facteurs qui les distinguent de la majorité et qui sont souvent menacés par cette dernière, notamment la langue et la culture.

En effet, en se basant sur l'article 23, divers auteurs ont affirmé le rôle que devait jouer l'école en milieu minoritaire. L'école serait au cœur du maintien et de l'épanouissement de la communauté (Foucher, 1999). Elle permet alors de remédier à l'assimilation de façon proactive en valorisant la vie en milieu minoritaire francophone (Martel, 2001). Elle joue ainsi le rôle de reproduction linguistique et culturelle tout en continuant de transmettre les connaissances. Elle est nécessaire pour la sauvegarde de la langue et de la culture (Gérin-Lajoie, 1997, 1998, 2002). En faisant la promotion de l'identité culturelle francophone, l'école est un outil pour diminuer l'assimilation (Tardif, 1995). L'école devient alors un lieu d'affirmation et d'autodétermination, et son rôle est d'autant plus saillant pour l'épanouissement de la communauté. Martel et Villeneuve (1995) l'expliquent bien : « Plus qu'un simple lieu de transmission de la langue, l'école représente alors pour les minorités une institution sociale d'importance vitale où se produisent et se reproduisent la culture et l'identité des groupes » (p. 393).

Le débat : l'école de la minorité est-elle en mesure de répondre aux finalités qu'on lui donne ?

Les statistiques ne sont guère rassurantes pour le milieu francophone minoritaire canadien. En effet, de nombreux auteurs constatent une assimilation et une sous-fécondité inquiétantes chez les minorités (Bernard, 1997 ; Castonguay, 2001 ; Couture, 2001 ; Landry, 2001 et Martel, 2001). Castonguay (2001) présente l'indice du taux de remplacement des générations, qui, pour les francophones vivant à l'extérieur du

Québec serait de 54 %, la population minoritaire accusant ainsi un déficit générationnel de 46 %. Ce déficit serait attribuable à la sous-fécondité, qui en explique 25 %, et à l'assimilation linguistique, qui en explique 21 %. En se basant sur ces statistiques, Castonguay (2001) prévoit la disparition prochaine des minorités francophones au Canada. Il conclut que cette disparition est pratiquement un fait accompli.

Couture (2001) se dresse contre cette perspective alarmante et constate que la population francophone des Prairies est restée relativement stable dans les trente dernières années, puisqu'elle comprenait 125 210 individus en 1951 et 124 291 en 1996. Tout en reconnaissant que ces chiffres bruts sont sans doute dus aux mouvements interprovinciaux et en admettant que l'assimilation et la sous-fécondité continuent à poser de sérieux problèmes, l'auteur déplore ce discours alarmiste et fait plutôt appel à l'étude de la résistance à l'assimilation qu'à l'étude de l'assimilation. Selon lui, « [c]ertaines études, comme celles de Charles Castonguay, ne rendent pas justice à la complexité de cette résistance et contribuent même d'une certaine façon à créer une identité négative et sans espoir qui, paradoxalement, favorise peut-être l'assimilation » (Couture, 2001, p. 16).

Martel (2001) constate également l'assimilation et la sous-natalité inquiétantes chez les minorités francophones du Canada. De plus, elle remarque que ces deux facteurs résultent en une diminution des effectifs scolaires dans les écoles françaises. À son avis, même si l'article 23 accorde aux communautés minoritaires le droit de faire instruire leurs enfants dans leur langue, les chiffres actuels indiquent qu'environ la moitié des parents concernés n'inscrivent pas leurs enfants à l'école française. Elle conclut alors que l'article 23 n'a pas su, dans les vingt ans de son existence, empêcher l'érosion progressive des communautés francophones à l'extérieur du Québec en attirant les enfants des ayants droit à l'école française, afin de contrer l'assimilation et de permettre à la minorité de s'épanouir.

Martel (2001) reconnaît que les énergies dépensées dans les vingt dernières années s'orientaient surtout vers les luttes juridiques pour assurer l'établissement des écoles et leur gestion. Cette étape étant plus ou moins complète, il est maintenant temps d'établir un nouveau schème de référence visant le recrutement des enfants des ayants droit dans le cadre d'un « *plan national de récupération* » (p. 39, en italique dans l'original). De cette façon, la chercheure estime que l'on pourra aller chercher un plus grand pourcentage de l'effectif scolaire cible, soit les enfants de la plupart des ayants droit.

Elle souligne toutefois que l'aménagement de ce plan n'est pas sans obstacles et que ceux-ci se manifesteront sur une base quotidienne. Il faut notamment reconnaître l'importance d'une volonté politique pour mettre le plan en œuvre afin de vraiment « réaliser le plein potentiel » de l'article 23. Ensuite, il faut reconnaître l'importance des professionnels de l'éducation qui seront forcément les vrais leaders de cet aménagement, sans négliger les cellules familiales où, par le biais de la conscientisation, il sera nécessaire de faire connaître l'importance du capital linguistique.

Martel (2001) reconnaît qu'à la suite de nombreuses oppositions avec la majorité, au plan juridique, il faudra réduire le climat de ces affrontements afin d'attirer l'effectif scolaire cible anglodominant. Il faudrait alors sensibiliser la majorité. Par la suite, l'école devra être constamment valorisée et deviendrait, dans son rôle de centre communautaire, le cœur de la communauté. L'auteure reconnaît que l'accueil de l'effectif scolaire cible non francophone engendre de nombreuses craintes chez les parents francophones qui voient ces enfants comme des agents anglicisants à l'école. Il y aurait alors lieu de sécuriser ces parents et de prendre des mesures concrètes pour franciser les non-francophones, telles que la sensibilisation à l'usage du français au foyer, l'installation de programmes de francisation pour les enfants d'âge préscolaire et la collaboration avec les organismes communautaires pour arrimer les efforts d'intégration de cet effectif scolaire cible.

Les chercheurs Landry et Allard (1987, 1990, 1996, 1997) analysent les enjeux de façon macroscopique pour conclure que l'assimilation pourra être diminuée si l'école et la famille jouent le rôle de balancier compensateur. Ils avancent cet argument au moyen de leur modèle des déterminants du bilinguisme additif et du bilinguisme soustractif, en affirmant d'abord que le bilinguisme et l'assimilation sont le résultat de facteurs sociaux.

Il faut admettre qu'en milieu minoritaire, les individus se voient imposer le bilinguisme pour fonctionner socialement. Si la deuxième langue est acquise sans menace à la première, il s'agit d'un bilinguisme additif. Si toutefois cette deuxième langue menace la rétention de la première, on parle plutôt de bilinguisme soustractif. Inspiré de Lambert, qui a été le premier à définir les concepts de bilinguisme soustractif et de bilinguisme additif, les chercheurs Landry et Allard (1987, 1990, 1996) ont voulu expliquer les déterminants de ces types de bilinguisme avec leur modèle des déterminants du bilinguisme additif et du bilinguisme soustractif. Ce modèle vise à englober les conditions à la fois sociologiques, socio-psychologiques et psychologiques déterminant le type de bilinguisme qui se développera chez les individus d'un milieu quelconque. Nous expliquerons chacun des déterminants proposés.

Sur le plan *sociologique*, c'est la vitalité ethnolinguistique qui détermine le prestige du groupe et de sa langue. D'abord définie par Giles, Bourhis et Taylor (1977), la vitalité ethnolinguistique est ce qui fait qu'un groupe sera apte à se comporter comme une entité distincte, active et collective dans les situations d'intergroupes. Landry et Allard (1990, 1996) mesurent la vitalité ethnolinguistique selon le capital, soit le capital démographique, économique, culturel et politique. Cette vitalité ethnolinguistique a une influence sur la qualité et la quantité des contacts avec la langue première et la langue seconde. L'ensemble de ces contacts langagiers forme le réseau individuel de contacts langagiers (RICL). Il y a trois types de contacts : les contacts interpersonnels, le soutien éducatif et les médias linguistiques. Le RICL constitue la dimension *socio-psychologique* du modèle.

Sur le plan *psychologique*, le facteur de la disposition cognitivo-affective se définit selon un continuum. À une extrémité de ce continuum se trouve l'aspect cognitif où se situent les croyances exocentriques de l'individu par rapport à la vitalité ethnolinguistique de son groupe. On parle alors de vitalité ethnolinguistique subjective, puisque les croyances résultent de la perception de l'individu. Au milieu du continuum figure la dimension cognitive-affective, qui englobe les croyances égocentriques de l'individu. Ces croyances déterminent le niveau de désir d'intégration à la communauté linguistique. Finalement, situé à l'autre bout du continuum, l'aspect affectif définit surtout l'identité ethnolinguistique.

Ce modèle théorique est appuyé par les données de recherche de Landry et Allard (1990, 1996), les chercheurs l'ayant vérifié dans les dix provinces canadiennes ainsi que dans deux États américains : le Maine et la Louisiane. L'étendue territoriale de leur enquête a permis la vérification du modèle dans des collectivités à la vitalité ethnolinguistique plus ou moins prononcée, depuis les communautés ayant une vitalité très forte jusqu'aux communautés ayant une vitalité très faible. Cette forte influence des dimensions sociales mène à la conclusion que le bilinguisme soustractif est pratiquement le résultat d'un déterminisme social.

Toutefois, ces mêmes auteurs (Landry et Allard, 1987, 1990, 1997) proposent l'hypothèse du balancier compensateur, en réaction à la puissance du milieu sociologique. Selon cette hypothèse, l'école et la famille doivent contrer la lourde influence de la langue seconde dominante dans le milieu socio-institutionnel de la région ; ainsi deviendront-elles des lieux de refuge où pourra régner un certain espace francophone.

En effet, le modèle des déterminants du bilinguisme additif et du bilinguisme soustractif de Landry et Allard (1987, 1990, 1996) énonce l'hypothèse (vérifiée empiriquement) que les perceptions et les croyances de l'individu concernant la vitalité ethnolinguistique de sa langue et de sa communauté peuvent l'inciter à valoriser sa langue et à la maintenir même dans des conditions adverses. Or l'école et la famille peuvent contribuer aux croyances et aux perceptions de l'individu.

L'hypothèse du balancier compensateur est appuyée empiriquement par la recherche de Tardif (1995). L'auteure voulait déterminer les facteurs qui influencent le choix de l'école française ou anglaise chez les francophones minoritaires de l'Alberta. Elle a étudié les données démographiques, la dominance linguistique, la confiance langagière, l'appartenance et l'identité, l'importance accordée au français, la vitalité ethnolinguistique et le choix de l'école. L'analyse semble arriver à des résultats relativement positifs quant à ces facteurs chez les jeunes fréquentant l'école française. L'auteure a également effectué 30 entrevues téléphoniques auprès de jeunes ayant quitté ces écoles, pour fins de comparaisons. Elle montre que les jeunes fréquentant l'école française ont le français comme langue d'usage au foyer plus souvent que ceux qui fréquentent l'école anglaise.

Par ailleurs, dans une recherche portant spécifiquement sur l'exogamie, facteur souvent cité comme étant l'une des causes principales de l'assimilation chez les enfants de milieu minoritaire, Landry et Allard (1997) ont également vérifié l'hypothèse du balancier compensateur. Dans cette recherche, les auteurs confirment le lien entre l'exogamie et l'anglodominance en milieu familial. Toutefois, ils constatent que ce n'est pas l'exogamie en soi qui est la cause de l'assimilation. Si le couple exogame choisit de favoriser la « francité familioscolaire » et qu'il réussit à le faire, son choix engendrera un bilinguisme additif chez ses enfants.

Landry et Allard (1999) montrent de façon plus descriptive les enjeux et les actions nécessaires pour que l'école soit en mesure de répondre au défi du balancier compensateur. Ils stipulent que « [l]a vitalité ethnolinguistique subjective est à la base des stratégies identitaires des membres du groupe » (p. 413). Pour définir leur identité sociale, les membres d'un groupe quelconque font des comparaisons sociales (Tajfel, cité dans Landry et Allard, 1999). Dans un cadre de vitalité ethnolinguistique faible, ces comparaisons peuvent se traduire par une identité sociale négative. Les membres du groupe seront alors aptes à chercher à s'assimiler au groupe dominant afin de se donner une identité sociale plus positive. Par contre, ces mêmes individus pourront développer une identité sociale positive s'ils sont en mesure de vivre des expériences langagières et culturelles positives et constater l'illégitimité de leur statut. À la suite de ces constats, ils voudront peut-être faire preuve de stratégies de résistance telles que la compétition sociale (Allard, 2002). L'école devra alors être un lieu privilégié où les jeunes pourront réaliser des expériences langagières et culturelles positives ; elle devra veiller en même temps à conscientiser les jeunes aux forces déterminantes du milieu qui les poussent à opter pour un comportement langagier favorisant la langue dominante. Ces expériences et cette conscientisation susciteront une perception positive de la vitalité ethnolinguistique subjective.

Pour sa part, Gérin-Lajoie (1998) présente une étude de cas concernant une école française située dans une région fortement minorisée qui a su se donner un renouveau en établissant un plan stratégique à deux volets : premièrement, amélioration de la qualité de l'enseignement et, deuxièmement, ouverture à la communauté. En peu de temps, l'école a quadruplé ses effectifs et a rayonné dans la communauté en tant que centre important pour celle-ci.

Il faut reconnaître que l'hypothèse du balancier compensateur impose quand même de grandes attentes à l'institution sociale de l'école. Bernard (1997) soutient que l'école française de milieu minoritaire est confrontée à des contradictions fondamentales. Cet auteur souligne le mérite de Landry et Allard pour leur explication complexe des enjeux socio-institutionnels du milieu minoritaire, mais il les critique ensuite parce qu'ils prétendent que l'école peut faire la différence dans ces enjeux. Selon l'hypothèse du balancier, plus la communauté est minorisée, plus le mandat de l'école est important et valorisé. Mais, répond Bernard (1997), l'école dans un milieu minorisé a moins de ressources pour répondre à son mandat. Il explique que la communauté minoritaire a des attentes démesurées à l'égard de l'école malgré les moindres moyens mis à la disposition de cette dernière.

Paul Dubé (2002) nous rappelle quant à lui que nous vivons actuellement dans une société postmoderne, marquée par une culture populaire télévisée et une société de consommation. Il s'interroge également sur la capacité de l'école de se distancier de cette culture majoritaire : « Est-il logique de supposer que l'école française, en raison de sa différence langagière et culturelle, ne soit pas à même de véhiculer la même configuration idéologique que l'école de la majorité » ? (p. 16)

Nous avons déjà mentionné, en nous appuyant sur les propos de Martel (2001), qu'il est nécessaire d'aller chercher les effectifs scolaires les plus nombreux possible afin de permettre à l'article 23 de remplir son plein potentiel et d'empêcher, voire de renverser, l'assimilation en cours. Avons-nous considéré l'effet de ce recrutement sur les classes ? Selon Gérin-Lajoie (2002), les classes des écoles francophones sont de plus en plus hétérogènes. Les enfants se présentent à l'école avec divers degrés de francité. Cette situation fait que les frontières linguistiques et identitaires se chevauchent à l'intérieur des murs de l'école. En effet, selon cette auteure, l'école a pour rôle de veiller à la sauvegarde de la langue et de la culture. Mais si cette langue et cette culture ne sont pas fortement présentes dans l'école, celle-ci n'accomplit plus un travail de reproduction sociale, mais de production sociale. Est-elle en mesure de le faire, si l'on tient compte du milieu social anglodominant qui l'environne ? Cazabon (1997) craint effectivement qu'une politique libérale d'admission des enfants des ayants droit anglodominants dans les écoles françaises, basée plutôt sur l'attitude que sur la compétence, crée des conditions idéales de bilinguisme soustractif. Landry et Allard (1990) font-ils preuve d'une certaine naïveté en pensant que l'école est capable de se décontextualiser de son milieu et d'offrir un « refuge » contre les autres milieux socio-institutionnels ? On en revient aux propos de Bernard (1997) qui parle des contradictions fondamentales de l'école en milieu minoritaire.

De son côté, Cummins (1997) explique que la minorité est apte à se doter d'un complexe de minoritaire et à internaliser le discours oppressif de la société. Ce discours oppressif se réfère aux façons dont le sens est mobilisé pour exercer ou maintenir le pouvoir. Le discours constitue ce qui peut être pris comme vérité ou connaissance. En étudiant le phénomène d'analphabétisme chez les minorités – l'analphabétisme est toujours plus prononcé dans ces cas –, Wagner et Grenier (1991) notent un phénomène d'oppression et de crainte à l'égard de l'école de l'Autre, d'abord, voire une crainte ou une dévalorisation des écoles de la minorité elle-même : « Il peut arriver, disent-ils, que la minorité dévalorise ses propres écoles ou refuse d'en avoir parce qu'elle a honte d'elle-même, de sa culture, parce qu'elle se voit à travers le regard critique ou méprisant de l'homme majoritaire » (Wagner et Grenier, 1991, p. 41).

Toutes les exigences imposées à l'école française de milieu minoritaire nécessitent un engagement et une conviction forte, puisque le défi est de taille. Aussi l'école française court-elle un autre risque, car le nombre de personnes est limité et la tâche ne se partage pas facilement. L'épuisement guette en effet les parents et les professionnels convaincus qui militent et qui luttent. Ces actions sont longues et les progrès sont souvent minces ; par exemple, Noëlla Arsenault-Cameron (2002) explique qu'elle a dû lutter pendant cinq ans avant d'avoir gain de cause à la Cour suprême et attendre encore deux ans avant de voir l'ouverture de l'école réclamée. Pierre Foucher (1999) admet que les communautés et les parents éprouvent une lassitude et un désabusement face à ces progrès si difficilement arrachés. Gilberte Godin (2002), directrice d'école et praticienne dans le milieu, cite pour sa part 26 exemples de « temps supplémentaire » exigé par sa tâche afin de lutter pour donner une juste place à la culture et à la langue dans son école de milieu minoritaire. À son avis, l'équité linguistique entraîne des inégalités.

Pourtant, même si les fonds fédéraux sont destinés à compenser les besoins supplémentaires de l'école française de milieu minoritaire, rien ne garantit que ces fonds sont bien distribués une fois arrivés dans les coffres des provinces. Dans un texte intitulé *Où sont passés les milliards $?*, Lécuyer (1996) examine la répartition des fonds fédéraux pour l'enseignement des langues officielles entre 1970-1971 et 1987-1988. D'après cet auteur, le gouvernement fédéral a versé 2,32 milliards de dollars seulement pour l'une de ses cinq catégories de dépenses, soit le soutien à l'infrastructure, somme qui représente environ 85 % des fonds versés au total. Selon lui, les anglophones minoritaires au Québec et majoritaires au Canada ont bénéficié de 62 % de ce montant, tandis que la majorité francophone au Québec en aurait obtenu 9,5 % et la minorité francophone 28,5 %. Étant donné l'influence de l'anglais dans la société nord-américaine, nous nous demandons s'il ne faudrait pas allouer un plus gros pourcentage aux minorités francophones.

Le défi apparaît plus complexe que la reproduction linguistique et culturelle. Il semble qu'il faut également conscientiser les membres de la communauté minoritaire afin qu'ils choisissent de s'affirmer, de combattre les injustices et de s'affranchir du complexe de minoritaire. La prochaine étape dans cette lutte pour répondre au mandat de l'article 23 sera de miser sur une pédagogie propre au milieu minoritaire.

Landry (2001) propose une pédagogie actualisante et communautarisante spécifique au milieu minoritaire qui se définirait autour de cinq éléments clés : 1) l'enculturation active ; 2) le développement de l'autodétermination ; 3) l'actualisation maximale du potentiel d'apprentissage ; 4) la conscientisation et l'engagement ; 5) l'entrepreneuriat communautaire. Cette pédagogie vise le développement maximal de l'individu tout comme celui de sa communauté.

Conclusion

Le débat sur le degré auquel l'école de la minorité peut répondre aux finalités qu'elle s'est données ne mène pas à des réponses définitives et il continuera encore longtemps. Nous constatons la complexité sociale du problème et la présence de diverses forces, à la fois positives et négatives, qui agissent sur l'école. Il existe certes une grande volonté en milieu francophone minoritaire, mais celle-ci diminuera peut-être si la fatigue est trop grande. Nous pouvons en effet nous demander si le désir de s'affirmer comme groupe demeure une illusion face à l'attrait fréquemment inconscient et silencieux, mais tout de même puissant, qu'exerce le groupe majoritaire sur les enfants francophones.

Notons toutefois que, par le biais de l'article 23 de la Charte des droits et libertés et des luttes juridiques, la communauté a obtenu des avantages que pratiquement nulle autre minorité à l'échelle de la planète ne détient. Or le fait que la minorité de langue officielle ait obtenu le droit à l'instruction dans sa langue lui donne le *choix*, par ses comportements langagiers et sa résistance (Allard, 2002), de se distinguer, de se définir, d'être.

Le choisira-t-elle ? La question n'est pas réglée, car il ne faut pas faire abstraction des forces sociales qui agissent sur la minorité. Mais nous optons pour une réponse positive. Est-ce parce que nous souhaitons voir la communauté s'affirmer ? Sans doute, mais nous ressentons surtout une espérance qui s'appuie sur l'évolution des connaissances et les recherches approfondies qui éclairent les facteurs nécessaires à ce choix. La démarche vers la définition d'une pédagogie spécifique à la communauté minoritaire visant l'autodétermination (Landry, 2001) nous permet d'y voir une lueur d'espoir.

BIBLIOGRAPHIE

ALLARD, Réal (2002), « Résistance(s) en milieu francophone minoritaire au Canada. Exploration théorique et analyse du phénomène à partir du vécu langagier et du développement psycholangagier », *Francophonies d'Amérique*, nº 13, p. 7-29.

Arsenault-Cameron c. Île-du-Prince-Edouard [2000] 1 R.C.S. 3 (CSC).

ARSENAULT-CAMERON, Noëlla (2002), « Enseignement du français langue première à l'Île-du-Prince-Édouard et recours juridique des parents de Summerside », dans Réal ALLARD (dir.), *Actes du colloque pancanadien sur la recherche en éducation en milieu minoritaire : bilan et prospectives*, Association canadienne d'éducation de langue française, Centre de recherche et de développement en éducation, Faculté des sciences de l'éducation, Université de Moncton, p. 233-236.

BERNARD, Roger (1997), « Les contradictions fondamentales de l'école minoritaire », *Revue des sciences de l'éducation*, nº 23, p. 509-526.

CASTONGUAY, Charles (2001), « Démographie comparée des minorités de langue officielle », *Francophonies d'Amérique*, nº 12, p. 25-36.

CAZABON, Benoît (1997), « L'enseignement en français langue maternelle en situations de minorité », *Revue des sciences de l'éducation*, nº 23, p. 483-508.

COUTURE, Claude (2001), « La disparition inévitable des francophones à l'extérieur du Québec : un fait inéluctable ou le reflet d'un discours déterministe », *Francophonies d'Amérique*, nº 11, p. 7-18.

CUMMINS, Jim (1997), « Power and pedagogy in the education of culturally diverse students », dans J. FREDERICKSON (dir.), *Reclaiming our voices : Bilingual education, critical pedagogy and praxis*, Los Angeles, California Association for Bilingual Education, p. 39-162.

DUBÉ, Paul (2002), « L'espace existentiel des jeunes d'aujourd'hui et les finalités de l'éducation en milieu minoritaire », dans Réal ALLARD (dir.), *Actes du colloque pancanadien sur la recherche en éducation en milieu minoritaire : bilan et prospectives*, Association canadienne d'éducation de langue française, Centre de recherche et de développement en éducation, Faculté des sciences de l'éducation, Université de Moncton, p. 11-20.

FOUCHER, Pierre (1999), « Les droits linguistiques au Canada », dans J. Y. THÉRIAULT (dir.), *Francophonies minoritaires au Canada : l'état des lieux*, Moncton, Éditions d'Acadie, p. 307-323.

GÉRIN-LAJOIE, Diane (1997), « Le rôle de l'école de langue française en milieu minoritaire », *Thèmes canadiens*, nº 14, p. 95-105.

GÉRIN-LAJOIE, Diane (1998), « École et renouveau francophone en milieu minoritaire », *Revue de l'Université de*

Moncton, n° 31, p. 337-350.

GÉRIN-LAJOIE, Diane (2002), « Le rôle du personnel enseignant dans le processus de reproduction linguistique et culturelle en milieu scolaire francophone en Ontario », *Revue des sciences de l'éducation*, n° 28, p. 125-146.

GILES, Howard, Richard Y. BOURHIS et D. M. TAYLOR (1977), « Toward a theory of language in ethnic group relations », dans Howard GILES (dir.), *Language, ethnicity and intergroup relations*, New York, Academic Press, p. 307-348.

GODIN, Gilberte (2002), « Les défis que pose la langue française en enseignement en milieu minoritaire pour une directrice d'école secondaire », dans Réal ALLARD (dir.), *Actes du colloque pancanadien sur la recherche en éducation en milieu minoritaire : bilan et prospectives*, Association canadienne d'éducation de langue française, Centre de recherche et de développement en éducation, Faculté des sciences de l'éducation, Université de Moncton, p. 239-241.

LAMBERT, Wallace E. (1975), « Culture and language as factors in learning and education », dans A. WOLFGANG (dir.), *Education of Immigrant Students*, Toronto, Ontario Institute for Studies in Education, p. 55-83.

LANDRY, Rodrigue (2001), *Pour une pédagogie actualisante et communautarisante en milieu minoritaire francophone*. (Soumis pour publication).

LANDRY, Rodrigue et Réal ALLARD (1987), « Développement bilingue en milieu minoritaire et en milieu majoritaire », dans *L'école contribue-t-elle à maintenir la vitalité d'une langue minoritaire ?*, Moncton, Centre de recherche en linguistique appliquée, p. 11-30.

LANDRY, Rodrigue et Réal ALLARD (1990), « Contact des langues et développement bilingue : un modèle macroscopique », *La Revue canadienne des langues vivantes*, n° 46, p. 527-553.

LANDRY, Rodrigue et Réal ALLARD (1996), « Vitalité ethnolinguistique : une perspective dans l'étude de la francophonie canadienne », dans J. ERFURT (dir.), *De la polyphonie à la symphonie : méthodes, théories et faits de la recherche pluridisciplinaire sur le français au Canada*, Leipzig, Leipziger Universitätsverlag, p. 61-88.

LANDRY, Rodrigue et Réal ALLARD (1997), « L'exogamie et le maintien de deux langues et de deux cultures : le rôle de la francité familioscolaire », *Revue des sciences de l'éducation*, n° 13, p. 561-592.

LANDRY, Rodrigue et Réal ALLARD (1999), « L'éducation dans la francophonie minoritaire », dans J. Y. THÉRIAULT (dir.), *Francophonies minoritaires au Canada, l'état des lieux*, Moncton, Éditions d'Acadie, p. 403-433.

LÉCUYER, Gérard (1996), « Où sont passés les milliards $? », Étude sommaire sur la répartition des subventions du Programme des langues officielles dans l'enseignement (PLOE) 1970-1971 à 1995-1996, Winnipeg, Commission nationale des parents francophones. Sur Internet : <http://www.cnpf.ca/documents/les_milliards.pdf>

Mahé c. Alberta, [1990] 1 R.C.S. 342 (CSC).

MARTEL, Angéline (1993), « Compétitions idéologiques et les droits scolaires francophones en milieu minoritaire au Canada », *La revue canadienne des langues vivantes*, n° 49, p. 734-759.

MARTEL, Angéline (2001), *Droits, écoles et communautés en milieu minoritaire : 1986-2002, Analyse pour un aménagement du français par l'éducation*, Commissariat aux langues officielles, Ottawa.

MARTEL, Angéline et Daniel VILLENEUVE (1995), « Idéologies de la nation, idéologie de l'éducation au Canada entre 1867 et 1960 : le "bénéfice du locuteur" majoritaire ou minoritaire », *Revue canadienne de l'éducation*, n° 20, p. 392-406.

MASNY, Diana (1996), « Meta-knowledge, critical literacy and minority language education: the case of Franco-Ontarian student teachers », *Language, culture and curriculum*, n° 9, p. 260-278.

PROULX, Jean-Pierre (1989), « Le choc des Chartes », *Revue juridique Thémis*, n° 23, p. 67-172.

TARDIF, Claudette (1995), « Variables de fréquentation de l'école secondaire francophone en milieu minoritaire », *Revue des sciences de l'éducation*, n° 11, p. 311-330.

WAGNER, Serge et Pierre GRENIER (1991), « *Analphabétisme de minorité et alphabétisation d'affirmation nationale, à propos de l'Ontario français* », Toronto, Ministère de l'Éducation de l'Ontario.

CHRONOLOGIE DU ROMAN ACADIEN DE 1863 À 2003

Bertille Beaulieu
Université de Moncton, Campus d'Edmundston

Présentation

Quels sont les critères qui permettent de dire que tel roman est acadien et que tel autre ne l'est pas ? La décision d'inclure un titre dans la chronologie s'appuie, en partie, sur la définition qu'en donnent Marguerite Maillet, Gérard LeBlanc et Bernard Émont, dans l'*Anthologie de textes littéraires acadiens, 1606 à 1975*. Les auteurs dont les textes ont été retenus sont des « Acadiens des Provinces maritimes, de la Gaspésie et des îles de la Madeleine, [des] Canadiens français ou Français ayant vécu quelque temps en Acadie et publié au moins un volume se rapportant au pays[1] ». Il suffirait donc d'habiter dans les régions signalées pour être auteur acadien. L'usage de la langue française n'est pas précisé, car cela va de soi. Sans doute serait-il opportun d'élargir la définition de roman acadien et d'inclure tous les romans qui traitent de la réalité historique de l'ancienne ou de la nouvelle Acadie. La langue d'écriture est-elle un critère absolu ? Doit-on omettre les romans d'un auteur anglophone ayant une ascendance acadienne[2] ainsi que les romans historiques acadiens écrits en anglais ? Dans l'optique d'une étude des cultures en contact, il conviendrait certes de tout retenir. Et s'il était permis d'élargir le sens du qualificatif « acadien » accolé au roman, seraient alors englobés les quelque quarante romans écrits en anglais ou en américain[3] et dont les auteurs s'inspirent de la réalité acadienne. *The Neutral French; or, The Exiles of Nova Scotia*[4] (1841), premier roman sur l'Acadie, peut bel et bien être considéré comme acadien, même si l'auteure Catherine Read Williams y affirme que les Acadiens n'existent plus en tant que peuple. Toutefois, dans le cadre du présent travail, la définition retenue pour le roman acadien se limite aux romans écrits en français, étant donné l'imposante chronologie d'environ 185 titres parus des débuts à 2003.

Un peu moins du tiers de l'ensemble des romans acadiens sont des romans historiques sur l'Acadie qui empruntent assez souvent les techniques du roman d'aventures ou de cap et d'épée. Les deux autres tiers de romans se classent *grosso modo* parmi les romans folkloriques, sociaux, psychologiques et autobiographiques. Sont considérés comme romans de mœurs traditionnels les œuvres qui décrivent la vie des ancêtres tout en prônant la survivance de la race et la conservation de l'héritage culturel, linguistique et folklorique. Ces romans qui s'appuient sur les traditions acadiennes et assurent la récupération du passé continuent de paraître jusqu'au milieu des années 1970. Mais alors, la plupart des auteurs acadiens tentent de s'affranchir d'une définition du roman acadien, trop rigide et exclusive. Délaissant l'histoire et le passé, les thématiques évoluent et se veulent davantage contemporaines. Au cours des dernières décennies du XXe siècle, le genre romanesque emprunte de nouvelles formes d'écriture pour exprimer des préoccupations individuelles et contemporaines. Puis, au tournant du siècle, quelques auteurs d'avant-garde explorent les avenues de la postmodernité. Une chronologie exhaustive[5] du roman acadien permet d'en suivre l'évolution, de dégager les diverses tendances successives.

Chronologie du roman acadien de 1863 à 2003

P. DE S*** (1863), « L'Acadien Baptiste Gaudet », dans *Le Courrier de Saint-Hyacinthe*, 28 juillet - 25 août.

BOURASSA, Napoléon (1866), *Jacques et Marie, Souvenirs d'un peuple dispersé*, Montréal, Eusèbe Senécal, 306 p. (D'abord paru dans *La Revue canadienne*, Montréal, juillet 1865 - août 1866, vol. II, n° 7 - vol. III, n° 8.)

DEGUISE, Charles (1873), *Le Cap au diable, légende canadienne*, Montréal, Eusèbe Senécal, 44 p. (D'abord paru dans *La Gazette des campagnes*, 4 novembre 1862 - 18 février 1863.)

CHEVALIER, Henri (1878), *L'Île de sable*, Paris, Calmann-Lévy, 307 p.

PAUL, [pseudonyme de Gilbert BUOTE] (1999), *Placide, l'homme mystérieux, à New York*, Moncton, Bouton d'or Acadie, 125 p. ; *Placide, l'homme mystérieux*, Tignish, Île-du-Prince-Édouard, Bureau de *L'Impartial*, [21 janvier - 18 août 1904], 61 p.

BARGY, Henry (1908), *France d'exil*, roman, Paris, A. Colin, 286 p.

RAÎCHE, Joseph-Fidèle (1927), *Journal d'un vicaire de campagne*, Montréal, Éditions Garand, 54 p.

SABATTIS [pseudonyme de Thomas GILL] (1930), *La Fascination de la ville*, Lévis, La Cie de Publication de Lévis, 144 p.

SABATTIS [pseudonyme de Thomas GILL] ([1930]), *L'Étoile de Lunenburg*, Lévis, Imprimerie Le Quotidien, 94 p.

MAXINE [pseudonyme de Marie-Caroline TASCHEREAU-FORTIER] (1931), *Les Orphelins de Grand-Pré*, Montréal, Librairie d'Action canadienne-française, 144 p.

LESTRES, Alonié de [pseudonyme de Lionel GROULX] (1932), *Au cap Blomidon*, Montréal, Granger, 239 p.

VILLE, Léon (1934), *En Acadie : Martyre d'un peuple*, Paris, Tolba éditeur, 157 p.

VILLE, Léon (1934), *En Acadie : Par le fer et le feu*, Paris, Tolba éditeur, 157 p.

DUBUC, Albert [pseudonyme d'Albert LAURENT] (1939, 1956), « Les Splendides Têtus, roman acadien », dans *Le Supplément à l'Action paroissiale*, vol. 4, n°s 1-7, juin-décembre, 112 p. ; repris sous le titre *L'Épopée tragique, roman acadien*, Montréal, Éditions Beauchemin, 255 p.

JEGO, Jean ([1940]), *Le Roman d'Évangéline ou Terres d'exil*, Paris, Éditions familiales de France / Éditions Spes, 215 p.

LÉGER, Antoine-J. (1940), *Elle et lui, Tragique idylle du peuple acadien*, Moncton, L'Évangéline, 203 p.

FÉRON, Jean [pseudonyme de J. Marc LEBEL] (1944), *Le Dernier Geste, roman historique*, Montréal, Édouard Garand, « Le Roman canadien », 86 p.

ACHARD, Eugène ([1944 ou 1945]), *La Douloureuse Aventure d'Évangéline : adaptée de Longfellow*, tome I : *En Acadie*, tome II : *Sur les routes de l'exil*, Montréal, Librairie générale canadienne, « Collection pour la jeunesse canadienne. Les Albums historiques », 48 et 48 p.

ACHARD, Eugène (1946), *La Touchante Odyssée d'Évangéline : traduction libre du poème de Longfellow avec notes explicatives*, tome I : *En Acadie*, tome II : *Sur les routes de l'exil*, Montréal, Librairie générale canadienne, « Collection pour la jeunesse canadienne », série « Romans et récits historiques », 141 et 146 p.

LÉGER, Antoine-J. (1946), *Une fleur d'Acadie. Un épisode du grand dérangement*, Moncton, Imprimerie acadienne, 1946, 130 p.

COSTE, Donat [pseudonyme de Daniel BOUDREAU] (1950), *L'Enfant noir*, Montréal, Éditions Chantecler, 242 p.

MICHAUD, Marguerite (1950), *Évangéline*, tome I : *En Acadie*, tome II : *Sur les routes de l'exil*, d'après le poème de Longfellow, Montréal, Librairie générale canadienne, « Collection pour la jeunesse canadienne », séries enfantines « Les Petits contes illustrés », 32 et 32 p.

BOUSQUET, Jean (1950), *Les Tribulations du curé de Saint-Tristan : roman*, Ottawa et Montréal, Éditions du Lévrier, 197 p.

BOUSQUET, Jean (1952), *Le diable apparaît à Saint-Tristan*, Montréal, Éditions du Lévrier, 187 p.

ORMEAUX, Dollard des [pseudonyme de Gérard CLÉMENT] (1952), *Le Petit Acadien, roman historique*, Montréal et Sherbrooke, Apostolat de la Presse, 103 p.

DESMARINS, Paul [pseudonyme de Paul LEBLANC] (1955), *Josette, la petite Acadienne*, Montréal, Granger Frères, « Bibliothèque de la jeunesse canadienne. Collection juvénile », 125 p.

DEVEAU, J.-Alphonse (1956, 1980), *Le Chef des Acadiens*, Yarmouth (N.-É.), J. A. Hamon, 154 p. ; 2e édition révisée, Yarmouth (N.-É.), Éditions Lescarbot, 154 p.

DESMARINS, Paul [pseudonyme de Paul LEBLANC] (1956), *Traqués sans merci*, Montréal, Granger frères, « Bibliothèque de la jeunesse canadienne. Collection juvénile »,134 p.

MAILLET, Antonine (1958), *Pointe-aux-coques*, Montréal, Fides, « Rêve et vie », 127 p.

BOUSQUET, Jean (1960), *Mon ami Georges*, Montréal, Éditions du Lévrier, 204 p.

DESPRÉS, Ronald (1962), *Le Scalpel ininterrompu, Journal du docteur Jan von Fries*, Moncton, Éditions À la Page, 136 p.

MAILLET, Antonine (1962), *On a mangé la dune*, Montréal, Beauchemin, 182 p.

RICHARD, Jean-Jules (1965), *Journal d'un hobo. L'air est bon à manger*, Montréal, Éditions Parti pris, « Paroles », 292 p.

THÉRIAULT, Yves (1970), *Le Dernier Havre*, Montréal, L'Actuelle, 143 p.

BOUSQUET, Jean (1972), *Un curé célibataire*, Montréal, Imprimerie Saint-Joseph, 227 p.

MAILLET, Antonine (1972), *Don l'Orignal*, Montréal, Leméac, « Roman acadien », 149 p.

LÉGARÉ, Huguette (1973), *La Conversation entre hommes*, Montréal, Cercle du livre de France, 201 p.

MAILLET, Antonine (1973), *Mariaagélas*, Montréal, Leméac, « Roman acadien », 236 p.

BOUSQUET, Jean (1974), *Sœur Laura et Sœur Cécilia*, Québec, Éditions Garneau, 103 p.

BRUN, Régis (1974), *La Mariecomo*, Montréal, Éditions du Jour, « Les Romanciers du jour », 118 p.

CARBONNEAU, Hector (1974), *Gabriel et Geneviève : récit de la mer*, Moncton, Éditions d'Acadie, 323 p.

PEROL, Huguette (1974), *Le Grand Exode de François d'Acadie*, Paris, Éditions de l'amitié-G.T. Rageot, « Bibliothèque de l'amitié histoire », 156 p.

MAILLET, Antonine (1975), *Emmanuel à Joseph à Dâvit*, Montréal, Leméac, « Roman acadien », 143 p.

LEBOUTHILLIER, Claude (1977), *L'Acadien reprend son pays, roman d'anticipation*, Moncton, Éditions d'Acadie ; Granby, Éditions Gaudet, 129 p.

MAILLET, Antonine (1977), *Les Cordes-de-bois*, Montréal, Leméac, « Roman québécois », 351 p.

CHAREST, Luc (1978), *Autrement...*, Outremont (Québec), Éditions Allégoriques, 89 p.

HACHÉ, Louis (1978), *Adieu P'tit Chipagan*, Moncton, Éditions d'Acadie, 115 p.

ÉTIENNE, Gérard (1979), *Un ambassadeur macoute à Montréal*, Montréal, Nouvelle Optique, 1979, 233 p.

LEBOUTHILLIER, Claude (1979), *Isabelle-sur-mer, roman d'anticipation*, Moncton, Éditions d'Acadie, 156 p.

MAILLET, Antonine (1979), *Pélagie-la-Charrette*, Montréal, Leméac, 351 p.

SAVOIE, Jacques (1979), *Raconte-moi Massabielle*, Moncton, Éditions d'Acadie, 153 p.

ALBERT LÉVESQUE, Anne (1980), *Les Jongleries*, Moncton, Éditions d'Acadie, 183 p.

CHAREST, Luc (1980), *Le Rouquin*, Outremont (Québec), Éditions Allégoriques, 143 p.

CHASSÉ-PICARD, Jeannine (1981), *Monde à part*, Moncton, Éditions d'Acadie, 50 p.

LANDRY-THÉRIAULT, Jeannine (1981), *Un soleil mauve sur la baie*, Moncton, Éditions d'Acadie, 117 p.

MAILLET, Antonine (1981), *Cent ans dans les bois*, Montréal, Leméac, « Roman québécois », 358 p. (Repris sous le titre *La Gribouille*, Paris, Grasset, 1982, 276 p.)

MELANSON, Laurier (1981), *Zélika à Cochon Vert*, Montréal, Leméac, « Roman québécois », 159 p.

FOURNIER, René-J. (1982), *Mission à Capri, roman d'aventure*, [Edmundston (N.-B.)], 100 p.

GALLANT, Melvin (1982), *Le Chant des grenouilles*, Moncton, Éditions d'Acadie, 157 p.

MELANSON, Laurier (1982), *Otto de la veuve Hortense*, Montréal, Leméac, 210 p.

ÉTIENNE, Gérard (1983), *Une femme muette*, Montréal, Nouvelle Optique, 229 p.

COMEAU, Germaine (1983), *L'Été aux puits secs*, Moncton, Éditions d'Acadie, 175 p.

DAIGLE, France (1983), *Sans jamais parler du vent, roman de crainte et d'espoir que la mort arrive à temps*, Moncton, Éditions d'Acadie, 141 p.

LANDRY-THÉRIAULT, Jeannine (1983), *Le Moustiquaire*, Moncton, Éditions d'Acadie, 188 p.

MELANSON, Laurier (1983), *Aglaé*, Montréal, Leméac, « Roman québécois », 181 p.

ROY-GANS, Monique (1983), *Les Sangliers*, Montréal, La Presse, « Romans d'aujourd'hui », 198 p.

DAIGLE, France (1984), *Film d'amour et de dépendance, chef-d'œuvre obscur*, Moncton, Éditions d'Acadie, 119 p.

DUCLUZEAU, Jeanne (1984), *Anne d'Acadie, roman historique*, Moncton, Éditions d'Acadie, 260 p.

FOURNIER, René-J. (1984), *Destination Majorque*, [Edmundston (N.-B.)], 172 p.

LEBOUTHILLIER, Claude (1984), *C'est pour quand le paradis...*, Moncton, Éditions d'Acadie, 246 p.

MAILLET, Antonine (1984), *Crache à pic*, Montréal, Leméac, « Roman québécois », 370 p.

SAVOIE, Jacques (1984), *Les Portes tournantes*, Montréal, Boréal, 159 p.

DAIGLE, France (1985), *Histoire de la maison qui brûle, vaguement suivi d'un dernier regard sur la maison qui brûle*, Moncton, Éditions d'Acadie, 107 p.

DAIGLE, France (1985), *Variations en B et K, plans, devis et contrat pour l'infrastructure d'un pont*, Montréal, Éditions nbj, 44 p.

ADIAFFI, J.M., L. CARON, F. DELAY, A. KACEM, S.L. TANSI, J. LACARRIÈRE, J. SAVOIE et B. VISAGE (1985), *Marco Polo ou Le Nouveau Livre des merveilles*, Montréal, Boréal Express, 288 p.

HACHÉ, Louis (1985), *Un cortège d'anguilles, roman*, Moncton, Éditions d'Acadie, 223 p.

OUELLET, J. Maurice (1985), *Sur le sentier de la vie : Témoignages d'une époque*, Moncton, Éditions d'Acadie, 194 p.

THIBODEAU, Félix E. (1985), *La Pierre magique, idylle acadienne du temps jadis, roman historique acadien*, Pointe-de-l'Église (N.-É.), imprimé à l'Université Sainte-Anne, 138 p. (2e édition, Richibouctou, René Babineau, éditeur, 1986, 152 p.)

BRUN, Régis ([1986]), *Cap-Lumière*, Moncton, Michel Henry, 74 p.

DAIGLE, France et Hélène HARBEC (1986), *L'Été avant la mort*, Montréal, Éditions du Remue-ménage, 77 p.

MAILLET, Antonine (1986), *Le Huitième Jour*, Montréal, Leméac, « Roman québécois », 290 p.

SAVOIE, Jacques (1986), *Le Récif du prince*, Montréal, Boréal, 159 p.

DUCLUZEAU, Jeanne (1987), *Le Chemin des Huit-Maisons, roman historique*, Moncton, Éditions d'Acadie, 357 p.

JAUBERT, Jacques (1987), *Le Baron sauvage, roman*, Paris, S. Messinger, 322 p.

D'AMBOISE, Simone (1988), *Marie raconte...*, Edmundston (N.-B.), Éditions Quatre Saisons, 115 p.

JACQUOT, Martine (1988), *Les Terres douces*, Edmundston (N.-B.), Éditions Quatre Saisons, 150 p.

PELLERIN, Jean (1988), *Gens sans terre*, Montréal, Éditions Pierre Tisseyre, 513 p.

ROY, Réjean (1988), *Crépuscule de l'amour*, Bathurst (N.-B.), Chez l'auteur, 94 p.

SAVOIE, Jacques (1988), *Une histoire de cœur*, Montréal, Boréal, 233 p.

ALBERT LÉVESQUE, Anne (1989), *Du haut des terres*, Moncton, Éditions d'Acadie, 156 p.

LEBOUTHILLIER, Claude (1989), *Le Feu du mauvais temps*, Montréal, Québec/ Amérique, 447 p.

LÉGER-HASKELL, Diane (1989), *La Butte à Pétard : L'histoire d'une famille de la vieille Acadie*, Moncton, Éditions d'Acadie, 108 p.

ROY, Réjean (1989), *Le Cri d'une poussière*, Edmundston (N.-B.), Éditions Quatre Saisons, 109 p.

ST-PIERRE, Christiane (1989), *Absente pour la journée*, Moncton, Éditions d'Acadie, 179 p.

BÉRUBÉ SOUCY, Alvina (1990), *Les Malheurs de Caroline*, Saint-Basile (N.-B.), Éditions Lavigne, 81 p.

CAZAUX, Yves (1990), *Le Baron de Saint-Castin, roman*, Paris, A. Michel, 429 p.

MAILLET, Antonine (1990), *L'Oursiade*, Montréal, Leméac, 232 p.

QUÉMENEUR, Mathieu (1990), *L'Acadien*, Sarreguemines (France), Éditions Pierron, 195 p.

ROY, Albert (1990), *Comme à la vraie cachette*, Edmundston (N.-B.), Éditions Marévie, 125 p.

ROY, Réjean (1990), *Périr par le sexe*, Edmundston (N.-B.), Éditions Quatre Saisons, 132 p.

BASQUE, Jean-Paul (1991), *La Flamme de mes épinettes*, Tracadie (N.-B.), chez l'auteur, 157 p.

CARON BONENFANT, Sylvie (1991), *Quelque part dans les Alpes, roman*, Saint-Basile (N.-B.), Éditions Lavigne, 145 p.

COMEAU, Gérard C. (1991), *Du haut d'la Grande Rivière, roman acadien*, préface de Zoël Saulnier, Tabusintac (N.-B.), Éditions G. C. Comeau, 175 p.

DAIGLE, France (1991), *La Beauté de l'affaire, fiction autobiographique à plusieurs voix sur son rapport tortueux au langage*, Moncton, Éditions d'Acadie, 54 p.

ÉTIENNE, Gérard (1991), *La Pacotille*, Montréal, L'Hexagone, 259 p.

LEMIEUX, Jean (1991), *Lune rouge*, Montréal, Québec/Amérique, 319 p.

RINGUETTE, Monique C. (1991), *Perdue dans Boston*, Saint-Basile (N.-B.), Éditions Lavigne, 111 p.

SOUCY, Camille (1991), *La Veuve vierge*, Saint-Basile (N.-B.), Éditions Lavigne, 241 p.

SURETTE, Paul (1991), *Mésagouèche : L'évasion d'un peuple, roman-drame*, Memramcook (N.-B.), Société historique de Memramcook, 145 p.

GAUTHIER, Jacques (1992), *Chroniques d'Acadie*, tome 1 : *Clovis*, Montréal, Pierre Tisseyre, 470 p.

LANDRY, Edmond-L. (1992), *Alexis*, Moncton, Éditions d'Acadie, 228 p.

MAILLET, Antonine (1992), *Les Confessions de Jeanne de Valois*, Montréal, Leméac, 244 p.

RIVIÈRE, Sylvain (1992), *La Belle Embarquée*, Moncton, Éditions d'Acadie, 238 p.

BABINEAU, Jean (1993), *Bloupe*, Moncton, Éditions Perce-Neige, 199 p.

DAIGLE, France (1993), *La Vraie Vie*, Moncton, Éditions d'Acadie ; Montréal, L'Hexagone, 75 p.

GAUTHIER, Jacques (1993), *Chroniques d'Acadie*, tome 2 : *Oscar,* Montréal, Pierre Tisseyre, 430 p.

OUELLET, Jacques P. (1993), *Ippon*, Tracadie-Sheila (N.-B.), Éditions de la Grande Marée, 227 p.

Pelletier, Charles (1993), *Oasis : Itinéraire de Delhi à Bombay*, Moncton, Éditions d'Acadie, 139 p.

Soucy, Camille (1993), *Les Ravages de l'inceste*, Saint-Basile (N.-B.), Éditions Lavigne, 161 p.

Bujold, Réal-Gabriel (1994), *Le Bouddha de Percé*, Moncton, Éditions d'Acadie, 183 p.

Gabourie, Gaétane (1994), *Blessure in-pansable*, Saint-Basile (N.-B.), Éditions Lavigne, 137 p.

LeBouthillier, Claude (1994), *Les Marées du Grand Dérangement*, préface d'Angèle Arsenault, Montréal, Québec/Amérique, 367 p.

Daigle, France (1995), *1953 : Chronique d'une naissance annoncée*, Moncton, Éditions d'Acadie, 166 p.

Gauthier, Jacques (1995), *Chroniques d'Acadie*, tome 3 : *Tranquille et Modeste*, Montréal, Pierre Tisseyre, 431 p.

Lemieux, Jean (1995), *Le Trésor de Brion*, Montréal, Québec/Amérique, « Titan jeunesse », 387 p.

Pître, Martin (1995), *L'Ennemi que je connais*, Moncton, Éditions Perce-Neige, 125 p.

Rainville, Simone (1995), *Madeleine, ou, La rivière au printemps*, Moncton, Éditions d'Acadie, 197 p.

Savoie, Jacques (1995), *Le Cirque bleu*, Montréal, La courte échelle, 158 p.

Soucy, Camille (1995), *Mireille*, Saint-Basile (N.-B.), Éditions Lavigne, 177 p.

Gauthier, Jacques (1996), *Chroniques d'Acadie*, tome 4 : *S'en vont chassant*, Montréal, Pierre Tisseyre, 386 p.

Haché, Louis (1996), *La Tracadienne*, Moncton, Éditions d'Acadie, 321 p.

Jacquot, Martine (1996), *Les Glycines*, Ottawa, Vermillon, 200 p.

Landry, Ulysse (1996), *Sacrée montagne de fou*, Moncton, Éditions Perce-Neige, 238 p.

LÉTOURNEAU, Lorraine (1996), *D'amours et d'aventures*, Moncton, Éditions d'Acadie, 347 p.

MAILLET, Antonine (1996), *Le Chemin Saint-Jacques*, Montréal, Leméac, 371 p.

DUCLUZEAU, Jeanne (1996), *Au service du roi*, Moncton, Éditions d'Acadie, 231 p.

OUELLET, Jacques P. (1996), *La Promesse*, Tracadie-Sheila, La Grande Marée, 357 p.

COMEAU, Germaine (1997), *Loin de France*, Moncton, Éditions d'Acadie, 217 p.

LEBLANC, Gérald (1997), *Moncton mantra*, Moncton, Éditions Perce-Neige, 144 p.

SAVOIE, Jacques (1997), *Les Ruelles de Caresso*, Montréal, La courte échelle, 192 p.

BABINEAU, Jean (1998), *Gîte*, Moncton, Éditions Perce-Neige, 124 p.

COUTURIER, Gracia (1998), *L'Antichambre*, Moncton, Éditions d'Acadie, 136 p.

DAIGLE, France (1998), *Pas pire*, Moncton, Éditions d'Acadie, 171 p.

HARBEC, Hélène (1998), *L'Orgueilleuse*, Montréal, Éditions du Remue-ménage, 134 p.

LEBOUTHILLIER, Claude (1998), *Le Borgo de l'Écumeuse*, Montréal, XYZ éditeur, 215 p.

MORIN ROSSIGNOL, Rino (1998), *Catastrophe(s)*, Moncton, Éditions d'Acadie, 165 p.

PAQUETTE, Denise (1998), *Gribouillis barbares*, roman, Moncton (N.-B.), Bouton d'or Acadie, « Météore», 87 p.

SAVOIE, Jacques (1998), *Un train de glace*, Montréal, La courte échelle, 222 p.

COUTURIER, Gracia (1999), *Je regardais Rebecca*, Moncton, Éditions d'Acadie, 284 p.

ENGUEHARD, Françoise (1999), *Litanies de l'Île-aux-Chiens*, Moncton, Éditions d'Acadie, 354 p.

GIROUARD, Anna (1999, 2000), *La Vente d'honneur : roman historique des années 1894*, Préface de Maurice Basque, 6 tomes, I : *L'Officier des pauvres*, II : *Vital*, III : *Nova*, IV : *L'Encan*, V : *Victoire*, VI : *Le grand duc*, Sainte-Marie-de-Kent (N.-B.), Éditions Les Balises.

LANDRY, Edmond L. (1999), *La Dernière Bataille, roman historique*, Tracadie-Sheila (N.-B.), Éditions La Grande Marée, 195 p.

LEBLANC, René (1999), *Derrière les embruns, roman*, Moncton (N.-B.), Éditions d'Acadie, 355 p.

MAILLET, Antonine (1999), *Chronique d'une sorcière de vent*, Montréal, Leméac, 284 p.

ROY, Camilien (1999), *La Première Pluie*, Moncton, Éditions Perce-Neige, « Prose », 226 p.

ARCHAMBAULT, Nathalie (2000), *L'Île de la lumière, roman*, Moncton, Éditions d'Acadie, 96 p.

ÉTIENNE, Gérard (2000), *La Romance en do mineur de Maître Clo*, Montréal, Balzac, 193 p.

GODBOUT-ROUGERIE, Ramona (2000), *Un petit ange au paradis*, Saint-Romuald (Québec), Éditions Sans âge, 135 p.

LANDRY, Ulysse (2000), *La Danse sauvage, roman*, Moncton, Éditions Perce-Neige, « Prose », 194 p.

LEBLANC, Roger Paul (2000), *Monsieur Gustave*, roman, Scoudouc (N.-B.), 169 p.

MIGNOT, Andrée-Paule (2000), *Nous reviendrons en Acadie*, Montréal, Hurtubise HMH, « Atout », 117 p.

OUELLON, André (2000), *Le Vol de l'albatros, incursion en les méandres de l'amour, roman*, Tracadie-Sheila (N.-B.), Éditions La Grande Marée, 210 p.

RAIMBAULT, Alain (2000), *Herménégilde l'Acadien*, Montréal, Hurtubise HMH, « Plus », 76 p.

BRIDEAU, Nicole (2001), *La Maison verte*, Québec, Arion, 450 p.

DAIGLE, France (2001), *Un fin passage*, Montréal, Boréal, 130 p.

ÉTIENNE, Gérard (2001), *Vous n'êtes pas seul*, Montréal, Balzac, 120 p.

GALLANT, Melvin (2001), *Le Complexe d'Évangéline*, Moncton, Éditions de la Francophonie, 241 p.

GAUTHIER, Armand (2001), *Nuit hors raison*, Moncton, Éditions de la Francophonie, 241 p.

HACHÉ, Louis (2001), *Le Desservant de Charnissey*, Moncton, Éditions de la Francophonie, 426 p.

LANDRY, Edmond L. (2001), *La Charlotte des battures*, Tracadie-Sheila (N.-B.), Éditions La Grande Marée, 269 p.

LEBLANC, Roger (2001), *Agathe*, [Cocagne (N.-B.)], Éditions Rose Stanislas, 197 p.

LEBOUTHILLIER, Claude (2001), *Babel ressuscitée*, roman de science-fiction, Moncton, Éditions de la Francophonie, 172 p.

MAILLET, Antonine (2001), *Madame Perfecta*, Montréal, Leméac, 165 p.

OUELLET, Jacques P. (2001), *La Revanche du pékan*, Tracadie-Sheila (N.-B.), Éditions La Grande Marée, 300 p.

VERVILLE, René (2001), *Le Saule de Grand-Pré*, Montréal, Fides, « Grandes histoires », 489 p.

DAIGLE, France (2002), *Petites difficultés d'existence*, Montréal, Boréal, 191 p.

DUBOS, Alain (2002), *Acadie, terre promise*, Paris, Presses de la Cité, 652 p.

ÉTIENNE, Gérard (2002), *Au cœur de l'anorexie*, Montréal, CIDIHCA, 154 p.

GERVAIS, Marielle (2003), *Mémoire d'Ellée*, Tracadie-Sheila (N.-B.), Éditions La Grande Marée, 221 p.

LANDRY, Edmond L. (2003), *Tombés du ciel*, Moncton, Éditions de la Francophonie, 226 p.

PELLETIER, Charles (2003), *Étoile filante*, Moncton, Éditions Perce-Neige, 236 p.

ROY, Monique (2003), *Requiem pour Galatée*, Moncton, Éditions de la Francophonie, 290 p.

DUBOS, Alain (2003), *Retour en Acadie*, Paris, Presses de la Cité, « Sud lointain », 604 p.

HACHÉ, Louis (2003), *La maîtresse d'école*, Moncton, Éditions de la Francophonie, 449 p.

Maillet, Antonine (2003), *Le temps me dure*, Montréal, Leméac, 263 p.

NOTES

1. Marguerite MAILLET, Gérard LEBLANC et Bernard ÉMONT, *Anthologie de textes littéraires acadiens, 1606-1975*, Moncton, N.-B., Éditions d'Acadie, 1979, p. 8.
2. Marguerite MAILLET a résolu ce dilemme en incluant quelques romans de Clive Doucet écrits en anglais dans sa *Bibliographie de publications de l'Acadie des Provinces maritimes : livres et brochures 1609-1995*, Moncton, N.-B., Éditions d'Acadie, 1997, 555 p.
3. Près de la moitié des romans acadiens en anglais ont été publiés aux États-Unis ; les autres, en Ontario et dans les Maritimes. Nous avons relevé quatre titres de Charles G.D. Roberts, parus au tournant du XXe siècle ; quatre de Louis Arthur Cunningham, sur les établissements français à Tantramar, parus entre 1929 et 1941 ; deux de John Frederic Herbin, au début du XXe siècle ; trois de Clive Doucet, entre 1978 et 1992.
4. Catherine R. WILLIAMS, *The Neutral French; or, The Exiles of Nova Scotia*, 2 volumes in one, Providence, Rhode Island, Published by the author, B. Cranston & Co., Printers, 1841, 238 p. ; 109 p.
5. L'auteure du présent article a lu tous les romans canadiens-français et québécois de 1837 à 1980 pour sa thèse de doctorat, ce qui lui a permis de dresser une liste des romans à contenu acadien.

PORTRAIT D'AUTEURE
@ FRANCE DAIGLE

François Giroux
étudiant à la maîtrise en littérature
Faculté des arts et des sciences sociales
Université de Moncton

France Daigle est une auteure acadienne de Moncton. Depuis 1983, elle a produit onze romans en plus de signer quelques pièces de théâtre qui ont été jouées, mais non publiées. Elle a gagné plusieurs prix dans son milieu : Pascal-Poirier en 1991 pour l'ensemble de son œuvre ; Éloize et Antonine Maillet/Acadie Vie en 1998 ainsi que France-Acadie en 1999 pour *Pas pire* ; *Éloize* en 2002 pour *Un fin passage*.

L'entretien qui suit a été réalisé à sa résidence le 15 juillet 2003, dans un salon dont les larges fenêtres surplombent une partie de Moncton, Dieppe et la rivière Petitcodiac qui servent de toile de fond à la plupart de ses romans.

FA – France Daigle, ceux qui ont parcouru l'ensemble de votre œuvre sont frappés par la structure ludique de plusieurs de vos textes. S'agit-il pour vous véritablement d'un jeu ?

FD – Mes romans représentent des trames dont chaque fil correspond à un thème différent. Il s'agit pour moi de tisser ces fils à travers l'histoire en les mélangeant de telle sorte que, passée une première impression de confusion, tout tombe en place. Cette façon de construire mes textes me vient du cinéma. Pendant un moment, je me suis intéressée à l'écriture cinématographique, mais je n'ai jamais pu faire aboutir un scénario devant les caméras. C'est un art trop soumis à des contraintes d'efficacité, de coûts, de limites matérielles. Moi, j'ai besoin de liberté pour créer. Mais cette expérience infructueuse a quand même eu un effet sur mon écriture littéraire. C'est sûr que je m'amuse en construisant mes romans de la sorte et en utilisant un fil conducteur particulier, comme une revue de l'actualité dans *1953*, l'astrologie dans *Pas pire*, les jours de la semaine dans *Un fin passage*, le yi king dans *Petites difficultés d'existence*. Mais ça représente aussi la base de ma création. Je ne pourrais pas faire autrement.

Cela dit, ce travail sur le texte ne m'empêche pas de laisser une large part à l'intuition. Une fois que le cadre est déterminé, mes personnages s'y activent à leur façon et arrivent toujours à me surprendre ; je ne peux jamais prédire ce qu'ils vont trouver.

FA – Une autre particularité que l'on retrouve, mais seulement dans vos huit premiers romans si l'on fait exception des courts dialogues dans *Film d'amour et de dépendance*, c'est l'absence de toute oralité. Pourquoi avez-vous attendu à *Pas pire* pour faire parler vos personnages ?

FD – Il pourrait s'agir d'une évolution naturelle chez moi. Mais je crois que j'ai été un peu paralysée par l'écriture de dialogues à cause de la langue d'ici. Quand j'ai pensé à devenir écrivain, je n'ai jamais voulu utiliser le chiac ni aspiré à le faire[1]. Autant j'ai aimé lire *La Sagouine*[2], autant je ne me voyais pas dans ce niveau de français ; ce n'est pas comme ça que je voulais écrire. Et pour le chiac, spontanément, il n'en était pas plus question. Mais un jour, on m'a offert d'écrire une pièce de théâtre, et là, j'ai dû créer des échanges entre mes personnages. Je me suis alors rendu compte que j'aime écrire des dialogues et que pour faire vivre des personnages d'ici, ça n'a aucun sens de les faire parler en français standard ; ce serait à la fois une tromperie et une perte de couleur locale. La langue dépasse ce qu'elle dit et reflète tout l'esprit du lieu où elle se déploie. Avec l'ajout des échanges parlés, mes personnages sont devenus aussitôt mieux découpés.

Dans *Pas pire*, on commence à retrouver des dialogues ; malgré ma gêne, le chiac s'y est pointé le nez. Maintenant, je me sens à l'aise de l'écrire, tout en restant inquiète d'en faire la promotion. Je ne veux pas juger si c'est bon ou pas, mais je crois qu'il y a des limites. Le chiac est musical jusqu'à un certain point au-delà duquel ce n'est plus tout à fait beau ni tout à fait français ; ça peut même en devenir plutôt triste. J'avoue toutefois que c'est un peu subjectif ; ce qui pour moi représente une belle phrase en chiac reste quand même mon opinion personnelle.

FA – Le chiac de vos romans s'est attiré de nombreux commentaires favorables quant à son réalisme et à sa beauté. Pourtant, dans *Petites difficultés d'existence*, l'Acadienne Carmen, l'un des principaux personnages, déclare : « C'est pas beau un enfant qui parle chiac[3] ». S'agit-il là d'un doute qui vous habite ?

FD – Cette réplique, je l'ai entendue comme telle d'une jeune mariée qui parlait chiac et qui prévoyait un jour avoir des enfants. Selon elle, il n'y a pas de problème à ce que les adultes l'utilisent, mais pas les tout jeunes. Je suis d'accord avec elle. Les enfants dégagent une sorte de pureté et le chiac n'est pas caractéristique de cette innocence. Et puis, si on n'apprend pas le français lorsqu'on est jeune, quand va-t-on l'apprendre ? Mais je trouve cette question difficile, même dans un milieu où l'anglais est très présent, parce qu'à force de reprendre l'enfant sur son parler, on brise la spontanéité de son expression. Il faut doser nos interventions, encourager les jeunes, les exposer au français sans devenir fanatique de la rectitude de la langue.

FA – Avez-vous l'impression que, par vos œuvres et votre travail sur le parler acadien, vous contribuez à une réécriture de cette langue, que vous lui fournissez un apport esthétique essentiel à sa survie et à son développement ?

FD – Je n'ai pas conscience de le faire, mais quelquefois, en écrivant, je me demande comment, linguistiquement, on devrait dire telle chose pour qu'elle soit acceptable. Je fais cet exercice et, jusqu'ici, les résultats ne sont pas si bêtes. Par exemple, lorsque les verbes en chiac se terminent par *er*, comme dans *watcher la tv*, le problème est qu'ils peuvent être lus en prononçant le *er*, ce qui donne phonétiquement *watcheur* ; alors, dans le roman actuellement sur ma table de travail, j'ai établi une sorte de règle de grammaire statuant que ces verbes anglais se termineront plutôt par un *é* pour les couper un peu de leur langue d'origine, une sorte de règle du chiac si l'on veut. Pour vraiment transcrire la langue, il faut inventer de nouvelles façons de la lire et de la comprendre. C'est amusant, mais je ne pense pas que le chiac va devenir une langue ayant sa grammaire. À un moment, je me suis même dit que je n'utiliserais plus le chiac, car c'est trop fatigant de se poser toujours des questions sur la façon de l'écrire. C'est satisfaisant sur certains côtés ; sur d'autres, ça devient un vrai casse-tête. Avec le livre actuellement en chantier, je me donne des libertés qui n'existent nulle part, qui ne satisfont aux règles ni de l'une ni de l'autre langue, et qui en créent de nouvelles en quelque sorte, sans aspirer à faire du chiac une langue, seulement en tentant de le transcrire littérairement.

FA – La France occupe une grande place dans vos romans : la revue de l'actualité de *1953* s'y attarde souvent ; dans *Pas pire*, la protagoniste se rend à Paris ; *Un fin passage* se déroule en France. Qu'est-ce qui explique cette prédilection ?

FD – Je suis très tournée vers la France. Mon père aimait beaucoup ce pays ; ma sœur a épousé un Français ; elle-même est devenue Française ; ils viennent souvent avec leurs trois enfants et nous apportent des livres. Donc cette culture est très présente dans ma vie. Plus que le Québec. Pourtant, la culture québécoise peut être enrichissante. Mais sans ignorer cette province voisine, ma source demeure la France. Elle me permet tout à la fois de m'identifier à elle et de m'en différencier. Avec le Québec, le contraste n'est peut-être pas aussi grand. Mise à part sa réflexion plus poussée sur son histoire et son identité nationale, il nous ressemble par le réflexe de survivance, par l'américanité. J'ai envie d'aller chercher plutôt du *pas tout à fait comme nous* ; et ça adonne que c'est avec la France que je trouve ça.

FA – Vous êtes allée en France ?

FD – Oui, et je ne suis pas tombée en pâmoison devant tout ce que j'y ai vu. Même qu'à un moment donné, j'étais très contente de revenir ici parce que c'était pesant, trop rigide comme structure sociale, trop différent comme mentalité. Mais ce que l'on rencontre de la France dans mes romans, ce sont probablement les aspects qui m'intéressent le plus.

FA – On vous retrouve, France Daigle, sous les traits de la protagoniste de *1953, Bébé M.*, et vous y faites remonter votre goût de l'écriture jusque dans le ventre de votre mère. Dans la réalité, comment s'est développé cet intérêt à devenir romancière ?

FD – Jeune, je ne pensais pas à ça. Ma famille valorisait le fait de bien parler, mais presque plus encore celui de bien écrire, ce qui m'est venu très naturellement, sans effort. Mon père me disait que si je savais bien écrire, je trouverais presque à coup sûr un bon travail, car ce n'était pas tout le monde qui connaissait bien son français. Je me rends compte aujourd'hui que c'est vrai.

L'écriture m'est venue aussi par la chanson. Dans les années 1960-1970, Bob Dylan, Leonard Cohen, les chansonniers français, tout ce monde-là rendait l'écriture attirante, mais je ne me croyais pas capable d'écrire des chansons, ce qui est la chose que j'imagine encore la plus difficile à faire. C'est presque exclusivement par la chanson, et non par les romans, que j'ai développé mon goût pour l'écriture. J'ai commencé à composer de la poésie qui boitait un peu entre Dylan et Cohen ; les autres formes d'écrit ne m'intéressaient pas, peut-être parce que ça représentait alors pour moi un travail beaucoup trop considérable. Avec mes études universitaires en littérature, j'ai évolué un peu. Tranquillement, en ajoutant des couches à un premier noyau poétique, je suis arrivée au roman. Je n'avais pas une vision de l'histoire à écrire ; j'explorais et découvrais à mesure que j'avançais.

Puis il y a eu le premier, *Sans jamais parler du vent*. Les gens appelaient ça de la poésie, mais pour moi, c'était un roman. Le manuscrit original était très épais, avec beaucoup de répétitions, pour ne pas dire des incantations. Pour moi, tout cela était nécessaire et je l'aurais publié comme tel. À un moment donné, je me suis rendu compte par moi-même que ce qui me semblait intéressant ne l'était peut-être pas nécessairement pour les lecteurs, et j'ai extrait l'essentiel de ma brique. Après cette expérience, je savais que je n'avais pas besoin d'écrire 500 pages pour produire un roman. Et ce qui a été le plus déterminant pour mon avenir, ce fut de réaliser que j'avais pu commencer un livre et le terminer. Trop souvent, on rencontre du monde qui rêve d'écrire, mais sans jamais se lancer vraiment ou finir ce qu'ils ont entrepris.

FA – Vous êtes écrivaine dans un milieu minoritaire francophone, publiant maintenant au Québec, tout en demeurant en Acadie. Vous avez choisi le roman, réaliste, acadien, à l'écart de l'histoire et du folklore, au style léger mais dense dans le propos.

Comment en êtes-vous arrivée à faire ces choix qui vous placent dans un créneau particulier du champ littéraire ?

FD – Tout ça est venu plutôt naturellement. Avant même de publier, j'ai délaissé la poésie parce que ça ne m'amusait pas tellement. Probablement figée dans une vision un peu trop solennelle de la poésie – un cliché je l'admets –, je ne me sentais pas assez de latitude dans ce genre. Je ne connais pas les règles du roman et je m'amuse à les inventer ; si ça se tient, c'est l'essentiel et, jusqu'à maintenant, tout s'est bien déroulé.

Quant à la question de vivre ici, c'est toujours problématique, que l'on soit écrivain ou non. On se pose souvent la question de savoir si on ne préférerait pas un milieu plus francophone pour se reposer de la lutte constante des minoritaires ou pour mieux assurer sa propre langue. Je peux imaginer que ça peut être intéressant durant un bout de temps. Mais malgré les difficultés de vivre à Moncton, je crois que c'est encore l'endroit où je me sens le mieux. Les Éditions d'Acadie ont fermé leurs portes il y a quelques années et j'ai alors dû me trouver un autre éditeur. J'ai donc soumis le manuscrit de *Un fin passage* à quelques maisons d'édition au Québec et même en France. Finalement, j'ai conclu une entente avec Boréal, à Montréal. Mais il n'est pas question pour moi d'y déménager.

FA – Votre œuvre comporte une dimension autobiographique : *La Beauté de l'affaire*, par son sous-titre – *Fiction autobiographique à plusieurs voix sur son rapport tortueux au langage* ; *1953*, avec vos premiers moments de vie ; et *Pas pire*, par le Dieppe de votre enfance. Qu'est-ce qui vous a attiré par ce genre romanesque, celui de l'autofiction ?

FD – C'est sûr qu'il y a là une démarche intime ; j'avais le goût d'écrire sur ces aspects de ma vie. Mais en même temps, ça m'a permis de mieux ancrer mes histoires dans le réel, au niveau du vécu. Je crois qu'il est naturel pour un écrivain de mêler à la fiction des tranches d'événements véridiques qu'il a recueillis. Cela dit, il est difficile pour le lecteur de discerner le vrai du moins vrai ; de toute façon, ce n'est pas là le but de l'exercice.

FA – Vous aviez déjà une expérience de journaliste quelques années avant de publier votre premier roman, en 1983. Quelle influence a eu cette carrière sur votre travail d'écriture ?

FD – Lorsque jour après jour tu lis le plus de nouvelles possible afin d'en choisir certaines pour tes bulletins, ton esprit devient encore plus imprégné par le milieu. Ici en Atlantique, comme partout ailleurs, il y a toutes sortes d'événements de la vie, petits et grands, politiques ou non. Parfois, je ramène même à la maison des articles qui ne méritent pas d'être entendus en ondes, mais qui peuvent par contre rentrer facilement dans un roman. Remarquez que j'aurais pu tout aussi bien récolter ces faits sans être rédactrice de nouvelles radio ; disons que je suis dans une position privilégiée pour le faire. Cela dit, je ne crois pas qu'il serait possible de retracer les événements que j'ai utilisés dans mes livres. J'y ai plutôt puisé une certaine inspiration, un ton, une mentalité, qui font partie de l'univers monctonien. Et il faut bien dire qu'au total, ce travail de journaliste nourrit beaucoup plus mon portefeuille que mes romans.

FA – Est-ce que la conciliation entre ces deux carrières a été difficile ? Je pense entre autres à la dimension des premiers romans, jusqu'à *Pas pire*, qui ne faisaient pas 100 pages ou, si oui, avec une mise en page très aérée ou un format réduit ?

FD – Au début, le fait de travailler et d'écrire en même temps explique en partie le petit format de mes premiers romans ; mon propre développement en tant qu'écrivain est un autre facteur qui a joué. Par la suite, j'ai obtenu de Radio-Canada en Atlantique plusieurs congés et, vraiment, la longueur d'un livre est souvent un peu conditionnée par le temps que tu as. J'ai pu écrire *La vraie vie* en trois mois ; j'avais une idée assez claire de ce roman et du temps requis pour le compléter. Pour *1953*, j'avais un an. Pour *Petites difficultés d'existence*, j'ai eu deux périodes de six mois entrecoupées par un retour au travail de six mois, ce qui m'a un peu perturbée dans la suite de mes idées. C'est sûr que si j'avais le même revenu que présentement sans avoir besoin d'un emploi, ce serait le paradis. Le travail permet de financer les moments où je peux me consacrer exclusivement à l'écriture.

Ce que je trouve aussi très difficile, c'est lorsque l'on reçoit des prix ou lorsque l'on est invité à prononcer des conférences. J'en suis flattée, mais parler de soi en tant que romancière et être en train d'écrire un roman constituent deux univers tout à fait différents. Lors de ma participation au *Festival littéraire international Northrop Frye*, ici à Moncton en avril dernier, avec table ronde, visite dans une école, rencontre avec des écrivains, lecture publique, etc., ça m'a pris deux semaines pour me préparer et deux autres pour m'en remettre. Je ne sais pas pourquoi, mais on ne sort pas facilement d'un manuscrit en cours de rédaction et on ne s'y remet pas facilement non plus. Avec ce genre d'engagement, même si tu as six mois pour écrire, ça t'en gruge toujours plus qu'une journée. Six mois, c'est vite passé. Même une année.

FA – Vous avez reçu de bonnes critiques et de nombreux prix en Acadie ; vos œuvres sont étudiées par des universitaires ; vous vous êtes même imaginée recevant la caution du célèbre Bernard Pivot dans *Pas pire*. Quelle est l'importance d'une reconnaissance par l'institution littéraire pour l'écrivaine France Daigle ?

FD – C'est sûr qu'un auteur ne fait pas des livres pour ensuite les cacher. Ça répond à un besoin personnel, mais on veut aussi que ça touche des lecteurs. Alors, quand on suscite des réactions telles que des prix, des critiques positives, des études sérieuses sur son œuvre, on se dit que nos romans ne sont pas totalement insignifiants, que l'on est sur la bonne piste. Ça rassure un peu tout en encourageant à poursuivre.

On est souvent élogieux à mon endroit et des fois, ça m'énerve parce que j'ai l'impression de ne faire que mon possible. Mais, en même temps, il m'arrive de trouver quelques mots dans une critique ou une étude qui me permettent de prendre conscience de tout ce que je peux apporter aux gens. Je pense à l'ancien joueur de tennis américain Arthur Ashe, un Noir ; il disait que ses premières victoires dans des tournois l'ont vraiment aidé en lui prouvant qu'il pouvait bien jouer. Plus il gagnait, plus il avait confiance en ses moyens. Je crois que c'est un peu comme ça pour moi ; je suis devenue de plus en plus confiante dans mes moyens et lorsqu'on m'encourage, ça me pousse à aller plus loin. Des fois, on se restreint par pudeur, individuelle ou collective; mais en faisant valider son cheminement, on fonce un peu plus.

FA – Par votre association avec une maison d'édition québécoise, vous devez vous attendre à élargir encore plus le cercle de votre réception ?

FD – À vrai dire, j'avais déjà publié *La vraie vie* au Québec en pensant que ça donnerait ce genre de résultat. Les médias se sont un peu plus intéressés à moi, mais ça n'a pas donné grand-chose au niveau du public. Avec Boréal cette fois-ci, c'est une maison qui met bien en évidence ses livres et ses auteurs ; ça sera peut-être mieux. Les Québécois ne sont pas portés à lire ce qui vient d'ailleurs au Canada. Mais jusqu'ici, je suis un peu surprise de voir que ça dépasse ça. J'ai l'impression que dans mon cas, tout se bâtit petit à petit, sans faire de grosses vagues.

FA – À l'exemple des littératures émergentes, la littérature d'Acadie a beaucoup parlé de son histoire, de son folklore, tout en voulant affirmer sa langue propre. On ne peut pas dire que vous vous êtes identifiée avec ce courant idéologique et nationaliste, bien que vous ayez abordé l'image du feu qui a marqué la Déportation des Acadiens dans *Histoire de la maison qui brûle*, parlé de la lutte du quotidien *L'Évangéline*[4] pour sa survie dans *1953*, fait allusion à une force révolutionnaire qui peut « passe[r] même inaperçu[e][5] » dans *Pas pire*, et mis en valeur le parler vernaculaire du sud-est francophone du Nouveau-Brunswick dans vos derniers romans. Comment vous situez-vous par rapport aux efforts d'affirmation et de développement du peuple acadien ?

FD – C'est quelque chose qui me tient à cœur, mais je trouve parfois que toute cette question frôle un peu le fanatisme. Le seul reflet quasiment qu'un Anglais a des Acadiens, c'est leur *chialage* ; ce n'est pas nécessairement bon. Il faudrait peut-être doser nos affaires et produire autre chose que seulement des réclamations. Je ne veux pas être enfermée dans l'Acadie ; je veux vivre mon acadianité à ma façon et je me réserve le droit de ne pas faire partie de certaines choses si ça ne me tente pas ou si je trouve que ça n'a pas de sens. Il y a ceux qu'on entend toujours, qui défendent nos droits et ça en prend ; mais il y en a d'autres qui vivent leur identité de façon plus posée. Pourtant, ils envoient leurs enfants à l'école francophone et les encouragent à apprendre notre langue. Ils ne brandissent pas des drapeaux, mais ils sont tout aussi importants que ceux qui le font. Je crois d'ailleurs que mes personnages reflètent ça.

FA – À l'image du dynamisme économique de Moncton, vos romans présentent des modèles d'entrepreneurship : transformation d'« un de ces terrains vagues du centre-ville en un espace vert, agréable et séduisant pour petits et grands[6] » dans *La Beauté de l'affaire* ; revalorisation touristique de la rivière Petitcodiac dans *Pas pire* ; restauration d'un vieil édifice en lofts et en centre culturel dans *Petites difficultés d'existence*. D'où vient cette dimension sociale dans vos romans ?

FD – Je ne suis pas une personne militante dans des mouvements sociaux. Mais ça ne m'empêche pas d'avoir un grand intérêt pour toutes les questions qu'ils soulèvent. La plupart de ces projets que l'on retrouve dans mes romans sont le fruit de personnages tout simples qui ont décidé de faire quelque chose dans leur milieu. C'est ma façon littéraire de contribuer à des causes. Selon moi, le rôle social de l'écrivain dépasse même ces exemples d'entrepreneurship. Il a aussi le devoir de transcender la réalité par fabulation pour brasser les fausses certitudes que l'on a et qui nous enferment.

FA – En terminant, vous avez un roman présentement en chantier. Est-ce qu'il s'inscrit dans la lignée de vos derniers ?

FD – Oui, et on y retrouvera encore Terry et Carmen avec leurs enfants. Ils sont si attachants que je ne veux pas bouder ce plaisir que j'ai de les suivre à nouveau à Moncton. Il y aura aussi une foule de sujets variés qui seront abordés ; ce sera presque l'équivalent d'une petit cours de culture générale, mais présenté simplement. Il s'agira d'ailleurs de mon roman le plus volumineux. Déjà dans *Pas pire*, j'avais parlé du chiffre douze qui, multiplié par lui-même, représente la plénitude, la perfection. Mais je trouvais le produit obtenu, 144, un peu court. Cette fois, j'irai plus loin avec douze au cube, soit 1 728 unités qui, regroupées par thèmes, distribuées à travers le récit, donneront au roman sa structure particulière. Je me suis donnée un an et demi pour le mener à terme et je suis déjà assez avancée.

NOTES

1. Le chiac est le parler vernaculaire du sud-est du Nouveau-Brunswick ; il s'agit d'un français transformé par l'anglais aux niveaux morphologique, phonique, syntaxique et lexical.
2. Antonine Maillet, *La Sagouine*, [s.l.], Leméac, 1971, 106 p.
3. France Daigle, *Petites difficultés d'existence*, p. 144.
4. Ce journal a disparu en 1982.
5. France Daigle, *Pas pire*, p. 148.
6. France Daigle, *La Beauté de l'affaire*, p. 17.

PUBLICATIONS DE FRANCE DAIGLE

Sans jamais parler du vent. Roman de crainte et d'espoir que la mort arrive à temps, Moncton, Éditions d'Acadie, 1983, 141 p.

Film d'amour et de dépendance, Moncton, Éditions d'Acadie, 1984, 119 p.

Histoire de la maison qui brûle. Vaguement suivi d'un dernier regard sur la maison qui brûle, Moncton, Éditions d'Acadie, 1985, 107 p.

« Variations en B et K », *La Nouvelle Barre du jour*, n° 168, 1985. p. 1-44.

« De l'avant-texte ou du texte dans tous ses états », *La Nouvelle Barre du jour*, n° 182, 1986, p. 1-58.

L'été avant la mort, (avec Hélène HARBEC), Montréal, Éditions du Remue-ménage, 1986, 77 p.

La Beauté de l'affaire. Fiction autobiographique à plusieurs voix sur son rapport tortueux au langage, Moncton, Éditions d'Acadie ; Outremont, NBJ, 1991, 57 p.

La vraie vie, Montréal, l'Hexagone ; Moncton, Éditions d'Acadie, 1993, 75 p.

1953, chronique d'une naissance annoncée, Moncton, Éditions d'Acadie, 1995, 167 p.

Pas pire, Moncton, Éditions d'Acadie, 1998, 171 p.

Un fin passage, Montréal, Boréal, 2001, 130 p.

Petites difficultés d'existence, Montréal, Boréal, 2002, 191 p.

« Une petite place », « Cherchez l'imposture », « Simulacre » [poèmes], *Dalhousie French Studies*, vol. 62, (printemps) 2003, p. 9-11.

BIBLIOGRAPHIE DES OUVRAGES CRITIQUES DES ŒUVRES DE FRANCE DAIGLE

ALI-KHODJA, Mourad (1994), « Identité et création culturelles en Acadie : des artistes en quête de légitimité ? », *Revue de l'Université de Moncton*, vol. 27, n° 2, p. 229-237.

BOEHRINGER, Monika (2003), « Une "fiction autobiographique à plusieurs voix" : *1953* de France Daigle », *Revue de l'Université de Moncton*, vol. 34, n°s 1-2, p. 107-128.

BOUDREAU, Raoul et Anne-Marie ROBICHAUD (1988), « Symétries et réflexivité dans la trilogie de France Daigle », *Dalhousie French Studies*, vol. 15, (automne-hiver), p. 143-153.

BOUDREAU, Raoul (1996), « Le silence et la parole chez France Daigle », dans Raoul BOUDREAU *et al.* (dir.), *Mélanges Marguerite Maillet*, Moncton, Éditions d'Acadie/Chaire d'études acadiennes, coll. « Mouvange », p. 71-81.

BOUDREAU, Raoul, (2000), « Les français de *Pas pire* de France Daigle », dans Robert VIAU (dir.), *La création litté-raire dans le contexte de l'exiguïté*, Beauport (Québec), MNH, coll. « Écrits de la francité », p. 51-63.

BROCHU, André (1986), « Lascaux, les limbes et autres lieux », *Voix et images*, vol. 12, n° 1, (automne), p. 131-140.

COOK, Margaret (1993-1994), « France Daigle : dualité et opposition », *LittéRéalité*, vol. 5, n° 2, (hiver), p. 37-46.

DELEAS-MATTHEWS, Josette (1988), « Une écriture de l'exil, une écriture en exil », *Revue d'études sur la femme* (Atlantis), vol. 14, n° 1, (automne), p. 122-126.

DEN-TOONDER, Jeanette (2003), « Voyage et passage chez France Daigle », *Dalhousie French Studies*, vol. 62, (prin-temps), p. 13-24.

EL YAMANI, Myriame (1992), « Elles réinventent l'Acadie », *Châtelaine*, vol. 33, n° 8, (août), p. 78.

FRANCIS, Cécilia W. (2003), « L'autofiction de France Daigle : identité, perception visuelle et réinvention de soi », *Voix et images*, n° 84, (printemps), p. 114-138.

GAUDET, Jeannette (1988), « La métaphore du cinéma dans *Film d'amour et de dépendance : chef-d'œuvre obscur* de France Daigle », *Dalhousie French Studies*, vol. 15, (automne-hiver), p. 154-159.

GUY, Chantal, « Le monde à dos Daigle », Sur Internet : <http://www.cyberpresse.ca/reseau/arts/0109/art_1010
90017323.html>

KELLETT-BETSOS, Kathleen L. (2000), « Histoire et quête identitaire dans *1953; chronique d'une naissance annoncée* », dans Louis BÉLANGER (dir.), *Métamorphoses et avatars littéraires dans la francophonie canadienne : essais*, Vanier (Ontario), L'Interligne, p. 35-47.

« L'Acadie : littérature et culture », *Québec français*, n° 60, (décembre) 1985, p. 29-50.

MASSON, Alain (1998), « Écrire, habiter », *Tangence*, n° 58, (octobre), p. 35-46.

NICOL, Patrick (1994), « Compte rendu du livre *La vraie vie* de F. Daigle », *Moebius*, n° 61, (automne), p. 120-121.

ROY, Nathalie (2001), « Le religieux dans *Les fêtes de l'infini* de J. R. Léveillé et *La beauté de l'affaire* de France Daigle : d'un emploi non référentiel des récits bibliques et préceptes chrétiens », *Revue internationale d'études canadiennes*, n° 23, (printemps), p. 37-55.

OLSCAMP, Marcel (1998), « Compte rendu du livre *Pas pire* de F. Daigle », *Spirale*, n° 163, (novembre-décembre), p. 3.

OUELLET, Lise (1993), « De l'autobiographie à la fiction autobiographique dans la littérature féminine », *La Licorne*, Poitiers (France), n° 27, 1993, p. 365-378.

PALESHI, Stathoula (2002), « Finir toujours par revenir : la résistance et l'acquiescement chez France Daigle », *Francophonies d'Amérique*, n° 13, (été), p. 31-45.

PLANTIER, René (1994), « *La beauté de l'affaire* : l'humour à plusieurs fils », *Revue de l'Université de Moncton*, vol. 27, n° 1, p. 161-176.

PLANTIER, René (1998), « Le renvoi de la balle acadienne : *1953* de France Daigle », *Tangence*, n° 58, (octobre), p. 56-65.

POULIN, Gabrielle, Louise MILOT et Yvon BERNIER (1986), « Roman », *Lettres québécoises*, n° 43, (automne), p. 18-25.

RICOUART, Janine (2001), « France Daigle's Postmodern Acadian Voice in the Context of Franco-Canadian Les-bian Voices », dans Paula-Ruth GILBERT et Roseanna-L. DUFAULT (dir.), *Doing Gender: Franco-Canadian Women Writers of the 1990's*, Madison (N. J.) ; Fairleigh Dickinson University Press ; Londres, Associated University Presses, 396 p.

ROY, Véronique (2000), « La figure d'écrivain dans l'œuvre de France Daigle : aux confins du mythe et de l'écriture », dans Robert VIAU (dir.), *La création littéraire dans le contexte de l'exiguïté*, Beauport (Québec), MNH, coll. « Écrits de la francité », p. 27-50.

SAINT-HILAIRE, Mélanie (2002), « J'suis manière de proud de toi », *L'Actualité*, vol. 27, n° 3, (1er mars), p. 66-68.

« Table ronde sur l'identité et la création culturelles en Acadie » [avec Herménégilde Chiasson, France Daigle *et al.*], *Revue de l'Université de Moncton*, vol. 27, n° 2, 1994, p. 207-227.

Le lointain : écrire au loin, écrire le lointain
sous la direction de Magessa O'Reilly, Neil Bishop et A. R. Chadwick
(Saint-Nicolas, Québec, Publications MNH, 2002, 216 p.)

Miléna Santoro
Georgetown University

Publication résultant du dixième colloque de l'Association des professeurs des littératures acadienne et québécoise de l'Atlantique, *Le lointain : écrire au loin, écrire le lointain* se compose de quatorze essais, précédés d'une présentation de Magessa O'Reilly ainsi que d'un extrait intitulé « Kaléidoscope brisé » par l'auteur Sergio Kokis, l'invité d'honneur de l'événement. À vrai dire, l'image du kaléidoscope qui donne le ton à l'extrait de Kokis s'applique assez bien à ce recueil d'articles réunis autour du thème du lointain. Force est de constater, cependant, que l'harmonie de l'ensemble est aussi « brisée » par moments, soit par un choix d'auteur qui sort du corpus essentiellement franco-canadien et québécois du reste, soit par une analyse dont le lien avec le sujet annoncé est quelque peu tangentiel ou forcé. À ces rares exceptions près, le recueil relève tout de même avec succès le défi consistant à explorer les multiples perspectives possibles sur ce vaste réseau thématique sans pour autant compromettre la qualité de la réflexion présentée.

Comme le souligne O'Reilly dans sa courte introduction, le thème du lointain peut impliquer une distance temporelle aussi bien qu'un éloignement spatial. Aussi ce recueil réunit-il des essais consacrés tant aux textes des lointains passés de la littérature québécoise qu'aux récits de voyage et à l'œuvre des auteurs dits « migrants » pour qui le souvenir d'un pays d'origine éloigné provoque souvent une méditation profonde sur l'altérité (la leur autant que celle de la culture d'accueil). Les articles montrent par ailleurs que les figures du lointain émergent dans des genres bien disparates. Loin de se limiter au roman, les collaborateurs prennent aussi pour objet d'étude la poésie, le théâtre, l'essai, la chanson, les rapports des voyageurs, la littérature pour la jeunesse et même la science-fiction. La multiplicité d'approches et de genres explorés expliquerait en partie pourquoi l'ensemble manque de structure ; dans sa présentation de l'ouvrage, O'Reilly choisit même de sauter parmi les essais au lieu de les traiter dans l'ordre. Un regroupement conceptuel des articles plus clairement élaboré aurait peut-être contribué à mieux faire valoir les points de convergence des visées et des optiques variées contenues dans ce recueil.

Malgré leur agencement quelque peu aléatoire, bon nombre de ces articles se révèlent néanmoins d'un très grand intérêt et contribuent à une meilleure compréhension des dimensions et des sens multiples que peut prendre la notion du lointain. Trois des essais se consacrent aux lointains débuts de l'histoire et de la culture littéraire en territoire québécois. Denis Combet se penche sur la période allant de 1682 à 1782 pour examiner les formes narratives et les figures de style adoptées par les coureurs de bois, les missionnaires et les explorateurs de la Nouvelle-France lorsqu'ils racontent les dangers auxquels ils ont dû faire face au cours de leurs voyages dans la nature sauvage. Nathalie Dolbec, pour sa part, examine les romans populaires de François-Réal

Angers et d'Eugène L'Écuyer publiés vers le milieu du xixe siècle, dans lesquels elle trouve des descriptions caractérisées par une « frénésie sémiologique » et une « axiologisation sommaire », pour reprendre le vocabulaire théorique qu'elle privilégie. Si l'analyse textuelle de Dolbec entretient avec la thématique de l'ensemble des liens quelque peu frêles, il n'en est pas de même de l'article que Robert Viau consacre à la pièce *La Dalle-des-morts* de Félix-Antoine Savard. Publiée en 1965 et située au Québec, cette pièce s'inspire de l'expérience des voyageurs qui, attirés par le potentiel de l'Ouest lointain, partent pour l'Oregon pendant les années 1830. Le « rêve continental » partagé par les personnages de Savard fournit à Viau l'occasion d'explorer l'opposition entre partir et rester, si centrale non seulement au thème du lointain mais aussi à l'imaginaire québécois.

La majorité des articles dans ce recueil traite d'auteurs et d'œuvres de la modernité québécoise et franco-canadienne. Dans son étude prometteuse de l'essai québécois entre 1975 et 1990, Annie Pronovost – dont j'espère avoir saisi le nom exact, puisqu'il est écrit différemment dans la table des matières et dans l'en-tête de son article – offre une analyse théorique de la nécessité de l'éloignement pour le processus d'écriture. Ce faisant, elle distingue la production québécoise récente de la définition des littératures mineures selon Deleuze et Guattari. Pronovost avance l'idée intéressante qu'après une première période comme littérature mineure, suivie d'une deuxième étape plus révolutionnaire d'esprit, la création littéraire québécoise serait actuellement entrée dans un temps de maturité plus solidement assise, même s'il y persiste parfois un sentiment sournois d'illégitimité. Larry Steele, dans le plus court article de ce recueil, revient sur l'œuvre de Gaston Miron. Or, tandis que celle-ci participe justement à l'étape révolutionnaire distinguée par Pronovost, Steele souligne l'importance pour Miron de la notion du long cheminement vers un changement encore irréalisé. Comme chez les essayistes examinés par Pronovost, Marylea MacDonald remarque chez Anne Hébert et Nancy Huston la nécessité du lointain pour leur travail d'écriture aussi bien que pour les personnages qu'elles créent. Comme MacDonald l'affirme, dans *Le Premier jardin* et *Cantique des plaines*, « le lointain constitue non seulement une condition de création, mais la matière même de l'œuvre » (p. 90).

Dans son essai consacré à la science-fiction d'Elisabeth Vonarburg et d'Esther Rochon, Sophie Beaulé revient à l'opposition entre le voyage et la sédentarité pour montrer comment ces deux auteures utilisent le lointain du Grand Nord pour symboliser les tensions actuelles à l'œuvre dans une société québécoise qui compose tant bien que mal avec un « ébranlement de l'espace géopolitique et identitaire » (p. 127). Selon Beaulé, le trajet spatial effectué par les personnages dans les récits de science-fiction de Vonarburg et de Rochon s'accompagne d'un désir de comprendre et de se comprendre, nécessité intérieure qui reflète aussi un penchant contemporain au Québec. Pour sa part, Hélène Guy examine trois récits d'expéditions réelles et fictives pour y discerner une véritable poétique de la marche d'approche. En racontant le voyage qui précède l'escalade d'une montagne, les narrations d'Yves Laforest, de Gabrielle Roy et de Jacques Lanzmann présentent une progression affective similaire menant de la détermination à l'extase et enfin au doute chez ceux qui affrontent l'expérience souvent solitaire et transformatrice des cimes lointaines. Comme le soulignent plusieurs articles de ce recueil, dont ceux de Beaulé et de Guy, l'expérience du lointain peut ainsi conduire à la découverte de soi autant qu'à la découverte de l'ailleurs. C'est également le thème de l'article de Joachim Carreira sur *L'Immoraliste* de Gide, où une réflexion philosophique poussée sur le rapport entre le lointain et notre désir de compréhension n'est pas sans intérêt, même si son corpus ne cadre guère avec l'ensemble du recueil.

Comme on pourrait s'y attendre, quatre des articles dans ce recueil analysent l'expérience du lointain dans des œuvres appartenant à la littérature migrante. L'étude de « La poétique du lointain dans l'œuvre romanesque de Serge [*sic*] Kokis », une contribution d'Irène Oore, souligne le rôle central que jouent le vagabondage, la nostalgie et la quête dans les sept premiers romans de l'auteur. Selon Oore, l'écriture de Kokis ainsi que la vocation artistique de tant de ses personnages « constitue[nt] la réponse ultime […] à un désir infini et insatiable, le désir du lointain » (p. 32). L'errance et un passé indélébile hantent aussi l'œuvre de Ying Chen, comme le montre Kelly-Anne Maddox dans son article quelque peu répétitif sur *Immobile*. Rachel Major, pour sa part, présente les nouvelles du recueil *Tant que le fleuve coule* de Marie Jack, une écrivaine franco-manitobaine d'origine tchèque qui privilégie les thèmes de la distance et de l'exil à un tel point que Major y voit une véritable « allergie à la vie » (p. 137) chez les personnages aussi bien que chez l'auteure. Enfin, signalons le bel article de Noëlle Sorin sur Nadia Ghalem, une Algérienne installée au Québec depuis presque trente ans, qui écrit des romans pour la jeunesse. Sorin réussit à situer l'œuvre de Ghalem non seulement à l'intérieur de l'évolution de la littérature québécoise, mais aussi au sein de la littérature migrante, qui connaît elle-même des filières distinctes, telles « l'écriture métisse » et « les écritures de l'identitaire », termes dont elle signale l'origine et les liens avec son corpus. Son analyse des figures du lointain et de l'étranger dans les œuvres pour la jeunesse de Ghalem fait ressortir l'importance de ces notions pour habituer les jeunes « à l'ouverture à l'Autre » et « au lointain comme culture » (p. 151).

Pour conclure, le long article extrêmement intéressant que Robert Proulx consacre à la chanson québécoise mérite une mention spéciale. À partir d'un vaste corpus qu'il maîtrise à souhait, Proulx montre à quel point le lointain fait partie de l'imaginaire des chanteurs depuis que des innovateurs comme Robert Charlebois ouvrent l'esthétique autrefois nationaliste et casanière de la chanson vers le monde et les autres. L'ouverture se réalise grâce à un penchant pour l'exotisme et l'utilisation fréquente des langues étrangères telles l'espagnol, le créole, l'italien et même le grec (sans parler de l'anglais qui marquerait plutôt « l'envahissement de la culture voisine dominante » ([p. 180] selon Proulx). Pour les chanteurs québécois des années soixante-dix et quatre-vingt, Proulx observe que les voyages réels (et parfois des voyages imaginaires) offrent une expérience du lointain qui mène souvent à une critique sociale, ce qui transforme ainsi non seulement leur vision du monde mais aussi le cours de la musique moderne au Québec.

C'est la qualité soutenue des articles dans *Le lointain : écrire au loin, écrire le lointain* ainsi que l'éclairage nouveau qu'ils apportent à des auteurs et des œuvres connus qui font le mérite de ce recueil. Y trouvera son compte tout chercheur ou étudiant désireux de s'éloigner des sentiers battus de la réflexion sur la création et l'altérité grâce à l'examen des horizons tant temporels que spatiaux qui orientent notre conscience identitaire et notre vision du monde, car, pour citer Magessa O'Reilly, dans *Le lointain*, « il s'agit de distances toutes relatives, de distances qu'on franchit sans déplacement dans l'espace, d'explorations du plus intime de soi-même accomplies par l'écriture » (p. 9).

EXPRESSION DE LA NOTION DE « VÉHICULE AUTOMOBILE » DANS LE PARLER DES ADOLESCENTS FRANCOPHONES DE L'ONTARIO

Terry Nadasdi, Université de l'Alberta,
Raymond Mougeon et Katherine Rehner, Université York

Dans le présent article, nous présentons les résultats d'une analyse sociolinguistique centrée sur un phénomène de variation linguistique observé dans le parler des adolescents francophones de quatre localités de l'Ontario. Il s'agit de l'usage des synonymes *char*, *machine*, *auto*, *automobile* et *voiture* pour exprimer le concept de « véhicule automobile ». Si ces locuteurs sont entièrement scolarisés en français, ils ne maintiennent pas tous le français au même niveau en dehors de l'école. La prise en compte de ces différences permet d'étudier l'influence de facteurs tels que le contact avec l'anglais, le niveau de maintien du français dans la vie de tous les jours, la scolarisation en français et la localité de résidence sur l'usage des cinq synonymes sus-mentionnés. Notre analyse porte aussi une attention particulière à l'influence des facteurs linguistiques (les contextes dans lesquels sont inclus les synonymes), de l'appartenance socio-économique et du sexe des locuteurs.

Recherche antérieure sur ces synonymes

À notre connaissance, il n'y a qu'une seule recherche sociolinguistique portant sur l'usage de mots qui expriment le concept de « véhicule automobile ». Il s'agit de l'étude de Martel (1984) dans laquelle l'auteur analyse l'usage de ces synonymes en français québécois à partir des données du corpus de Beauchemin et Martel (corpus sur le français parlé de l'Estrie). Martel a constaté que les locuteurs francophones de cette région du Québec n'employaient pas moins de cinq « variantes » (terme employé en sociolinguistique pour désigner les éléments linguistiques dont la valeur sémantique ou fonctionnelle est équivalente)[1] pour exprimer le concept de « véhicule automobile ». Il s'agit des mots *auto*, *char*, *machine*, *automobile* et *voiture*. Le tableau 1 ci-dessous fournit des informations sur la fréquence des cinq variantes en question dans le corpus de Beauchemin et Martel.

Tableau 1

Fréquence des variantes qui désignent le concept de « véhicule automobile » dans le corpus du français parlé en Estrie

Variante	Nombre d'occurrences	%
auto	154/368	42
char	84/368	23
machine	71/368	19
automobile	51/368	14
voiture	8/368	2

Comme le montre le tableau 1, Martel a trouvé que la variante la plus fréquente dans le corpus est auto (42 % des occurrences), que les variantes *char, machine* et *automobile* ont des taux de fréquence intermédiaires et que la fréquence de la variante *voiture* est marginale. Cette variante est fréquemment employée en français européen. Sa rareté dans le français parlé de l'Estrie reflète peut-être le fait qu'à l'époque où Beauchemin et Martel ont recueilli leur corpus (dans les années 1970), le mot *voiture* évoquait encore l'image d'une « voiture à cheval » et que pour éviter la confusion on tendait à l'éviter pour désigner un « véhicule automobile »[2]. Par ailleurs, à cette époque, les Québécois avaient nettement moins de contacts avec les Français qu'ils n'en ont maintenant. Il serait donc intéressant de vérifier si durant les décennies suivantes la fréquence de la variante *voiture* a augmenté en français québécois.

Dans son étude, Martel fait aussi plusieurs observations sur l'effet des facteurs sociaux sur la fréquence des variantes. Le mot *char* est associé à une distribution sociale typique des traits du français québécois vernaculaire ; il est surtout employé par les locuteurs de la classe ouvrière, et sa fréquence est marginale dans le parler des professionnels. *Auto* est la variante préférée des professionnels ; elle est aussi associée au parler des locuteurs de moins de 30 ans. La variante *automobile* se trouve notamment dans le parler des locuteurs d'âge moyen ; cette forme est perçue comme étant hypercorrecte. Pour ce qui est de *machine*, cette forme est associée au parler des locuteurs plus âgés (51 % des occurrences), et sa fréquence est marginale dans le parler des professionnels et des locuteurs les plus jeunes (seulement 5 % des occurrences dans le parler de ces deux groupes). Finalement, bien que la rareté de *voiture* dans le corpus (8 occurrences sur 368) ne permette pas de déterminer avec certitude ses connotations sociales, on note que six des emplois de cette variante se retrouvent dans le parler des deux groupes qui sont en haut de l'échelle des professions.

Emploi des variantes dans le français parlé des adolescents franco-ontariens

Méthodologie

Le corpus de Mougeon et Beniak a été recueilli à la fin des années 1970. Le fait que le corpus de Mougeon et Beniak et celui de Beauchemin et Martel ont été recueillis tous les deux au cours des années 1970 est propice à la comparaison. Par ailleurs, on doit garder à l'esprit que dans une perspective socio-historique, les français ontarien et québécois sont des dialectes génétiquement reliés, car la communauté franco-ontarienne est en grande partie le résultat de plusieurs courants migratoires en provenance du Québec, deuxième fait qui incite à la comparaison interdialectale. Une telle comparaison permet notamment d'examiner l'influence de la transplantation du français québécois dans un milieu majoritairement anglophone[3].

Comme le corpus de Beauchemin et Martel, le corpus de Mougeon et Beniak a été recueilli dans le cadre d'entrevues individuelles semi-dirigées enregistrées, au cours desquelles les locuteurs étaient invités à discuter d'une série de questions susceptibles de les intéresser. Pour constituer leur corpus, Mougeon et Beniak ont eu recours à un échantillon de 118 adolescents qui étaient tous inscrits dans les écoles secondaires de langue française de Hawkesbury (une localité où les Franco-Ontariens sont majoritaires) ainsi que de Cornwall, de North Bay et de Pembroke (des localités où les Franco-Ontariens sont minoritaires).

Une dimension originale du corpus de Mougeon et Beniak est qu'il permet d'examiner l'usage des variantes linguistiques dans le parler de groupes de locuteurs qui maintiennent le français à des niveaux nettement différents dans la vie de tous les jours et notamment dans les situations où la communication se fait en langue vernaculaire – avec les membres de la famille et les amis, au foyer et en dehors du foyer (voir tableau 11 en appendice). Parmi ces 118 locuteurs, nous avons distingué trois groupes : a) ceux dont l'usage du français ne connaît pas de restriction sensible, qui emploient toujours ou souvent le français dans les situations mentionnées plus haut – ils sont désignés ici, par commodité, par le terme *locuteurs non restreints* ; b) ceux dont l'usage du français est relativement restreint (*locuteurs semi-restreints*), qui emploient à la fois le français et l'anglais dans les situations en question ; c) ceux dont l'usage du français est fortement restreint (*locuteurs restreints*), qui emploient le français surtout à l'école et communiquent surtout en anglais dans les situations en question.

Le corpus de Mougeon et Beniak est donc idéalement constitué pour mesurer différentes dimensions de la restriction dans l'emploi du français : a) l'effet de la sous-utilisation du français – par exemple, la simplification morphosyntaxique (voir, entre autres, Mougeon et Beniak, 1995 ; Nadasdi, 1995) ; b) l'effet du bilinguisme autrement dit, le contact avec l'anglais – par exemple, l'emprunt lexical (voir, entre autres, Mougeon et Beniak, 1991) ; c) l'effet de deux variables « opposées » – le maintien du français dans les domaines associés au français vernaculaire (facteur favorable à la conservation des traits du vernaculaire) et la sous-utilisation du français dans ces domaines (facteur qui renforce l'effet standardisant de la scolarisation en français) (voir entre autres Mougeon et Beniak, 1991 ; et Mougeon et Beniak, 1989).

Dans le cadre de la présente étude, en plus de vérifier si l'usage des variantes qui désignent le concept de « véhicule automobile » par les adolescents franco-ontariens est similaire à celui des Québécois, nous sommes particulièrement intéressés à savoir si :

- la répartition sociale des variantes est semblable à ce qu'on trouve au Québec ;
- l'emploi des variantes entre en corrélation avec la restriction dans l'emploi du français ;
- la langue de contact, à savoir l'anglais, influence le choix des variantes ;
- l'emploi des variantes entre en corrélation avec le contexte linguistique.

Résultats

Répartition fréquentielle des variantes dans le corpus

Les données sur la fréquence générale des variantes dans le corpus de Mougeon et Beniak sont présentées au tableau 2. Ces données révèlent les tendances suivantes :

- *auto* est la variante la plus fréquente, comme dans le corpus du français parlé en Estrie. Toutefois, contrairement aux francophones de l'Estrie, les adolescents franco-ontariens emploient cette variante plus souvent (62 % versus 42 %) ;
- la variante *char* occupe le deuxième rang fréquentiel (27 % des occurrences) ;
- *automobile* occupe le troisième rang, mais sa fréquence est plutôt faible (9 % des occurrences) ;
- *voiture* est une variante tout aussi marginale qu'en français parlé de l'Estrie (2 % des occurrences dans les deux corpus) ;
- *machine* est totalement absente du parler des adolescents franco-ontariens. Ce dernier résultat n'est guère surprenant si l'on tient compte du fait que, dans le corpus de Beauchemin et Martel, cette variante est surtout employée par les locuteurs âgés (plus de 50 ans) et qu'elle est marginale dans le parler des jeunes ;
- finalement, exception faite de l'absence totale de *machine*, la hiérarchie fréquentielle des variantes est la même que celle que révèle le corpus de Beauchemin et Martel.

En bref, les données sur la fréquence générale des variantes renforcent l'idée que le français ontarien et le français québécois sont des dialectes du français canadien apparentés.

Tableau 2

Fréquence des variantes qui désignent le concept de « véhicule automobile » dans le parler des adolescents franco-ontariens

Variante	Nombre d'occurrences	%
auto	196/316	62
char	85/316	27
machine	0/316	0
automobile	28/316	9
voiture	7/316	2

Nous allons maintenant examiner l'effet des paramètres linguistiques et extra-linguistiques sur la fréquence d'emploi des variantes, notamment des paramètres reliés au bilinguisme et à la restriction dans l'emploi du français, facteurs qui sont propres aux Franco-Ontariens.

Effet des facteurs linguistiques

Dans son étude, Martel n'a pas mesuré l'effet des facteurs linguistiques sur la fréquence des variantes. Dans la présente étude, nous avons tenu compte des deux facteurs suivants : a) l'emploi d'une des variantes dans les questions posées par l'interviewer ; b) l'élément linguistique qui précède la variante.

Notre examen du premier facteur part de l'idée que le choix d'une variante par l'interviewer pouvait exercer un effet mimétique sur le locuteur, ce dernier reprenant la variante employée par l'interviewer. L'effet de mimétisme a déjà été démontré par Nadasdi (2002) dans une étude des verbes qui désignent le concept d'« habiter » dans le parler des adolescents franco-ontariens. Par exemple, Nadasdi a trouvé que la fréquence générale de la variante *rester* dans le corpus de Mougeon et Beniak était de 42 % et que cette fréquence atteignait presque 80 % lorsqu'elle isolait les contextes où l'interviewer employait le verbe *rester* dans une question posée à l'élève. Dans le cas des variantes sur lesquelles porte la présente étude, nous avons trouvé relativement peu de questions dans lesquelles l'interviewer a employé une des variantes à l'étude (dix en tout). À chaque fois, cependant, l'élève a repris la variante utilisée par l'interviewer. Il semble donc que, dans la présente étude, il y ait aussi un effet de mimétisme. L'exemple 2) ci-dessous illustre cet effet : nous voyons que l'emploi du mot *auto* par le locuteur fait écho à l'emploi de ce même mot dans une question posée par l'interviewer[4].

> 2)   Interviewer : Ah ! L'école garde **l'auto** ?
>   Élève : Oui, garde **l'auto** (Pembroke 32)

Pour ce qui est des éléments linguistiques qui précèdent la variante, nous avons considéré : a) la présence d'une préposition ; b) la présence d'un adjectif ; c) la présence d'un déterminant (ex. article, adjectif démonstratif, etc.). Ces trois cas de figure sont illustrés par les exemples 3) à 5) où l'élément en question est signalé à l'aide de caractères en italique :

> 3)   Comment j'me rends là ? *en* **auto** (Cornwall 03)
> 4)   y'était le plus *beau* **char** au monde comme, comme en
>   anglais « cool » là (Cornwall 08)
> 5)   y'a un, *un* **auto** stationné là-bas (North Bay 19)

La répartition fréquentielle des variantes en fonction de l'élément précédent est présentée au tableau 3.

Tableau 3

Fréquence des variantes en fonction de l'élément précédent

Variante	Préposition	Adjectif	Déterminant
auto	92 % (22/24)	57 % (12/21)	62 % (160/260)
char	8 % (2/24)	38 % (8/21)	27 % (69/260)
automobile	0 % (0/0)	5 % (1/21)	10 % (25/260)
voiture	0 % (0/0)	0 % (0/0)	2 % (6/260)

Comme le montre le calcul de la fréquence des variantes, c'est la variante *auto* qui apparaît le plus souvent après une préposition. Il s'agit, en l'occurrence, surtout de la préposition *en*, comme dans l'exemple 3 ci-dessus ; toutefois, on trouve aussi quelques exemples de la tournure *par auto*. Ces exemples reflètent peut-être l'influence de la tournure anglaise *by car* ou un effet analogique de la locution *par avion*. Par contraste, la variante *char* n'est que marginalement utilisée après une préposition. Nous n'en avons trouvé qu'une seule occurrence (après *en*) et il est remarquable que le locuteur qui l'a produite s'est immédiatement « corrigé » et a substitué *auto* à *char* ([…] *en char, en auto* […]). Notons aussi qu'il semble exister une tendance à utiliser *char* plus fréquemment lorsque cette variante est précédée d'un adjectif ; cependant, étant donné que dans ce contexte il y a peu d'occurrences des variantes, la plus grande fréquence de *char* dans ce contexte est sujette à caution. Quant aux variantes *automobile* et *voiture*, leur faible taux d'occurrence ne nous permet pas de savoir si elles sont « favorisées » par un contexte particulier.

Pour confirmer l'effet de l'élément précédent sur la fréquence d'emploi des variantes, nous avons utilisé le logiciel d'analyse factorielle par régressions multiples Gold-Varb II (Rand et Sankoff, 1990). Ce logiciel ne pouvant traiter que des choix binaires, nous avons limité notre analyse aux deux variantes principales, à savoir *auto* et *char*. Les résultats de l'analyse GoldVarb sont présentés au tableau 4.

Tableau 4

Effet de l'élément précédent sur la fréquence des variantes *auto* et *char*

Variante	Préposition *Effet du facteur*	Adjectif *Effet du facteur*	Déterminant *Effet du facteur*
Auto	.863 (92 %)	.435 (57 %)	.463 (62 %)
Char	.147 (8 %)	.565 (43 %)	.537 (38 %)

Cette analyse confirme qu'il existe une forte corrélation entre la présence d'une préposition et la probabilité d'occurrence de la variante *auto*, et qu'inversement, la probabilité d'occurrence de la variante *char* dans ce contexte est faible (tel qu'indiqué par les différences d'effets factoriels : .86 vs .14). Dans les deux autres contextes, les variantes *auto* et *char* ont une probabilité d'occurrence à peu près équivalente. Nous pourrons donc conclure à l'existence d'une forte association entre la variante *auto* et les prépositions *en* et *par*, que nous pouvons interpréter comme l'indice d'une tendance au figement.

Effet des facteurs sociaux

Nous avons calculé la répartition fréquentielle des variantes en fonction de deux paramètres sociaux : le milieu socio-économique d'origine des élèves (tel qu'indiqué par la profession de leurs parents) et le sexe. Les résultats qui concernent le premier paramètre sont présentés au tableau 5.

Tableau 5

Fréquence des variantes en fonction de l'appartenance socio-économique des élèves

Variante	Moyenne	Moyenne-inférieure	Ouvrière
auto	61 % (33/54)	68 % (96/141)	55 % (56/102)
char	28 % (15/54)	26 % (36/141)	28 % (29/102)
automobile	9 % (5/54)	6 % (9/141)	12 % (12/102)
voiture	2 % (1/54)	0 % (0/141)	5 % (5/102)

Le lecteur se souviendra que Martel avait trouvé que la variante *voiture* semblait être associée au parler des locuteurs des couches socio-professionnelles les plus élevées. Les pourcentages de fréquence en fonction de l'origine socio-économique des adolescents que nous avons trouvés pour cette variante vont à l'encontre des résultats de Martel. Toutefois, étant donné la fréquence marginale de cette variante dans le parler des adolescents, il serait sans doute plus prudent de conclure que l'influence de la classe sociale sur cette variante ne peut être déterminée. La variante *automobile* est employée un peu plus souvent que *voiture*, mais, une fois de plus, la relation avec la classe sociale des locuteurs ne semble pas évidente. En ce qui concerne les deux variantes principales, *auto* et *char*, nous constatons que, comme dans l'étude de Martel, *auto* tend à être associée au parler des locuteurs des couches sociales plus élevées, mais les différences de fréquence intergroupes sont assez faibles et la corrélation n'est pas linéaire (nous nous serions attendus à ce que les locuteurs de la classe moyenne aient le taux de fréquence le plus élevé). Dans le cas de la variante *char*, la relation avec l'appartenance socio-économique semble inexistante puisqu'il n'y a pratiquement aucune différence de fréquence entre les trois groupes sociaux. Ce résultat reflète peut-être en partie le fait que notre corpus a été recueilli auprès d'adolescents, locuteurs qui, généralement, tendent à faire un plus grand usage des formes vernaculaires que les autres locuteurs (voir Labov, 1972). Martel serait peut-être arrivé à ce même résultat s'il avait examiné l'appartenance socio-économique à l'intérieur de ce groupe d'âge.

Nous avons poussé plus loin l'analyse de l'effet du facteur socio-économique à l'aide du logiciel *GoldVarb* – les quatre municipalités confondues et dans les localités de Pembroke, de Cornwall et de North Bay considérées séparément[5]. Au moyen de cette dernière analyse, nous voulions vérifier si l'effet du facteur socio-économique pouvait varier d'un endroit à l'autre, tel que l'avait trouvé Nadasdi (1995) dans une étude consacrée au redoublement de sujet (*mon frère il a trouvé un emploi* vs *mon frère a trouvé un emploi*)[6]. Les deux analyses factorielles sont arrivées à la même conclusion : le facteur socio-économique n'exerce pas d'effet significatif sur la fréquence d'emploi de *char* ni sur celle d'*auto*.

Examinons maintenant la répartition fréquentielle des variantes en fonction du sexe des locuteurs telle qu'elle apparaît au tableau 6.

Tableau 6

Fréquence des variantes en fonction du sexe du locuteur

Variante	Masculin	Féminin
Auto	55 % (90/164)	73 % (104/142)
Char	32 % (52/164)	20 % (28/142)
Automobile	10 % (17/164)	6 % (9/142)
Voiture	3 % (5/164)	1 % (1/142)

Contrairement à ce que nous venons de constater relativement au facteur socio-économique, il existe une association entre le sexe et la fréquence des variantes, du moins pour ce qui concerne les deux variantes principales (*auto* et *char*). En effet, nous avons trouvé que les **adolescentes** emploient plus souvent la variante *auto* que les **adolescents** et, inversement, que les **adolescentes** emploient moins souvent la variante *char* que les **adolescents**. Cette association est conforme à une tendance fréquemment attestée dans les travaux de recherche sociolinguistiques sur le français et d'autres langues (voir Labov, 1999). Comme le montre les données du tableau 7, l'association avec le sexe des locuteurs révélée par les données fréquentielles est confirmée par l'analyse GoldVarb qui oppose *auto* et *char*. Cette analyse révèle que le facteur sexe exerce un effet significatif sur l'emploi de ces deux variantes et que cet effet va dans le sens indiqué par les pourcentages de fréquence.

Tableau 7

Effet du sexe du locuteur sur la fréquence des variantes *auto* et *char*

Variante	Masculin		Féminin	
	Effet du facteur	%	*Effet du facteur*	%
auto	.404	55	.610	73
char	.596	45	.390	27

On peut remarquer que les résultats concernant l'effet des facteurs sociaux vont dans le sens de ce que Mougeon et Beniak (1991) ont déjà trouvé dans le cas d'autres variantes. Par exemple, dans leur étude des variantes *m'as, je vas*, et *je vais*, ils ont constaté que le facteur socio-économique n'avait pas d'effet sur l'emploi de *m'as*, mais que l'effet du sexe était le même que celui que nous avons trouvé dans la présente étude, en ce qui concerne *char* : les **adolescents** emploient plus souvent *m'as* que les **adolescentes**. Cela dit, Mougeon et Beniak (1991) ont aussi attesté des variantes vernaculaires dans lesquelles ils pouvaient observer un effet convergent des facteurs socio-économiques et de sexe. Par exemple, la conjonction *so*, variante de la conjonction *alors* ou *donc* (ex. *il est pas bilingue so il trouvera pas d'ouvrage ici*), est à la fois associée au parler des élèves de sexe masculin et de la classe ouvrière. Dans le cas d'autres variantes vernaculaires, l'effet prononcé du facteur socio-économique est manifeste. Ainsi, la variante *sontaient* ou le *à* de possession (pour *étaient* et *de*), comme dans *les chiens à mon père ils sontaient méchants*, sont surtout employées par les adolescents provenant d'un milieu ouvrier. Nous pouvons donc formuler l'hypothèse que dans le parler des adolescents franco-ontariens, la variante *char* et sa contrepartie *auto* sont dotées d'une marque sociale qui n'est pas très forte.

Effet de la restriction dans l'emploi du français

Les données sur la répartition fréquentielle des variantes selon le niveau de restriction dans l'emploi du français sont présentées au tableau 8. Si nous nous concentrons sur les deux variantes principales, *char* et *auto*, nous constatons que ce sont les locuteurs restreints qui emploient le moins souvent *char* et le plus souvent *auto*. Ce résultat reflète le fait que ces locuteurs emploient le français surtout à l'école et qu'ils sont donc nettement moins exposés au français vernaculaire que les deux autres groupes d'adolescents. Cela dit, il est remarquable que la variante *char* ne soit pas complètement absente du parler des locuteurs restreints, et donc que la standardisation de leur parler ne soit que relative. C'est là un trait qui distingue ces locuteurs des élèves d'immersion du même âge. En effet, comme l'a bien montré la recherche sociolinguistique sur le français parlé des élèves d'immersion (voir Mougeon, Nadasdi, et Rehner, 2002, pour une synthèse de cette recherche), ces élèves n'utilisent jamais ou utilisent seulement marginalement les variantes vernaculaires. Cette différence est sans doute en partie attribuable au fait que, contrairement aux élèves d'immersion, les locuteurs restreints sont scolarisés dans des écoles où ils côtoient des élèves qui emploient le français vernaculaire, et donc qui constituent une source d'exposition aux variantes vernaculaires[7].

Tableau 8

Fréquence des variantes en fonction du niveau de restriction dans l'emploi du français

Variante	Locuteurs non restreints	Locuteurs semi-restreints	Locuteurs restreints
auto	57 % (33/58)	58 % (87/150)	76 % (74/98)
char	26 % (15/58)	33 % (50/150)	15 % (15/98)
automobile	10 % (6/58)	8 % (12/150)	8 % (8/98)
voiture	7 % (4/58)	1 % (1/150)	1 % (1/98)

Le tableau 8 montre que les locuteurs semi-restreints emploient plus souvent *char* que les deux autres groupes d'adolescents. Ce dernier résultat est inattendu. En effet, la plupart des travaux consacrés au français des adolescents franco-ontariens nous apprennent que ce sont les locuteurs non restreints (et non pas les locuteurs semi-restreints) qui emploient le plus souvent les variantes vernaculaires[8].

Pour expliquer ce résultat inattendu, nous pouvons invoquer deux facteurs. Le premier réside dans le fait que le mot *char* est similaire au mot anglais *car*, de par sa forme phonétique et son sens. Comme telle, la variante *char* est susceptible d'entraîner un phénomène de convergence dans le parler des locuteurs bilingues, ces derniers employant de préférence les formes linguistiques où leurs deux langues se rejoignent (Klein-Andreu, 1980 ; Romaine, 1991). Or, comme l'ont montré Mougeon et Beniak (1991), c'est parmi les locuteurs semi-restreints que se trouve la proportion la plus élevée de « bilingues équilibrés ». Le deuxième facteur est que, comme nous l'avons vu plus haut, les locuteurs semi-restreints sont exposés au français vernaculaire en dehors de l'école.

En d'autres termes, l'effet combiné des deux facteurs serait à l'origine du fait que les locuteurs semi-restreints affichent le taux le plus élevé d'usage de la variante *char*.

Dans le cas des autres groupes d'adolescents, c'est principalement l'un ou l'autre de ces deux facteurs qui influence la fréquence de *char*. Les locuteurs non restreints reçoivent certes une exposition maximale au français vernaculaire, mais ils sont nettement moins bilingues que les deux autres groupes. Quant aux locuteurs restreints, ils sont certainement fort exposés à l'anglais, mais leur exposition au français vernaculaire est plus faible.

Afin de confirmer les différences de fréquence intergroupes révélées par le tableau 8, nous avons effectué une analyse factorielle à l'aide de GoldVarb en nous concentrant sur les deux variantes principales *auto* et *char*. Les résultats de cette analyse sont présentés au tableau 9.

Tableau 9

Effet du niveau de restriction dans l'emploi du français sur la fréquence des variantes *auto* et *char*

Variante	Locuteurs non restreints *Effet du facteur*	%	Locuteurs semi-restreints *Effet du facteur*	%	Locuteurs restreints *Effet du facteur*	%
auto	.464	69	.406	64	.660	83
char	.546	31	.594	36	.440	17

Comme on peut le constater, l'analyse factorielle a confirmé les données fréquentielles. Le logiciel GoldVarb nous révèle aussi que les locuteurs semi-restreints se distinguent des deux autres groupes de locuteurs par la probabilité d'emploi de la variante *char* la plus élevée (effet factoriel de près de .60) et les locuteurs restreints, par la probabilité d'emploi de la variante *auto* la plus élevée (effet factoriel de .66).

Effet de la localité de résidence

Pour comprendre l'association entre la localité et la fréquence d'emploi des variantes, on doit garder à l'esprit que dans chacune des quatre communautés où Mougeon et Beniak (1991) ont recueilli leur corpus, les francophones représentent une proportion plus ou moins importante de la population locale : 85 % à Hawkesbury, 35 % à Cornwall, 17 % à North Bay et 8 % à Pembroke. Dans nombre d'études effectuées à partir du corpus de Mougeon et Beniak, il ressort que ce sont les adolescents de Hawkesbury qui emploient le plus souvent les variantes vernaculaires. Ce résultat est compréhensible, car nous avons vu plus haut que dans le corpus de Mougeon et Beniak, tous les adolescents de cette localité maintiennent le français au niveau maximum ou à un niveau très élevé. En d'autres termes, tous ces adolescents communiquent souvent en français en dehors de l'école et en particulier dans les situations qui sont associées à l'emploi du français vernaculaire, par exemple avec les membres de la famille au foyer, avec les amis au foyer ou en dehors du foyer (voir tableau 11 en appendice). Or, dans la présente étude, comme le montre le tableau 10, ce sont les adolescents de Hawkesbury qui emploient la variante « vernaculaire » *char* le moins souvent. Pour expliquer ce résultat inattendu, nous pouvons invoquer deux facteurs. Premièrement, dans le sous-corpus de Hawkesbury, le nombre total de mots qui expriment le concept de « véhicule automobile » est relativement faible (12 occurrences). Il se peut donc que la répartition fréquentielle des variantes dans ce sous-corpus soit quelque peu aléatoire. Autrement dit, il est possible que si nous avions obtenu dans le parler des adolescents de Hawkesbury un nombre d'occurrences des quatre variantes en question plus élevé, nous aurions pu observer une répartition fréquentielle plus conforme à la tendance générale énoncée plus haut. La deuxième explication réside probablement aussi dans le fait que nous avons trouvé une forte association entre l'emploi de la variante *char* et les locuteurs semi-restreints (voir section précédente). Or, parmi les adolescents du sous-corpus de Hawkesbury, il n'y a qu'un seul locuteur semi-restreint. Par contraste, dans les trois autres sous-corpus, nous sommes en présence de proportions importantes de locuteurs semi-restreints (62 % à North Bay, 43 % à Cornwall et 35 % à Pembroke) (voir tableau 11 en appendice). À ce sujet, il est remarquable que la fréquence d'emploi de la variante *char* reflète l'importance de la présence des locuteurs semi-restreints dans les trois agglomérations : plus élevée à North Bay qu'à Cornwall et plus élevée à Cornwall qu'à Pembroke. En d'autres termes, les données sur la répartition fréquentielle de la variante *char* en fonction de la localité constituent une indication supplémentaire du fait que les locuteurs semi-restreints font montre d'une tendance à la convergence linguistique[9].

En ce qui concerne la variante *auto*, exception faite du sous-corpus de Hawkesbury, nous constatons que ce sont les élèves de Pembroke qui emploient le plus souvent cette variante. Ce résultat est conforme aux résultats de la plupart des études antérieures réalisées à partir du corpus de Mougeon et Beniak. En effet, ces deux chercheurs ont trouvé que c'est à Pembroke, localité où les Franco-Ontariens ne représentent qu'une faible minorité et où l'on trouve le plus d'adolescents qui communiquent en français surtout à l'école (voir tableau 11), que les adolescents emploient le plus souvent les variantes standard (c'est-à-dire les variantes promues par l'école)[10]. Évidemment, cette explication part de l'hypothèse que la variante *auto* est la variante préférée des enseignants, hypothèse plausible, certes, mais que nous n'avons pas vérifiée.

Tableau 10

Fréquence des variantes en fonction de la localité

Variante	Hawkesbury	Cornwall	North Bay	Pembroke
auto	75 % (9/12)	55 % (52/95)	64 % (61/95)	69 % (72/104)
char	8 % (1/12)	27 % (26/95)	31 % (29/95)	23 % (24/104)
automobile	0 % (0/12)	16 % (15/95)	3 % (3/95)	8 % (8/104)
voiture	17 % (2/12)[11]	2 % (2/95)	2 % (2/95)	0 % (0/104)

Finalement, pour ce qui est des deux autres variantes, il est vrai que nous avons observé des différences de fréquence entre les quatre localités ; toutefois, à nouveau, la faiblesse du nombre d'occurrences de ces deux variantes (et notamment de *voiture*) à chaque endroit nous incite à la prudence. En effet, il est possible que ces différences de fréquence reflètent des fluctuations largement aléatoires ou idiosyncrasiques (comme dans le cas de la variante *voiture* dans le parler des adolescents de Hawkesbury).

Appendice

Tableau 11

Répartition des locuteurs du corpus de Mougeon et Beniak en fonction de la langue maternelle des parents et du niveau de maintien du français dans onze situations de communication

N° du locuteur & LM des parents	Indice de maintien du français	N° du locuteur & LM des parents	Indice de maintien du français	N° du locuteur & LM des parents	Indice de maintien du français	N° du locuteur & LM des parents	Indice de maintien du français
H01 F/F	100	C35 F/F	82	C29 F/A	05	N02 F/A	06
H02 F/F	100	C21 F/F	80	N35 F/F	91	P02 F/F	86
H03 F/F	100	C16 F/F	77	N01 F/F	82	P30 F/F	86
H04 F/F	100	C20 F/F	77	N33 F/A	82	P09 F/F	73
H05 F/F	100	C33 F/F	75	N19 F/F	77	P35 F/F	66
H06 F/F	100	C12 F/F	75	N21 F/F	77	P15 F/F	64
H07 F/F	100	C39 F/F	70	N30 F/F	77	P18 F/F	64
H09 F/F	100	C03 F/A	68	N11 F/F	75	P12 F/F	55
H11 F/F	100	C08 F/F	68	N36 F/F	75	P17 F/F	55
H12 F/F	100	C05 F/A	66	N22 F/F	70	P31 F/F	55
H13 F/F	100	C13 F/F	66	N25 F/F	70	P29 F/F	53
H14 F/F	100	C34 F/F	66	N05 F/F	66	P07 F/F	50
H15 F/F	100	C36 F/A	66	N04 FF	64	P16 F/F	48

H17 F/F	100	C37 F/F	55	N24 F/F	61	P19 F/F	45
H18 F/F	100	C31 F/F	52	N17 F/F	59	P22 F/F	45ô
H19 F/F	100	C25 F/F	50	N16 F/F	57	P25 F/F	41
H20 F/F	100	C18 F/F	48	N18 F/F	57	P28 F/A	39
H07 F/F	97	C40 F/A	45	N08 F/F	55	P06 F/F	32
H16 F/F	91	C27 F/A	43	N34 F/F	55	P23 F/F	25
H10 F/F	89	C19 F/A	41	N12 F/A	45	P05 F/A	23
H08 F/F	78	C32 F/F	41	N26 F/F	45	P24 F/A	22
C23 F/F	98	C22 F/F	39	N31 F/F	45	P14 F/F	20
C09 F/F	95	C02 F/F	36	N28 F/F	44	P27 F/A	20
C06 F/F	93	C04 F/F	32	N32 F/F	41	P13 F/F	18
C10 F/F	91	C24 F/A	27	N10 F/A	39	P01 F/A	11
C17 F/F	91	C07 F/A	25	N20 F/A	36	P08 F/A	09
C26 F/F	91	C38 F/A	25	N06 F/F	34	P10 F/A	09
C01 F/F	86	C11 F/A	18	N13 F/F	30	P34 F/A	08
C30 F/F	86	C28 F/A	14	N29 F/A	20	P21 F/A	05

LM : langue maternelle ; H : Hawkesbury ; C : Cornwall ; N : North Bay ; P : Pembroke. F/F : français/français ; F/A : français/anglais ; 100-80 : locuteurs non restreints ; 79-45 : locuteurs semi-restreints ; 44-05 locuteurs restreints. Situations de communication : i) adolescent → et élèves en classe ; ii) adolescent → et élèves dans les couloirs de l'école ; iii) mère → adolescent ; iv) père → adolescent ; v) père → mère ; vi) adolescent → mère ; vii) adolescent → père ; viii) adolescent → frères et sœurs à la maison ; ix) adolescent → frères et sœurs en dehors de la maison ; x) adolescent → et amis à la maison ; xi) adolescent → et amis en dehors de la maison.

Nous avons poussé plus loin l'analyse de l'effet du facteur localité de résidence à l'aide du logiciel GoldVarb en nous concentrant sur les deux variantes *auto* et *char*. En l'occurrence, cette analyse n'a pas confirmé l'effet de ce facteur sur la fréquence de ces variantes. En effet, GoldVarb n'a pas sélectionné ce facteur, ce qui signifie que les différences intercommunautaires révélées par la répartition fréquentielle ne sont pas significatives. Il est vrai que ces différences reflètent de façon linéaire l'importance de la présence des locuteurs semi-restreints et restreints dans les quatre localités (voir tableau 11) ; cependant, ces différences ne sont pas considérables et, à Hawkesbury, le nombre total d'occurrences des variantes est plutôt faible. Nous pouvons donc conclure que l'effet du facteur localité n'est pas aussi solidement établi que celui des autres variables indépendantes que nous avons retenues dans notre analyse[12].

Conclusion

Notre étude des variantes exprimant la notion de « véhicule automobile » dans le parler des adolescents francophones de l'Ontario nous révèle que, tout comme en français québécois, la variante *auto* est la forme de base en français ontarien (62 % des occurrences dans notre corpus) et que la variante *char* occupe le deuxième rang avec un taux de fréquence de 27 %. Nous avons aussi fait remarquer que, bien que *char* soit utilisé plus souvent par les **adolescents** que par les **adolescentes**, l'absence de corrélation avec l'appartenance socio-économique porte à croire que cette forme n'est pas dotée d'une marque sociale très forte dans le parler de cette génération de locuteurs franco-ontariens. Pour ce qui est de la restriction dans l'emploi du français, nous avons constaté que ce sont les locuteurs semi-restreints qui emploient *char* le plus souvent. Ce résultat inattendu reflète l'effet combiné de deux facteurs. Ces locuteurs bilingues font montre d'une tendance à la convergence interlinguistique qui les pousse à employer *char*, variante qui, par sa forme et son sens, est similaire au mot anglais *car*. De plus, comme ces locuteurs communiquent en français en dehors de l'école, ils sont donc loin d'être coupés du français vernaculaire. Finalement, nous avons vu que ce sont les locuteurs restreints qui emploient le moins souvent la variante *char*. Ce résultat, attendu, reflète le fait que ces locuteurs emploient le français surtout à l'école. Cela dit, les locuteurs restreints sont quand même exposés au français vernaculaire (ils emploient parfois la variante *char*), ce qui donne à penser que la standardisation de leur parler n'est que relative.

Somme toute, notre étude montre que le français des adolescents franco-ontariens a globalement conservé sa filiation avec le français québécois. Toutefois, elle met aussi au jour plusieurs dimensions de la spécificité du français ontarien, qui reflètent, d'une part, les différences quant au maintien du français par les locuteurs dans les différents domaines de la société et situations de communication et, d'autre part, leur contact plus ou moins intense avec l'anglais. Comme telle, notre étude vient donc confirmer et préciser les résultats des nombreux travaux consacrés à la variation du français ontarien, travaux dont on peut trouver une synthèse notamment dans Mougeon (1995) et Mougeon et Nadasdi (1997).

NOTES

1.   Le concept de variante permet d'inclure des éléments linguistiques équivalents autres que les mots, par exemple les morphèmes grammaticaux (les terminaisons, les préfixes, etc.) et les sons (phonèmes).
2.   Beauchemin et Martel ont recueilli leur corpus à Sherbrooke et dans les localités rurales avoisinantes. Cela vaut peut-être plus pour les locuteurs de ces dernières localités que pour ceux de la ville de Sherbrooke.
3.   Les sociologues abordent l'étude de la communauté franco-ontarienne dans une perspective similaire (voir le titre de l'ouvrage de Bernard (1996) : *De Québécois à Ontarois*).
4.   Nous avons exclu ces dix occurrences des analyses statistiques subséquentes, car il est probable qu'elles représentent une certaine forme de convergence linguistique plutôt que l'usage personnel du locuteur.
5.   Le nombre total d'occurrences des variantes dans le sous-corpus de Hawkesbury est trop faible pour effectuer ce type d'analyse.
6.   En linguistique, on dit qu'un sujet est « redoublé » quand il est repris par un pronom sans qu'il y ait de pause (virgule à l'écrit) entre le sujet et le pronom de reprise.
7.   Une recherche en cours réalisée par Nadasdi, Rehner et Mougeon confirme cette différence en ce qui concerne les variantes examinées dans la présente étude. En effet, ces chercheurs ont constaté que les élèves d'immersion du corpus Mougeon et Nadasdi n'employaient pas la variante *char*.
8.   Il y a deux exceptions à cette tendance générale. Il s'agit des variantes *so* et *sontaient* pour lesquelles les chercheurs ont trouvé, comme dans la présente étude, que ce sont les locuteurs semi-restreints qui les employaient le plus souvent (voir Mougeon et Beniak, 1989).
9.   On ne doit pas oublier que les locuteurs semi-restreints ne sont pas coupés du français vernaculaire et donc qu'ils sont plus exposés à la variante *char* que les locuteurs restreints.
10. En fait, dans la présente étude, les différences de fréquence d'emploi de la variante *auto* reflètent l'importance variable de la présence des locuteurs semi-restreints dans les trois localités : plus élevée à North Bay qu'à Cornwall et plus élevée à Cornwall qu'à Pembroke.
11. Ces deux occurrences de *voiture* ont été produites par le même locuteur ; or ce dernier n'utilise que cette variante et son passe-temps est la mécanique automobile.
12. Exception faite de la variable appartenance socio-économique.

BIBLIOGRAPHIE

BERNARD, Roger (1996), *De Québécois à Ontarois*, Hearst, Le Nordir.

KLEIN-ANDREU, Flora (1980), « A Quantitative Study of Syntactic and Pragmatic Indications of Change in the Spanish of Bilinguals in the U.S. », dans William LABOV (dir.), *Locating Language in Time and Space*, New York, Academic Press, p. 69-82.

LABOV, William (1972), *Sociolinguistic Patterns*, Philadelphie, University of Pennsylvania Press.

LABOV, William (1999), *Principles of Linguistic Change*. Vol. 2 : *External Factors*, Oxford, Blackwell.

MARTEL, Pierre (1984), « Les variantes lexicales sont-elles sociolinguistiquement intéressantes ? Sociolinguistique des langues romanes », *Actes du XVIIᵉ Congrès international de linguistique et philologie romanes, Aix-en-Provence, 29 août – 3 septembre 1983*, p. 183-193.

MOUGEON, Raymond (1995), « Perspective sociolinguistique sur le comportement langagier des Franco-Ontariens », dans Jacques COTNAM, Yves FRENETTE et Agnès WHITFIELD (dir.), *La francophonie ontarienne : bilan et perspectives de recherche*, [Hearst], Le Nordir, p. 219-257.

MOUGEON, Raymond et Édouard BENIAK (1989), « Recherches sociolinguistiques sur la variabilité en français ontarien », dans *Le français canadien parlé hors Québec : aperçu sociolinguistique*, Québec, Presses de l'Université Laval, p. 69-104.

MOUGEON, Raymond et Édouard BENIAK (1991), *The Linguistic Consequences of Language Contact and Restriction: the Case of French in Ontario, Canada*, Oxford, Oxford University Press.

MOUGEON, Raymond et Édouard BENIAK (1995), « Le non-accord en nombre entre sujet et verbe en français ontarien : un cas de simplification ? », *Présence francophone*, nᵒ 46, p. 53-65.

MOUGEON, Raymond et Terry NADASDI (1996), « Discontinuités variationnelles dans le parler des adolescents franco-ontariens », *Revue du Nouvel Ontario*, n° 20, p. 51-76.

MOUGEON, Raymond, Terry NADASDI et Katherine REHNER (2002), « État de la recherche sur l'appropriation de la variation par les apprenants avancés du FL2 ou FLE », dans Jean-Marc DEWAELE et Raymond MOUGEON (dir.), *AILE 17 : L'acquisition de la variation par les apprenants du français langue seconde*, p. 1-50.

NADASDI, Terry (1995), « Subject NP Doubling, Matching and Minority French », *Language Variation and Change*, vol. 7, p. 1-14.

NADASDI, Terry (2002), *Living in Canadian French*. Communication présentée à la conférence annuelle de l'Association canadienne de linguistique, University of Toronto.

RAND, D. et David SANKOFF (1990), *GoldVarb version 2: A Variable Rule Application for the Macintosh*, Montréal, Centre de recherches mathématiques, Université de Montréal.

ROMAINE, Suzanne (1991), *Bilingualism*, Oxford, Blackwell.

LE TRIANGLE CANADIEN-FRANÇAIS AU TOURNANT DES ANNÉES 1960. LE CONSEIL DE LA VIE FRANÇAISE EN AMÉRIQUE, LA SOCIÉTÉ SAINT-JEAN-BAPTISTE DE MONTRÉAL ET L'ORDRE DE JACQUES-CARTIER[*]

Gratien Allaire
Université Laurentienne

La plupart des historiens qui traitent du Canada français et de la francophonie canadienne acceptent la thèse de la fin du Canada français, ou tout au moins de son éclatement, au cours des années 1960. J'ai pour ma part avancé l'hypothèse d'une métamorphose, qui suppose plutôt une modification profonde du Canada français en francophonie canadienne, mais il n'en reste pas moins que le Canada français connaît des changements en profondeur au cours de la période de la Révolution tranquille québécoise. Yves Frenette (1998), Gaétan Gervais[1] et Marcel Martel (1997), entre autres[2], centrent leur interprétation sur les États généraux du Canada français qui ont eu lieu en 1967 et en 1969. Selon eux, cette grande rencontre des Canadiens français met fin au Canada français tel qu'on l'a connu tout au long de la première moitié du vingtième siècle. Elle a été l'expression du nationalisme canadien-français devenu québécois, donc centré sur le Québec, et a marqué le rejet par ce dernier du reste du Canada français, l'exclusion des minorités de langue française, considérées comme perdues. Il y a bien quelques voix discordantes, comme celle de la sociologue Linda Cardinal (1998, p. 213-232), mais la thèse de la rupture demeure largement acceptée.

Cette thèse de la centralité des États généraux est assise principalement sur l'évolution du discours clérico-nationaliste canadien-français, plus particulièrement celui du Québec. En fait, elle considère que le mouvement nationaliste constitue tout le Québec, et ce n'est pas le cas. Elle oublie que le gouvernement québécois a versé d'importantes subventions aux groupes minoritaires de façon régulière au cours des années 1960 par l'intermédiaire de son Service du Canada français d'outre frontières[3]. Cette interprétation met aussi de côté ou minimise certains éléments constitutifs du Canada français, dont le rôle du clergé et des institutions que ce dernier possède ou contrôle. Ses défenseurs traitent des trois grandes associations qui ont soutenu le Canada français, mais ils ne les voient pas ensemble et ne tiennent pas compte de la dynamique qui les anime ou des rivalités qui les opposent. Pourtant, sociétés Saint-Jean-Baptiste, Ordre de Jacques-Cartier et Conseil de la vie française en Amérique ont, pendant les années 1940 et 1950, agi ensemble pour la survivance du Canada français et des minorités. Martel fait exception, mais il subordonne tout le mouvement à l'Ordre de Jacques-Cartier[4].

---

[*] Texte d'une communication présentée à Paris, le 19 mai 2001, lors du colloque « Francophonie au pluriel » organisé par L'Année francophone internationale (AFI). Ce texte, publié dans *Francophonies d'Amérique* avec la permission de l'AFI, est également disponible sur le site de l'organisme (http://www.ulaval.ca/afi/colloques/colloque2001/actes/textes/allaire.htm).

Puisque ces trois associations ont joué un rôle clé dans le maintien du Canada français, il est important de voir leur rôle au cours des années 1960. Ces années de remise en question sont marquées par une lutte à finir entre Montréal et Ottawa, lutte qui s'est faite à l'intérieur de l'Ordre de Jacques-Cartier, mais qui oppose en réalité les jeunes qui se retrouvent dans la Société Saint-Jean-Baptiste de Montréal aux anciens de l'Ordre de Jacques-Cartier. Dans cette bataille, le Conseil de la vie française, qui avait son siège à Québec et qui avait coordonné les campagnes des années 1940 et 1950, n'a joué aucun rôle. C'est que le Conseil ne s'est pas renouvelé et qu'il est alors composé de gérontes qui se sont laissé dépasser par les événements. C'est pourquoi il n'intervient pas; c'est ce qui explique aussi qu'il ne remplit pas le vide laissé par la disparition de l'Ordre de Jacques-Cartier en 1965. Finalement, les nationalistes canadiens-français à tendance québécoise et la Société Saint-Jean-Baptiste de Montréal sont restés tout seuls sur le terrain et ils ont pris le contrôle des États généraux.

Nous commencerons par un bref tour d'horizon de chacune des trois associations, pour constater le peu de publications sur le sujet. Nous passerons ensuite en revue le débat – la guerre idéologique, devrait-on dire – qui oppose Montréal à Ottawa, la conception montréalaise à la conception outaouaise. Nous nous attarderons finalement sur la composition du Conseil de la vie française au début des années 1960, composition qui explique en bonne partie le peu d'importance du Conseil dans le débat en cours. Le CVFA s'est sclérosé et il est dépassé par la discussion et par les événements. On comprendra qu'il s'agit ici d'un travail exploratoire plutôt que d'une étude complète; seul un aspect de ces grands changements est abordé et les conclusions ne sont que préliminaires.

Les sociétés Saint-Jean-Baptiste

Il n'existe pas de monographie publiée sur l'ensemble des sociétés Saint-Jean-Baptiste. L'ouvrage le plus important porte sur la Société Saint-Jean-Baptiste de Montréal (SSJBM) ; c'est celui de l'historien clérico-nationaliste Robert Rumilly. Il s'agit d'une chronique, à la Rumilly, qui couvre l'évolution de la société jusqu'en 1948, et repose sur les procès-verbaux de ses réunions. La description est centrée sur Montréal et le Québec uniquement. Par exemple, elle ne fait aucune mention des voyages de la survivance, qui ont, entre 1925 et 1930, amené à Montréal plusieurs centaines de Canadiens français des Prairies, même si la SSJBM a contribué à leur réception[5] (1971, tome XXVIII, p. 310-312 ; tome XXIX, p. 219).

Pourtant, durant toute son existence, la Société Saint-Jean-Baptiste a été au cœur de l'organisation du Canada français et de l'évolution de son idéologie. Fondée en 1834 à Montréal par Ludger Duvernay, elle a pour mission de défendre les droits des Canadiens français. Son rôle dépasse toutefois l'action politique. Elle sert de point de rassemblement ; elle organise des célébrations, dont la fête de la Saint-Jean-Baptiste, le 24 juin de chaque année. C'est une des premières associations que les Canadiens français établissent pour se regrouper dans les zones de nouvel établissement. Elles se répandent rapidement en Ontario et en Nouvelle-Angleterre. Les sociétés locales se forment très tôt au Manitoba et elles sont suffisamment nombreuses en 1908 pour que l'archevêque de Saint-Boniface, Mgr Adélard Langevin, les invite à former une fédération provinciale (Lapointe et Tessier, 1986, p. 208). Elle se trouve à Battleford en Saskatchewan avant 1885 et, en 1909, on vote la formation d'une Société Saint-Jean-Baptiste de la Saskatchewan (p. 208). Elle est établie à Edmonton en Alberta dès 1894 (Hart, 1981, p. 32). Lors de la crise du Règlement XVII en Ontario, elle offre son appui, financier et moral à la population de langue française de l'Ontario (Dufresne *et al.*, 1988, p. 347). Il n'y a qu'en Acadie qu'on ne trouve pas la SSJB. La population acadienne s'est donnée des symboles propres et des organismes bien à elle dès les années 1880, lors des grandes conventions nationales (Allaire, 1999, p. 47).

Durant toute la première moitié du vingtième siècle, la société Saint-Jean-Baptiste a été de toutes les disputes pour la défense du Canada français, et elle a appuyé fortement tous les mouvements qui favorisaient la « survivance » dans les autres provinces canadiennes comme au Québec. Qu'il s'agisse de la Fédération des sociétés Saint-Jean-Baptiste ou des sociétés locales, y compris celle de Montréal, leur appui est assuré, même s'il arrive parfois des discussions et des divergences de vue, comme entre l'Ordre et la SSJBM au sujet de la conscription et de la participation à la Deuxième Guerre mondiale (Martel, 1997, p. 44-46).

L'Ordre de Jacques-Cartier

L'Ordre de Jacques-Cartier, autrement appelé « la Patente », a fait l'objet d'un certain nombre d'analyses et d'études, la plus récente ayant été présentée par le Réseau de l'information le 8 mai 2001. L'émission utilise les archives de l'Ordre, dont les Archives nationales du Canada viennent d'ouvrir l'accès, selon les directives des syndics de l'organisme ; le Centre de recherche en civilisation canadienne-française de l'Université d'Ottawa a fait de même. *L'Ordre de Jacques-Cartier, un mystère dévoilé*, du réalisateur Robert Verge (2001), retrace en une heure l'historique de l'Ordre et insiste sur son caractère secret. Verge montre l'Ordre comme l'organisme qui a noyauté le Canada français et l'a mené des années 1930 jusqu'à sa dissolution en 1965. Il en présente les membres comme faisant preuve d'« une docilité que l'on s'explique à peine de nos jours ». Il ajoute qu'« [i]l faut savoir que toutes les élites canadiennes-françaises ont déjà été télécommandées par un groupe occulte et clandestin cloîtré à Ottawa. ». La principale limite de l'émission, c'est de présenter l'Ordre comme le seul organisme du Canada français durant toute cette période.

Si l'on met de côté le livre de Roger Cyr (1964), qui relève davantage de la dénonciation et de la polémique que de l'analyse[6], l'Ordre a fait l'objet d'au moins deux autres travaux : l'ouvrage de G.-Raymond Laliberté, en 1983, et un article plus récent de Gabriel Bertrand (1998).

L'ancien syndicaliste devenu politologue et sociologue G.-Raymond Laliberté présente une analyse magistrale de l'Ordre (1983). Elle est basée sur des entrevues avec des personnalités de l'Ordre, comme J.-Z.-Léon Patenaude, et sur des sources documentaires accessibles alors seulement avec la permission des syndics de l'Ordre, comme le fonds de l'Ordre déposé au Centre de recherche en civilisation canadienne-française de l'Université d'Ottawa. Laliberté a également consulté le fonds Rosaire-Morin, déposé à l'Institut d'histoire de l'Amérique française, devenu depuis le Centre de recherche Lionel-Groulx. Après avoir analysé le fonctionnement de l'Ordre et ses campagnes, Laliberté conclut à « l'utopie d'un césarisme laurentien » (p. 357-364). Une autre de ses conclusions – la suite à voir entre l'Ordre et le Parti québécois – avait fait la chronique des journaux lors de la parution en 1983.

Contrairement à Laliberté, qui voit l'Ordre dans le contexte de l'évolution du Québec principalement, le sociologue Gabriel Bertrand, dans une communication présentée en 1995 lors du colloque annuel du Réseau de la recherche sur la francophonie canadienne, place l'Ordre dans le cadre canadien-français et étudie plus particulièrement son rôle auprès des minorités. Se basant aussi sur le fonds Rosaire-Morin et y ajoutant le fonds Théo-Godin du Centre d'études acadiennes de l'Université de Moncton, Bertrand énumère les principales activités de l'Ordre en faveur des minorités et décrit la controverse des dernières années de l'organisme. Il insiste sur le conflit entre deux tendances à l'intérieur de l'Ordre, la tendance canadienne-française prônée par la chancellerie à Ottawa et la tendance québécoise, de plus en plus forte, préconisée par le groupe de Montréal. Il y avait, selon Bertrand, « une opposition marquée entre l'aile québécoise, dans laquelle les Montréalais jouaient un rôle primordial, et la chancellerie » (1995, 1996, p. 40). Rosaire Morin, que l'on retrouve au comité organisateur des États généraux (Martel, 1998, p. 39), est l'un des meneurs du mouvement réformiste montréalais.

L'Ordre de Jacques-Cartier est fondé à Ottawa en 1926 par un groupe de Canadiens français, dont plusieurs fonctionnaires fédéraux. C'est une société secrète, à l'image de l'Ordre d'Orange, des francs-maçons, sociétés protestantes de langue anglaise, et des Chevaliers de Colomb, société catholique irlandaise. Il vise la promotion des Canadiens français dans la fonction publique fédérale et compte « former un rempart solide contre l'assimilation des minorités canadiennes-françaises » (Bertrand, 1995, 1996, p. 15 ; Laliberté, 1983, p. 42-48). L'Ordre choisit ses membres par cooptation, et ne deviennent membres que ceux qu'il a choisis. Tout comme les sociétés Saint-Jean-Baptiste, l'Ordre a rapidement pris de l'expansion à l'extérieur d'Ottawa et de l'Ontario. Dès 1927, il compte sept commanderies, dont trois au Québec. On le retrouve dans l'Ouest en 1930 et dans les Maritimes en 1932. En 1934, moins de dix ans après sa fondation, il a formé au total 59 commanderies, dont 39 au Québec et 13 en Ontario (Laliberté, p. 44). L'Ordre répondait donc à un besoin. L'organisme comptait 9 822 membres en 1953 (Bertrand, p. 18), 11 192 au printemps 1960 (Laliberté, p. 96). En 1964, l'année précédant sa dissolution, ses effectifs avaient fondus, mais l'Ordre regroupait encore 5 076 membres, répartis en 466 commanderies (Bertrand, p. 18).

L'Ordre possède une structure très hiérarchisée et fonctionne par mot d'ordre. Il s'attend au respect de ces directives et à la plus grande discrétion de ses membres. Il a pour stratégie de noyauter les organismes et les institutions, pour les amener à agir dans le sens proposé et pour atteindre les objectifs fixés de survivance canadienne-française. L'Ordre a parrainé plusieurs campagnes canadiennes-françaises, pour le bilinguisme, pour le financement des communautés. Selon Laliberté, et selon Verge, il est derrière toutes les initiatives pour le maintien et la promotion du Canada français, d'un bout à l'autre du pays.

La scission des années 1960 qui mène à la dissolution de l'Ordre a été largement analysée par Laliberté et par Bertrand. Les deux auteurs y ont vu d'abord et avant tout la lutte du nationalisme québécois en plein essor et du nationalisme canadien-français de plus en plus marginalisé. Cette thèse de l'opposition des idéologies se heurte au fait que Rosaire Morin et le groupe montréalais ont voulu réformer l'Ordre de l'intérieur, pour lui donner une couleur plus québécoise et plus représentative de la majorité des membres. La fondation subséquente de l'Ordre de Jean-Talon peut être vue comme une volonté de maintenir l'Ordre, mais on peut aussi y voir une preuve que le groupe de Morin voulait confisquer l'Ordre au bénéfice de la cause nationaliste québécoise. Il faut aussi placer dans la balance le fait que l'Ordre était en perte de vitesse depuis le début des années 1960.

On peut se demander à quel point l'Ordre a été réceptif à la réforme, au renouvellement et à la discussion des nouvelles réalités canadiennes-françaises des années 1960. Il faut constater que, devant cette volonté de réforme, la chancellerie s'en est tenue à la position traditionnelle et lui a opposé, à toutes fins pratiques, une fin de non-recevoir. Le lien Église catholique – communauté demeure très fort. L'Ordre lui-même ne se renouvelle pas, les chanceliers demeurant les grands défenseurs de l'idéologie cléricon-ationaliste. « La force de l'Ordre de Jacques-Cartier, écrit l'historien Martel, réside dans son caractère secret garanti par une sélection minutieuse de ses membres. Il faut être sélectionné par l'Ordre pour en devenir membre, ce qui permet de contrôler la croissance des cellules locales au Canada » (Martel, 1997, p. 34). C'est ce qui permet également de contrôler l'évolution des idées et de maintenir le *statu quo*.

Le Conseil de la vie française

Le Conseil de la vie française en Amérique a été étudié en profondeur par Marcel Martel, dont l'ouvrage porte sur les rapports entre le Québec et la francophonie canadienne entre 1867 et 1975. Le titre du livre est assez indicateur de l'interprétation avancée par Martel : *Le deuil d'un pays imaginé*. L'historien y traite de la rupture, de l'éclatement du Canada français, après une analyse qui fait beaucoup de place au Conseil de la vie française en Amérique dans l'évolution de la francophonie dans les années 1940 et 1950. Puis, il lui accorde une place centrale au débat idéologique menant aux États généraux au cours des années 1960.

Le Conseil a été fondé en 1937 à la suite du Deuxième Congrès de la langue française. Il porte pendant un certain temps le nom du Comité permanent de la Survivance française. Il se donne comme objectifs, selon sa charte de 1940, « le soutien et la défense des intérêts nationaux des populations de langue française et le maintien des traditions de l'esprit français, en Amérique du Nord » (Le Comité permanent de la Survivance française en Amérique, 1940, p. 13, cité dans Martel, 1997, p. 43-44). Le Comité/Conseil a son siège à Québec, à l'Université Laval, où se trouve son secrétaire permanent, sinon éternel, Mgr Paul-Émile Gosselin.

Le Conseil recrute des membres de toutes les régions de l'Amérique française et il voit son action comme portant sur son ensemble, Québec comme Acadie, Ontario et Ouest, Canada comme Nouvelle-Angleterre et Louisiane. Ses campagnes sont politiques ; elles sont surtout d'appui aux minorités, appui financier comme moral. Le Conseil coordonne l'action des divers acteurs, incluant les sociétés Saint-Jean-Baptiste. Ses plus grandes réussites sont sans doute la radio française dans l'Ouest (Martel, p. 51-56) et la campagne de financement pour la fondation du quotidien *L'Évangéline* en 1942 (p. 47-51).

Au cours des années 1960, le Conseil n'est plus en mesure de jouer ce rôle de coordination et de rassemblement. On peut le considérer comme un spectateur impuissant dans le débat qui oppose Montréal et Ottawa. On trouve dans sa composition un facteur d'explication de cette position. Le tableau 1 montre à quel point le Conseil a omis de se renouveler.

Selon la liste dressée par Marcel Martel, le Conseil compte 40 membres en 1960. De ce nombre, la moitié sont du Québec, soit neuf de la région de Montréal et neuf de la région de Québec ; les deux autres sont de Sherbrooke et de Chicoutimi. L'Ontario occupe cinq sièges, l'Acadie cinq aussi (deux pour le Nouveau-Brunswick, deux pour la Nouvelle-Écosse et un pour l'Île-du-Prince-Édouard). Les quatre provinces de l'Ouest ont un siège chacune et la Nouvelle-Angleterre, cinq. Cette représentation est réduite à 36 en 1967, les régions de Québec et de Montréal, comme d'ailleurs la Nouvelle-Angleterre et l'Ontario ayant un représentant de moins chacun. L'équilibre Québec – extérieur du Québec demeure. La représentation s'est modifiée en 1958, par la fin de la représentation des recteurs des trois universités (Laval, Montréal et Ottawa). Le changement des membres fait que certaines régions ne sont plus représentées : Drummondville, Trois-Rivières, la Louisiane.

Le Conseil de 1960 a du galon. Vingt-deux membres, plus de la moitié du Conseil, sont entrés en fonction avant 1951 et siègent donc depuis au moins une dizaine d'années. Sept représentent ce que l'on pourrait appeler la vieille garde : ils sont membres depuis les tout débuts de l'organisme et sont d'un âge respectable. Paul-Émile Gosselin, prêtre et âme du Conseil depuis le début, est né en 1909 ; il est entré au Conseil en 1937 et dirige le secrétariat depuis 1938[7]. Henri Boisvert, notaire de Québec, en fait partie depuis 1937[8], de même que Joseph-Henri Blanchard, professeur de l'Île-du-Prince-Édouard né en 1881 – il a 79 ans en 1960[9]. Parmi ceux qui sont entrés en 1938, siègent encore en 1960 Arthur Joyal, prêtre de l'Ontario[10], né en 1883, J.A. Symaune Plouffe, juge de l'Ontario, né en 1893[11], et Adrien Verrette, prêtre de la Nouvelle-Angleterre, né en 1897[12]. Enfin, Adrien Pouliot, professeur de mathématiques et doyen de la faculté des Sciences de l'Université Laval, y est depuis 1939[13]. Parmi ces gérontes, quatre sont de l'extérieur du Québec. On peut percevoir un début de renouvellement : 12 nouveaux membres sont nommés entre 1957 et 1959, dont trois pour la Nouvelle-Angleterre et quatre pour le Canada hors Québec. Ce renouvellement a toutefois ses limites, puisque le Conseil contrôle les nominations (Martel, 1997, p. 57).

Le Conseil de 1967 est différent, mais il compte encore des membres de longue date. Treize des 36 membres, plus du tiers du Conseil, ont été nommés avant 1951, dont trois avant 1939 (Gosselin, Verrette et Pouliot). Seulement huit membres sont entrés au cours des années 1950. Il est difficile de parler de véritable renouvellement puisque moins de la moitié du Conseil, 16 membres, ont été nommés depuis 1960, dont huit pour le Canada hors Québec et un pour la Nouvelle-Angleterre. En fait, le renouvellement est plus prononcé pour le Canada hors Québec que pour le Québec même : huit des 13 membres changent entre 1960 et 1967. Si l'on examine la représentation du Québec, l'image est la suivante : huit des 19 membres en provenance du Québec ont été nommés avant 1951, y compris les éternels Gosselin et Pouliot, six des huit membres de la région de Montréal siégeaient déjà avant 1960 et il en est de même pour la région de Québec (six sur huit).

Si l'on examine de près l'évolution de la composition du Conseil de la vie française durant ces années d'effervescence et de discussion, il reste pareil à lui-même et s'en assure par la nomination des nouveaux membres, mais le nombre de ces derniers est limité. Formé au cours des années du clérico-nationalisme triomphant, le Conseil continue cette idéologie, par sa représentation en provenance du Québec et par le choix du renouvellement de ceux de l'extérieur. Dans ces conditions, il y a peu de chance que le Conseil puisse contribuer véritablement au débat mené vigoureusement par le groupe de Montréal, autour de la Société Saint-Jean-Baptiste de Montréal. Il y a également peu de chance que les « réformistes » soient intéressés à faire partie du Conseil. Ce dernier est de plus en plus dépassé. L'Ordre de Jacques-Cartier disparu, le Conseil de la vie française en Amérique déconnecté, le terrain reste à la Société Saint-Jean-Baptiste de Montréal. Et il n'y a pas de véritable débat sur l'orientation du nationalisme canadien-français lors des États généraux. On peut dire que les jeux sont faits et que le Groupe de Montréal n'a plus d'opposition.

Conclusion

L'évolution du mouvement nationaliste au début des années 1960 et sa résultante lors des États généraux se comprennent mieux lorsque l'on suit, ensemble, les trois grandes associations canadiennes-françaises. Il ressort de ce tour d'horizon et de cette analyse de la composition du Conseil de la vie française en Amérique au cours des années 1960 que les structures et les modes d'action de l'Ordre de Jacques-Cartier et du Conseil de la vie française en Amérique, qui les ont bien servis des années 1930 aux années 1960, les ont empêchés de se renouveler dans les années 1960. Face au groupe dynamique de Montréal, l'Ordre résiste et continue d'opposer la volonté hiérarchique et l'inflexibilité des mots d'ordre. Le Conseil de la vie française aurait pu continuer de jouer le rôle de rassembleur qu'il a tenu au cours des années 1950 en particulier, mais son manque de renouvellement le place davantage du côté de l'Ordre de Jacques-Cartier et du maintien de l'ordre établi et de l'idéologie clérico-nationaliste. Il n'influence plus la discussion.

Il faut pousser l'analyse un peu plus loin. Au-delà de la lutte nationaliste, à l'intérieur de l'Ordre de Jacques-Cartier comme à l'intérieur de tout le mouvement nationaliste canadien-français, il y a une lutte de générations. Les tenants de l'ordre établi au sein de l'Ordre de Jacques-Cartier ont été battus par les réformistes du groupe de Montréal. Les gérontes du Conseil de la vie française n'ont pas pu intervenir. L'organisme qui ressort comme le grand gagnant des discussions des années 1960, ce sont les sociétés Saint-Jean-Baptiste. L'Ordre de Jacques-Cartier disparaît en 1965 et ses remplacements sont de très courte durée. Le Conseil de la vie française perd de plus en plus de son importance. C'est la Fédération québécoise des sociétés Saint-Jean-Baptiste du Québec qui convoque les États généraux (Morin, cité dans Martel, 1997, p. 39) et Rosaire Morin est l'un de ses trois organisateurs principaux.

Tableau 1

Conseil de la vie française en Amérique
Répartition des membres selon la date d'entrée en fonction et la provenance

(Québec – Q, hors Québec – HQ et Nouvelle-Angleterre – NA ; 1960 et 1967)

Entrée en fonction	Membres du Conseil en 1960				Membres du Conseil en 1967			
	Q	HQ	NA	Total	Q	HQ	NA	Total
1937-1939	3	3	1	7	2		1	3
1943-1946	2	5	1	8	-	3	1	4
1949-1951	6	1	-	7	6	-	-	6
1953	1			1	1			1
1954	2	1		3	1			1
1955	1			1	1			1
1956		1		1				
1957		1	2	3				
1958		3	1	4		2	1	3
1959	5			5	2			2
1960								
1961					1			1
1962					1	1		2
1963						3		3
1964						1	1	2
1965					2			2
1966					3	3		6
Total	20	15	5	40	19	13	4	36

Source : Compilé à partir de la liste des membres du Conseil fournie par Marcel Martel dans *Le deuil d'un pays imaginé ; rêves, luttes et déroute du Canada français : les rapports entre le Québec et la francophonie canadienne (1867-1975)*, Ottawa, Presses de l'Université d'Ottawa, 1997, p. 179-183.

NOTES

1.   Gaétan Gervais a une opinion plus nuancée : « Les États généraux n'ont ni causé, ni précipité, la fin du Canada français. Ils en apportèrent seulement une preuve éclatante. Avec les États généraux s'éteignait un monde, celui du Canada français ». (Voir Martel, 1998, p. 132).
2.   Dans un ouvrage qui vient tout juste de paraître, Michel Bock analyse aussi cette notion pour le Nord de l'Ontario.
3.   D'une certaine manière, il s'agit là du déplacement vers l'État d'un autre des rôles sociaux de l'Église catholique et du mouvement d'action sociale. (Voir Allaire, 1993, p. 229-245 ; Savas, 1988, p. 11-54 ; Cadrin, 1991, p. 269-281).
4.   Selon Martel, « les associations provinciales sont ses exécutantes dans les milieux francophones minoritaires » et « la Fédération des Sociétés Saint-Jean-Baptiste du Québec (SSJBQ) ou le Conseil [de la vie française en Amérique] lui servent de couverture ». Martel, 1997, p. 35.
5.   Pourtant Rumilly en fait mention dans *Histoire de la province de Québec*.
6.   L'ouvrage fait partie de la contestation qui a mené à la dissolution de l'Ordre.
7.   Gosselin est prêtre depuis 1934. Professeur de philosophie au Petit Séminaire de Québec, il enseigne ensuite la philosophie de la nature à l'Université Laval de 1944 à 1955. Il est aussi directeur de *L'Action catholique* de 1953 à 1962, de la Société du parler français, de la revue *Vie française*, il organise les voyages de la Liaison française (Dufresne *et al.*, 1988, p. 168).
8.   Le notaire Boisvert est trésorier du Conseil de 1942 à 1955. Il est également membre de la Société Saint-Jean-Baptiste de Québec et de la Société canadienne d'établissement rural (Martel, 1997, p. 59).
9.   Blanchard, né en 1881, enseigne le français et l'histoire, puis est vice-principal du collège Prince of Wales de Charlottetown, puis à l'Université Mount Allison. Il a été président de la Société Saint-Thomas d'Aquin et de la Société nationale des Acadiens. Ses publications portent sur les Acadiens de l'Île-du-Prince-Édouard. (Dufresne *et al.*, 1988, p. 53).
10.   Arthur Joyal, prêtre oblat est né au Manitoba en 1883. Après son scolasticat à Ottawa, il sert au Cap-de-la-Madeleine, puis à Montréal et ensuite en Ontario. Il dirige le secrétariat de l'Association canadienne-française d'éducation de l'Ontario. Il est toutefois jugé timide dans ses revendications ; c'est sa façon de faire accepter la communauté franco-ontarienne (Dufresne *et al.*, 1988, p. 188).
11.   Né en 1893, Plouffe a fait son droit à Osgoode Hall. Il pratique à Sudbury de 1919 à 1936 et devient ensuite juge à North Bay. Il est l'un des fondateurs de l'ACFEO et préside aussi la Société historique du Nouvel Ontario. Actif au sein de l'Ordre de Jacques-Cartier, Plouffe est un « défenseur convaincu des droits des Franco-Ontariens » (Dufresne *et al.*, 1988, p. 286).
12.   Verrette, né en 1897, est prêtre depuis 1921. Vicaire, puis curé dans les paroisses du New Hampshire, il a écrit *La croisade franco-américaine* en 1938 ; il est éditeur de *La Vie franco-américaine* de 1937 à 1952 et du *Bulletin de la société historique franco-américaine* (Dufresne *et al.*, 1988, p. 378).
13.   Pouliot est doyen de 1940 à 1956. Il est aussi gouverneur de la Société Radio-Canada à partir de 1939, vice-président du bureau des gouverneurs en 1956 et brièvement président en 1958. Il entre au Conseil comme représentant de la Société du parler français (Martel, 1997, p. 59).

BIBLIOGRAPHIE

ALLAIRE, Gratien (1993), « De l'Église à l'État : le financement des organismes francophones de l'Ouest, 1956-1970 », dans Jean LAFONTANT *et al.* (dir.), *L'État et les minorités*, textes du colloque tenu au Collège de Saint-Boniface les 6 et 7 novembre 1992, Saint-Boniface, Les Éditions du Blé et Presses universitaires de Saint-Boniface, p. 229-245.

ALLAIRE, Gratien (1999), *La francophonie canadienne*, Québec, CIDEF-AFI ; Sudbury, Prise de Parole.

BERTRAND, Gabriel (1995/1996), « L'Ordre de Jacques-Cartier et les minorités francophones », dans Gratien ALLAIRE et Anne GILBERT (dir.), *Francophonies plurielles : communications choisies, Colloques du Regroupement pour la recherche sur la francophonie canadienne organisés dans le cadre du congrès annuel de l'ACFAS, Chicoutimi, 1995 et Montréal, 1996*, Sudbury, Institut franco-ontarien, p. 13-67.

Bock, Michel (2001), *Comment un peuple oublie son nom : la crise identitaire franco-ontarienne et la presse française de Sudbury (1960-1975)*, Sudbury, Institut franco-ontarien, « Ancrages ».

Cadrin, Gilles (1992), « L'affirmation des minorités francophones depuis la Révolution tranquille », dans Gratien Allaire, Paul Dubé et Gamila Morcos (dir.), *Après dix ans – bilan et prospective* : les actes du onzième Colloque du Centre d'études franco-canadiennes de l'Ouest tenu à la Faculté Saint-Jean, Université de l'Alberta, du 17 au 19 octobre 1991, Edmonton, Institut de recherche de la Faculté Saint-Jean, p. 269-281.

Cardinal, Linda (1998), « Le Canada français à la lumière des États généraux : critique de la thèse de la rupture », dans Marcel Martel, avec la collaboration de Robert Choquette, *Les États généraux du Canada français, trente ans après : actes du colloque tenu à l'Université d'Ottawa les 5, 6 et 7 novembre 1997*, Ottawa, Centre de recherche en civilisation canadienne-française de l'Université d'Ottawa, p. 213-232.

Cyr, Roger (1964), *La Patente*, Montréal, Les Éditions du Jour.

Dufresne, Charles *et al.* (1988), *Dictionnaire de l'Amérique française : francophonie nord-américaine hors-Québec*, Ottawa, Presses de l'Université d'Ottawa.

Frenette, Yves avec la collaboration de Martin Pâquet (1998), *Brève histoire des Canadiens français*, Montréal, Boréal.

Gervais, Gaétan (1998), « La présence de l'Ontario aux États généraux du Canada français (1966-1969) », dans Marcel Martel, avec la collaboration de Robert Choquette, *Les États généraux du Canada français, trente ans après : actes du colloque tenu à l'Université d'Ottawa les 5, 6 et 7 novembre 1997*, Ottawa, Centre de recherche en civilisation canadienne-française de l'Université d'Ottawa, p. 117-132.

Hart, E. J. (1981), *Ambitions et réalités : la communauté francophone d'Edmonton, 1795-1935*, Edmonton, le Salon d'histoire de la francophonie albertaine, p. 32.

Laliberté, G.-Raymond (1983), *Une société secrète : l'Ordre de Jacques-Cartier*, Montréal, Hurtubise HMH, « L'homme dans la société ».

Lapointe, Richard et Lucille Tessier (1986), *Histoire des Franco-Canadiens de la Saskatchewan*, Regina, Société historique de la Saskatchewan.

L'Ordre de Jacques-Cartier, un mystère dévoilé (2001), scénario et réalisation de Robert Verge, production de Pierre L. Touchette pour Amérimage-Spectra en collaboration avec RDI, documentaire d'une heure.

Martel, Marcel (1997), *Le deuil d'un pays imaginé ; rêves, luttes et déroute du Canada français : les rapports entre le Québec et la francophonie canadienne (1867-1975)*, Ottawa, Les Presses de l'Université d'Ottawa.

Martel, Marcel, avec la collaboration de Robert Choquette (1998), *Les États généraux du Canada français, trente ans après : actes du colloque tenu à l'Université d'Ottawa les 5, 6 et 7 novembre 1997*, Ottawa, Centre de recherche en civilisation canadienne-française de l'Université d'Ottawa.

Morin, Rosaire (1998), « Les États généraux du Canada français 1967-1969 », dans Marcel Martel, avec la collaboration de Robert Choquette, *Les États généraux du Canada français, trente ans après : actes du colloque tenu à l'Université d'Ottawa les 5, 6 et 7 novembre 1997*, Ottawa, Centre de recherche en civilisation canadienne-française de l'Université d'Ottawa, p. 39-46.

Rumilly, Robert (1971), *Histoire de la province de Québec*, tome XXVIII, *La rue Saint-Jacques*, Montréal et Paris, Fides.

Rumilly, Robert (1971), *Histoire de la province de Québec*, tome XXIX, *Vers l'âge d'or*, Montréal et Paris, Fides.

Rumilly, Robert (1975), *Histoire de la Société Saint-Jean-Baptiste de Montréal : des Patriotes au Fleurdelisé, 1834-1948*, Montréal, L'Aurore.

Savas, Daniel (1988), « L'impact des politiques d'aide du Secrétariat d'État sur l'évolution financière de la Fédération des Franco-Colombiens », dans Monique Bournot-Trites, William Bruneau et Robert Roy (dir.), *Les outils de la francophonie : actes du sixième Colloque du Centre d'études franco-canadiennes de l'Ouest, tenu à Richmond, Colombie-Britannique, les 10 et 11 octobre 1986*, Saint-Boniface, Man., CEFCO ; Vancouver, University of British Columbia, p. 11-54.

LE TESTAMENT DU COUTURIER[1]

de Michel Ouellette
(Ottawa, Le Nordir, 2002, 93 p.)

Jane Moss
Colby College

Du 19 février au 1er mars 2003, les spectateurs de La Nouvelle Scène à Ottawa ont franchi une frontière dramatique pour entrer dans l'étonnant espace théâtral de la Banlieue, une dystopie futuriste imaginée par Michel Ouellette dans *Le Testament du couturier*. La mise en scène par Joël Beddows, directeur artistique du Théâtre la Catapulte, était audacieuse, selon le compte rendu de Danièle Vallée (*Liaison* 119, été 2003, p. 119) : un décor gris, métallique et froid, dans lequel un seul personnage interprétait les cinq rôles de la pièce. Le crâne rasé et portant la toge républicaine, uniforme de la Banlieue, Annick Léger jouait les trois rôles masculins et les deux rôles féminins. Sa performance était d'autant plus remarquable que la moitié des répliques du texte original avaient été enlevées. Selon la note de l'auteur, la version publiée de la pièce représente le texte « positif » ou « réel » alors que la partie négative ou « virtuelle » est dans le silence des répliques qui manquent (p. 7). *Le Testament du couturier* se présente donc comme un mystère qui force le spectateur et le lecteur à remplir les blancs du texte, à percer les secrets de la Banlieue et à dévoiler les manigances de ses habitants.

Dans cette pièce de trente courtes scènes, les répliques des cinq personnages brossent peu à peu un tableau effrayant de la vie dans cette Banlieue de l'Avenir. Gouvernée par des hommes dénommés « les Élus » (p. 11), la Banlieue est un espace contrôlé par un vaste réseau électronique grâce à des logiciels pour détecter les germes et les crimes et à un système de « cybervision » pour propager l'idéologie du régime. À la cybervision, les autorités dénoncent la sexualité, la criminalité et l'immoralité qui règnent dans la Cité et qu'il faut bannir de la Banlieue. Autrement dit, ils condamnent les pulsions élémentaires qui caractérisent les êtres humains du Passé et prêchent la pureté et la chasteté. Tandis que la Cité est toujours corrompue par les erreurs et les monstruosités des siècles passés, dans la Banlieue, on tente de vivre dans l'Avenir, qui sera aseptique et asexué. Un système de contrôle à la Frontière surveille les entrées et les sorties pour protéger la Banlieue contre la contamination de la Maladie, qui ressemble à la peste du Moyen Âge ou à l'épidémie du SIDA. Les S. S. des Services sanitaires patrouillent et ramassent les malades qui sont transportés à Lazarette, la ville construite pour eux.

D'après l'idéologie sexiste et anti-érotique de la Banlieue, l'homme moderne est supérieur à la femme parce qu'il n'a plus de désirs érotiques. La femme a besoin d'aide pour évacuer son érotisme, signe de son infériorité morale. « Le Credo de la femme de la Banlieue » confirme que « la sexualité n'est pas l'amour; la sexualité n'est plus la reproduction; l'amour est à trouver au foyer dans le couple; la reproduction se fait en laboratoire dans des éprouvettes ». Pour devenir pure, elle consulte un spécialiste de « la psychothérapie érotologique » : pusique « la sexualité se trouve dans la parole », il faut « dire pour ne pas faire ».

Bien que la rhétorique exalte la pureté et la perfection, la réalité est tout autre : la Banlieue est le royaume de la peur, de la honte, du silence, des secrets. On a peur de l'infection, des complots, des S. S. des Services sanitaires, de la dénonciation par autrui. On a honte de la sexualité et des faiblesses physiques. On garde des secrets, on se tait. La Banlieue est une dystopie comme celles d'Aldous Huxley (*Brave New World*), de George Orwell (*Animal Farm, 1984*) ou de Margaret Atwood (*The Handmaid's Tale*). Un gouvernement autoritaire surveille et contrôle tout – jusqu'à la vie intime de ses citoyens.

L'intrigue du *Testament du couturier* prouve encore une fois qu'un État totalitaire ne peut jamais réprimer les pulsions élémentaires qui constituent la nature humaine. En dépit de la technologie moderne, de tous les systèmes de surveillance et de toute l'idéologie moralisatrice, le Mal s'infiltre dans la Banlieue sous différentes formes – la jalousie, l'ambition, la passion adultère, le désir de vengeance – et ces émotions impures mènent aux crimes, à la folie et à la mort.

L'arrivée du mystérieux Flibotte dans la Banlieue, après une longue absence, déclenche l'action de la pièce. Flibotte se présente d'abord comme un simple marchand de tissus qui a réussi à tromper le système de contrôle à la Frontière et à importer de la contrebande. Plus tard, on apprend que Flibotte est aussi impliqué dans toutes sortes d'activités criminelles : il trafique des données et des virus informatiques aussi bien que des livres défendus. Atteint de la Maladie, il a été enfermé à Lazarette, mais il a déjoué la surveillance des Services sanitaires et paralysé le système de contrôle de la Frontière ; il s'est aussi infiltré dans la Banlieue pour se venger des autorités. Homme cynique qui se moque de l'idéologie de la Banlieue, il connaît les secrets et les faiblesses de tous ses habitants. C'est un rat, un agent du Malin venu pour semer le chaos et détruire la Banlieue.

Flibotte offre au tailleur Mouton des tissus magnifiques et le patron d'une robe qui date du XVIIᵉ siècle. Sur le parchemin du patron, Mouton trouve inscrit le testament d'un couturier mort de la peste qui a dévasté le village d'Eyam dans le Derbyshire en 1665[2]. Dans son testament, le couturier anonyme raconte les progrès de sa maladie fatale et sa passion pour la belle Ann Mompesson, fille du pasteur William Mompesson. Comme sa demande en mariage a été refusée avec colère, le couturier humilié pleure sa déception amoureuse aussi bien que son mal physique. En plein délire, il rêve de vengeance, s'interroge sur la volonté de Dieu et l'origine du mal qui consume le village d'Eyam et a des visions des tourments des siècles à venir. L'histoire du couturier et celle du village dévasté par la peste seront répétées dans la Banlieue, ce qui prouve qu'on ne peut ni supprimer le désir ni protéger toute une société contre le mal et la maladie.

Comme le couturier d'Eyam s'est épris d'Ann Mompesson, le tailleur Mouton s'éprend de Miranda, une femme passionnée qui n'arrive pas à dompter ses émotions. Or cette dernière a découvert par une transmission anonyme de cybervision que son mari, monsieur Royal, un urbaniste qui a inventé les logiciels de contrôle de la Frontière et qui deviendra bientôt maire de la Banlieue, a des rapports sexuels avec sa secrétaire Yolande. Jalouse, Miranda a tenté de bloquer le système de contrôle de la Frontière au moyen d'un virus informatique qu'elle a acheté clandestinement sur le marché noir. La tentative de sabotage électronique n'a pas réussi et, toujours troublée par l'infidélité de son mari, Miranda souffre, étouffée par les désirs érotiques. Quand elle entre chez Mouton pour prendre le nouveau costume que le tailleur fabrique pour son mari, elle voit le tissu et le patron apportés par Flibotte et décide qu'elle doit absolument avoir une robe taillée dans ce merveilleux tissu et dessinée sur le patron du XVIIe siècle. Liés par le secret de la robe illicite, Miranda et Mouton s'éprennent l'un de l'autre mais ils savent arrêter leurs transports passionnés.

Quant à monsieur Royal et à sa secrétaire et maîtresse Yolande, ils finissent par consommer leur passion mais, pour ce faire, ils ont besoin de se procurer le deuxième tome du *Manuel d'initiation à la sexualité* puisque l'enseignement moralisateur de la Banlieue a si bien réussi que les gens ont oublié comment faire l'amour. Une fois initiée au plaisir de l'orgasme, Yolande ne peut plus croire au credo de pureté prêché par les autorités de la Banlieue et elle rêve d'une vraie relation passionnelle. Pour sa part, Royal répond à l'amour de Yolande en récitant les Lois et en suggérant un traitement de psychothérapie érotologique. Leurs expériences érotiques ajoutent un peu de comédie à la pièce de Michel Ouellette, mais son commentaire sur la répression sexuelle par un régime autoritaire est acerbe et sérieux.

Monsieur Royal est un homme troublé. Il est tourmenté par des maux qui descendent de la tête aux pieds et par des cauchemars et des visions noires. Il a peur que ses activités secrètes et criminelles soient révélées, et il craint que le virus qui bloque le système de contrôle de la Frontière provoque un scandale et nuise à son ambition politique. Malhonnête, hypocrite et infidèle, il voit des complots partout. Sa paranoïa est aggravée par un poison que Miranda ajoute à la tisane qu'elle lui offre et par la puce électronique que Flibotte lui implante dans la nuque pour qu'il soit identifié comme malade devant être interné à Lazarette. Il est aussi piqué par les aiguilles que Mouton dissimule dans les coutures du vêtement confectionné pour son investiture à la mairie.

Le Testament du couturier se termine par la destruction de tous les systèmes informatiques de la Banlieue causée par une bombe virale placée dans le serveur principal par Flibotte. Tout sombrera dans le chaos comme Royal et Mouton ont sombré dans la folie et la maladie à Lazarette. Vengés, Flibotte et Miranda se sauveront.

Quelles leçons peut-on tirer de cette pièce étrange et dense ? Qu'on ne peut pas changer la nature humaine, supprimer la sexualité, se protéger contre le mal et la maladie. Que la pureté et la perfection sont impossibles. Que toute tentative visant à contrôler les êtres humains par la force et la technologie est vouée à l'échec. Est-ce que la Maladie qui menace la Banlieue comme la peste a menacé l'Europe au Moyen Âge symbolise le SIDA, fléau moderne souvent dénoncé comme une punition divine pour l'immoralité sexuelle de notre époque ? Ce qui est certain, c'est que la Banlieue est loin du Nord ontarien de *French Town* (1994) et que dans *Le Testament du couturier*, Michel Ouellette s'est détourné de la question de l'identité franco-ontarienne qui l'obsédait dans ses pièces précédentes pour aborder de grandes questions philosophiques, politiques et psychologiques. Une autre certitude, c'est que sur le plan formel le dramaturge continue de « s'aventurer hors des sentiers battus » (*Liaison* 119, été 2003, p. 22) et que le public franco-ontarien sait apprécier cet auteur original et audacieux. Lauréat du prix du Gouverneur général pour *French Town*, Ouellette a reçu le prix Trillium pour *Le Testament du couturier*. On a hâte de voir la suite de sa carrière !

NOTES

1. *Le Testament du couturier* a fait l'objet d'une lecture publique par le dramaturge, au Café Comid'Art à Ottawa, le 27 mars 1997, et puis au Laboratoire de La Nouvelle Scène à Ottawa, le 26 janvier 2001.
2. Dans le texte imprimé (p. 92), Ouellette note que c'est dans un livre sur les épidémies qu'il a trouvé l'histoire véritable du village d'Eyam, décimé par la peste en 1665-1666.

LE ROI DES PISSENLITS, ROMAN

de Daniel Paradis
(Ottawa, Le Nordir, 2003, 127 p.)

Anthony Wall
University of Calgary

Ce petit roman, fort agréable, de Daniel Paradis s'ouvre sur une période critique pour son protagoniste. Dans l'espace de quelques heures, sa femme d'une vingtaine d'années décide de le quitter, il apprend qu'il va être licencié, et il commence à tomber dans la dépression. Tel un héros cornélien, Alexandre décide qu'il assumera son sort difficile. Le côté tragique des circonstances sert ainsi à révéler le véritable caractère héroïque de notre roi des pissenlits.

Tout le monde connaît le jaune souriant des pissenlits en fleur, couleur pétillante qui ne dure qu'un bout de temps avant de verser, trop vite, dans le blanc sale d'un million de petites graines volantes, toutes prêtes à ensemencer la planète entière. Peu voltairien, Alexandre ne s'occupe pas du tout de son propre jardin, et ses voisins lui en veulent énormément, car sa propriété est devenue une véritable pépinière de pissenlits, fleurs que personne n'aime. Au lieu de nettoyer son terrain, Alexandre préfère rêver et écrire. Les pissenlits deviennent ainsi envahisseurs, conquérant terrains, parterres, jardins entiers et, enfin, tout un roman. L'histoire du roi des pissenlits est celle de la contagion de la fiction : comment, à l'instar d'un Don Quichotte québécois, la fiction et l'écriture du protagoniste finissent par envahir toute sa vie, à tel point qu'il vit dans les mots, dans l'imaginaire, incapable de communiquer de vive voix avec les gens réels autour de lui. Si sa femme *en italique* décide de le quitter, c'est en partie à cause de cette incapacité à vivre *comme du vrai monde*. On sait que le pissenlit laisse parfois une vilaine tache sur la main de celui qui a le malheur de le cueillir.

Le Roi des pissenlits bascule souvent entre le roman réaliste et la fiction fantastique, entre la petite histoire de la vie quotidienne et le conte de fées, entre le réveil et le rêve, entre le jour et la nuit, entre l'humour et le sérieux, entre la tristesse et la joie. L'histoire proprement dite d'Alexandre alterne avec un conte allégorique : ce dernier est sans doute le texte littéraire que le héros est en train d'écrire, comme si de rien n'était, pendant que sa vie réelle tombe en miettes devant ses yeux, et devant les nôtres.

Nullement pathétique, car le protagoniste fait preuve d'une grande résistance face à l'adversité, l'histoire d'Alexandre raconte sa façon d'investir, la nuit, le petit théâtre du quartier, fermé pour l'été, pour ensuite se mêler clandestinement à la programmation de la saison à venir. C'est aussi l'histoire des meubles personnels d'Alexandre qui semblent bouger dans un état second, c'est-à-dire dans le monde irréel dans lequel il est tombé. Alexandre vit de ses rêveries mais en même temps il est travaillé par la lassitude depuis que sa femme, à la fois « femme-dynamite » et « femme en italique », l'a quitté, au tout début du texte. Le héros a aussi un petit côté baudelairien : recevant de temps en temps une lettre, il n'arrive pas toujours à l'ouvrir.

Le conte allégorique semble dans un premier temps doubler l'histoire de la vie du héros, mais pas tout à fait. Dans ce conte peuplé de personnages peu réalistes portant des noms pseudo-légendaires, le héros est transporté dans les airs par de grands oiseaux rapaces, et cela, pour arriver au bas d'une tour magique où il doit entrer et d'où il doit ressortir au péril de sa vie. Nous voyons des femmes et des hommes marqués d'un tatouage rouge, nous entendons une prophétie énigmatique, nous assistons à une joute dans les airs qui n'est pas sans rappeler Harry Potter. Si nous comprenons que ce conte féerique est finalement une image en miroir de la vie scripturaire d'Alexandre (dans les deux cas il ne s'agit jamais de « viser l'objectif en ligne droite » [p. 109]), ce récit en double de la vie d'Alexandre est lui-même secondé par une deuxième histoire parallèle : celle que le héros mène en cachette dans le théâtre fermé, la nuit, en compagnie d'un clochard qui assiste, lui aussi *in petto*, à ses monologues prononcés sur scène. Ce clochard s'avère être nul autre qu'Albert Hermès le mystérieux propriétaire du théâtre en question, qu'il s'apprête à vendre.

L'écriture de Daniel Paradis est à la fois facile à suivre et énigmatique. Parfois un peu trop. Dans le conte de fée, le personnage Djinn-Djinn, tel Perceval, est chargé de percer le secret de la tour, de deviner la question qu'il faut poser et de découvrir une fiole d'encre qu'il doit ensuite jeter par terre. Dans l'histoire de la vie quotidienne d'Alexandre, il découvre une tache d'encre venue de nulle part, dirait-on, en présence d'un miroir auquel il va demander, bien sûr, qui est le plus beau de tous. Dans cette tour magique, le héros perçoit, par l'ouverture du toit, un ciel ouvert qui laisse pressentir un vague espoir ; à la toute fin du roman, le texte joue plusieurs fois avec les images d'une ouverture possible, surtout d'un espace entre-deux, celui d'un « nouveau récit » (p. 126), ou d'une « nouvelle nature » (p. 127), celui qui s'ouvrira si le héros arrive un jour à « se glisser entre deux lignes… entre deux mondes » (p. 127). Quel serait ce nouveau monde entr'aperçu ? Le texte ne nous en dit pas beaucoup à ce sujet.

Ce petit roman ne profite pas assez des délicieuses images, parsemées dans le roman, des pissenlits. En cela, le texte reste, peut-être, trop engoncé dans le genre de la nouvelle, sans entrer tout à fait dans celui du roman. En lisant ce petit roman, on ne cesse de penser à l'expression « manger les pissenlits par la racine », et le roman ne se prive pas de la suggérer – même si elle ne convient pas du tout à l'atmosphère humoristique, mélangée d'espoir, que le pissenlit est censé susciter par ailleurs. Si l'on sent que l'image du pissenlit n'est pas suffisamment exploitée, si l'on aurait préféré qu'elle prenne plus de volume dans le texte, c'est que le titre nous invite déjà à le faire. Pourquoi ne pas avoir intégré dans le texte quelques réflexions sur la mythologie de cette plante ? Sur le sens étymologique de son nom ? Sur ses valeurs nutritives, voire médicinales ? Alexandre est « roi des pissenlits », certes, sans doute parce qu'il en a beaucoup, beaucoup sur sa pelouse. Et pourtant, l'énigme reste entière en ce qui concerne le symbolisme profond du pissenlit, en tant que fil conducteur possible pour un développement soutenu des sens implicites, des anecdotes pas encore racontées, et d'autres images encore à brosser.

Par contre, les nombreuses réflexions plaisantes et spirituelles – sur le sens des mots, le métier de l'écrivain, la séparation du monde des mots d'avec le monde de la vie quotidienne méritent d'être soulignées. Les scènes qui nous donnent à voir un Alexandre en train de parler à des fauteuils vides, dans un théâtre qu'il croit désert, d'autres qui le montrent en train de se débattre avec ses meubles, surtout avec un lit – lieu de ses rêves – qui semble monter de plus en plus haut dans sa chambre, devenant par conséquent de plus en plus difficile à atteindre, constituent des moments forts de l'écriture de ce roman.

Après un premier recueil de nouvelles, *Feu sur la lune* (Nordir, 1999), *Le Roi des pissenlits* est le premier roman signé par Daniel Paradis. Vu les qualités évidentes de ce premier roman, vu surtout la joie et le plaisir que plus d'un lecteur a déjà décrits à propos de son écriture, il est à souhaiter qu'il en signe bientôt d'autres.

DÉFENSES LÉGITIMES
de Doric Germain
(Ottawa, Le Nordir, 2003, 160 p.)

Le Retour à l'île
de Pierre Raphaël Pelletier
(Ottawa, Le Nordir, 2003, 130 p.)

Guy Poirier
Études françaises
Université de Waterloo

On pourrait comparer le roman historique de Doric Germain, *Défenses légitimes*, à une véritable tentative de donner la parole à ces témoins de la fusillade de février 1963 à Reesor Siding. Tout comme il le déclare lui-même en avant-propos, Doric Germain a renoncé à écrire la « vraie histoire », mais a tiré de ces événements un roman[1]. C'est notamment à l'aide d'un personnage, Pierre, que le narrateur nous raconte la vie et la position difficile (sinon intenable) des bûcherons cultivateurs « indépendants » (non syndiqués) lors de la grève de la papetière Spruce Falls Power & Paper Co. Cet acte de défense légitime des travailleurs autonomes face à un conflit de travail qui, en fin de compte, ne les concernait pas, s'inscrit sur un canevas fait de descriptions réalistes de la vie rude des derniers colons du Nord de l'Ontario, de leur espoir de fonder et de faire vivre une famille, de leurs inquiétudes face à un monde où la technologie révolutionnera, dans les années soixante, le travail des bûcherons des camps. C'est aussi la vie des petites communautés francophones du Nord de l'Ontario que Doric Germain rappelle et décrit avec intelligence : les rapports difficiles entre les familles des syndiqués et celles des « scabs », l'inquiétude face à l'employeur et à la justice parlant une autre langue, l'impact psychologique d'un conflit de travail qui divisa une communauté francophone.

Si, dans les premiers chapitres du roman, le rythme de l'action est plutôt lent, les descriptions multiples et précises des détails de la vie de ces travailleurs du bois offrent au lecteur la possibilité de mieux en saisir la rudesse. Le rythme s'accélère peu à peu à partir du déclenchement de la grève illégale. Le lecteur se laisse alors prendre par l'action et ce, jusqu'à la date fatidique du 10 février 1963. L'affrontement, décrit en grande partie du point de vue du personnage de Pierre, rappelle les grands mouvements de foule des romans naturalistes :

> La scène était irréelle. Presque aussi loin que Pierre et ses 20 compagnons pouvaient voir, des phares de voitures arrivaient de l'est, se rangeaient sur l'accotement de la route, du côté nord, puis s'éteignaient. (…) Si Pierre avait pu se voir ou voir ses compagnons dans l'obscurité, il aurait été frappé de leur attitude à tous qui marquait la stupeur la plus totale. Bouche ouverte, bras ballants – dont

quelques-uns tenaient une arme à feu –, ils semblaient pétrifiés (p. 105).

Pierre, ce personnage qui servira au narrateur de témoin privilégié tout au cours du roman, joue un rôle encore plus important dans les derniers chapitres, lorsque le narrateur décrit ses états d'âme en prison (chap. XII), lors de sa remise en liberté temporaire (chap. XIII), et pendant le procès (chap. XIV). C'est d'ailleurs au cours du séjour en prison des bûcherons cultivateurs que Pierre entendra son compagnon d'infortune, Ladouceur, se dire à lui-même ces paroles prophétiques : « Faudrait qu'un bon jour, quelqu'un de nous autres ou de nos enfants écrive l'histoire de c'te nuite-là » (p. 115).

Si le procès des bûcherons cultivateurs se termine par des verdicts de non-culpabilité accompagnés de quelques amendes, les dernières pages du roman nous laissent songeur quant à l'impact de ce type de conflit sur les petites communautés rurales qui furent décimées par l'industrialisation. Pierre doit ainsi abandonner sa bien-aimée (fille d'un travailleur syndiqué) et quitter la région ; d'autres colons sombreront dans la folie ou les excès… le tout pour en arriver, en épilogue au roman, à un difficile constat d'échec de l'entreprise de colonisation du Nord de l'Ontario. Si l'industrie du bois a peut-être permis la survie des colons implantés sur des terres ingrates, le contact avec la civilisation industrielle acheva ce que la nature n'avait pu faire : briser une communauté et en disperser les habitants.

Pierre, le narrateur, nous raconte dans *Le Retour à l'île*, le plus souvent à la première personne, ce retour impossible à un passé à jamais disparu. En utilisant une suite de courts tableaux (parfois d'à peine une page), le narrateur nous livre, à la manière d'un monologue intérieur entrecoupé de dialogues, de lectures des cahiers de son frère (Bernard-Jean) ou d'exclamations en discours indirect libre, cette détresse face à un retour à l'enfance impossible. Si le narrateur parvient à s'élever, à plusieurs reprises, contre la destruction du quartier de son enfance, sur l'île de Hull (entre le ruisseau de la brasserie Dow et la rivière des Outaouais)[2], le frère de ce dernier est vraisemblablement atteint dans son être par ce drame :

> Après le grand coup d'éclat de la destruction du Vieux-Hull et des migrations nombreuses que cela provoqua, il se mit à écrire avec plus de célérité. Plus intensément. Plus souffrant qu'avant. Atteint d'un mal qui était aussi le mien (p. 14).

Ce drame ontologique, c'est aussi le drame de l'écriture. Le narrateur, à la lecture des cahiers de son frère, participe d'ailleurs lui aussi à cette lutte entre l'écriture et le temps : « Du moins, il espère arriver à écrire quelque chose qui échappe au temps » (p. 15). L'écriture des deux frères s'entremêle alors, parfois à ne plus savoir qui écrit et qui lit. Le lecteur n'est donc pas surpris de tomber sur une remarque à propos des vies parallèles des deux frères : « C'était moi et mon frère. Nous étions tous les deux dans le même espace. Nous étions l'envers et l'endroit d'un même temps » (p. 47).

Pourtant, lorsque la manifestation des expropriés de l'île tourne à la casse, lorsque les policiers attaquent les manifestants à coups de matraques, c'est bien Bernard-Jean qui reçoit un coup à la tête et se retrouve à l'hôpital (p. 61). Le roman explore alors un rapport nouveau entre les deux frères : un fossé se creuse entre eux ; c'est celui de la folie d'un Bernard-Jean qui entre bien vivant dans un univers de paranoïa et de violence : « – Si seulement je pouvais m'évader. Si je reste plus longtemps ici, ils vont me tuer. J'en suis certain » (p. 66). Bernard-Jean se rétablira, prendra « ses médicaments régulièrement », mais de nouveau chavirera, prêt à entraîner son frère : « Gros Jean comme devant, mon frère joue avec sa vie et la mienne dans des personnages dont l'identité n'est point certaine. Mais que puis-je faire de plus que de souffrir avec lui ? » (p. 84)

Que faire de plus ? La réponse se trouvera dans l'unique paragraphe du court chapitre 39 :

> Bien que Bernard-Jean ne cesse de détruire tout le sens de cette écriture, par à-coups, j'écris sans rien, sans histoire, avec l'idée du bien. Celle d'arrêter de ne plus écrire pour tenter de me perdre. Au commerce de l'épouvantable, peut-on raconter une histoire sur le dos des vivants ? (p. 87)

La suite du roman présente Bernard-Jean ayant renoncé à la parole (p. 101), puis de nouveau en proie au délire (p. 110 et 117) et à la souffrance (p. 118). Si le narrateur essaie de ressusciter l'image de son grand-père, Cybil, ou s'attache à son ami Jules, rien ne semble vraiment pouvoir guérir cette souffrance et cette déchirure fraternelle.

Au chapitre 63, les voisins du narrateur lui rendent visite et parlent de Bernard-Jean au passé. Est-il décédé ? A-t-il plongé dans la folie ou s'en est-il dégagé ? C'est en fait peut-être Pierre, le narrateur, qui vit son deuil de lui-même (p. 120). La suite du roman s'ouvre alors sur un grand mouvement : le narrateur marche, se promène, se déplace (p. 118, 121, 124, 126), à la manière d'un « pèlerin sans religion ». Cette « marche », c'est aussi le mouvement de l'écriture, qui se cherche, qui tente d'organiser son espace. Si l'ami Jules accompagne d'abord le narrateur promeneur, ce dernier se fait bientôt solitaire, marche « à la lisière de rien » (p. 127). Deux fins semblent alors se partager les dernières pages du roman : l'une impliquant les deux frères, lorsque Bernard-Jean et le narrateur retrouvent leur île ; et l'autre disparaissant derrière l'écran de la narration : « Avec ou sans moi, j'écris… Je narre le non-sens de l'instant (…) Une narration, une vie sans auteur » (p. 129).

NOTES

1. Doric Germain (2003), *Défenses légitimes*, Ottawa, Le Nordir, p. 8. La pagination sera désormais directement incluse dans le texte.
2. Pierre Raphaël Pelletier (2003), *Le Retour à l'île*, Ottawa, Le Nordir, p. 60. La pagination sera désormais directement incluse dans le texte.

LE RÊVE TOTALITAIRE DE DIEU L'AMIBE

de Patrick Leroux
(Ottawa, Le Nordir, 2003, 176 p.)

Louise Ladouceur
Faculté Saint-Jean, Université de l'Alberta

Ce « livret d'anti-opéra cybernétique », ainsi qu'on désigne l'ouvrage dans sa présentation, est le fruit d'une exploration entreprise par le Théâtre de la Catapulte, que Patrick Leroux a fondé à Ottawa en 1992 et qu'il a dirigé jusqu'en 1998. Fonctionnant sur le mode de la création collective, un groupe *ad hoc* rassemblé par Anne-Marie White entreprend une recherche à l'aide d'improvisations et de jeux qui devront fournir des pistes pour l'élaboration d'un spectacle de création. Le thème de l'Internet, relativement nouveau à l'époque, s'impose, et son traitement sera fortement influencé par la musique. On rassemble beaucoup de matériel, qu'on confie à Patrick Leroux en lui laissant le soin de rédiger les dialogues.

La pièce prend alors la forme d'une partition construite sur le modèle des échanges d'un forum de discussions sur Internet. Aux personnages que les comédiens développent – le cabotin omnisexuel Aimsi, l'exotique et perturbée Olivia, l'asthmatique et névrosée Solange (dont le nom de plume est BIG GUY) et le lecteur anglais –, Leroux ajoute « dieu l'amibe », divinité mononucléaire et despotique. Dans les textes liminaires qui précèdent la pièce, l'auteur dit s'être inspiré « pour l'histoire du culte qui se crée sur Internet, des modes et procédés de la conquête chrétienne de l'Europe, tout en lisant attentivement les Prophètes [...] Puis j'ai pillé, chez Joseph Campbell, Northop Frye et Marshall McLuhan, quelques interprétations mytho-poétiques » (p. 12-13). C'est donc une mise en parallèle du cybernétique et du sacré qu'on propose dans un texte conçu comme un *libretto* dont les répliques peuvent être récitées tantôt en solo, tantôt en chœur pour produire divers effets sonores et rythmiques, comme en témoigne cet extrait :

OLIVIA et AIMSI
Dieu amour bonheur néant enfer terreur.

SOLANGE
Liberté !

DIEU L'AMIBE
Terreur en l'An Premier !

OLIVIA et AIMSI
Terreur en l'An Premier !

SOLANGE
Ne faites pas attention à moi,
Je n'ai rien à dire.

DIEU L'AMIBE
Je suis ce qui sera
Ce qui n'était pas
Mais qui s'est créé.

SOLANGE, OLIVIA et AIMSI
En autant qu'on empoche,
Ça nous va, ça nous va,
En autant qu'on empoche.

Il s'agit moins ici d'un dialogue que de monologues fragmentés qui s'insèrent les uns dans les autres ou se répondent comme le font les participants à un rituel dans un culte. Car c'est bel et bien d'un culte dont on fait la critique, celui de l'Internet et des profits qu'on en tire, comme l'explique Anne-Marie White : « La création de ce culte cybernétique porte en elle-même l'histoire du Christianisme. Le charlatan suivra toutes les étapes de création, de la Genèse à l'Apocalypse. Il profite de l'état de fébrilité de ses victimes. Le peu de jugement qui leur reste est affaibli par un lavage de cerveau. Il leur promet une part des profits du culte. Ne s'agit-il pas d'une histoire qui se répète ? » (p. 13). Certaines victimes ne s'en remettront pas.

La première version de la pièce est créée en mars 1995. C'est un « work in progress » et la deuxième version, qui inclut une chef d'orchestre incarnée par Anne-Marie White, présente sur scène pendant le spectacle, est produite au Festival Fringe Nord de Sudbury et au Festival Carrefour de Saint-Lambert en août 1995. Toujours insatisfaits du résultat, certains membres du collectif décident de poursuivre le travail. Par la suite, d'autres comédiens se joignent à la troupe et de nouveaux personnages sont créés : la commentatrice, le chœur et « bediər » (une sorte de témoin de connexion omniprésent et menaçant). Une troisième version est présentée à Montréal lors du Festival des 20 jours à risque en novembre 1996 et fait l'objet de cette publication parue en 2003.

Pourquoi cette pièce ? Selon Patrick Leroux, parce qu'il faut témoigner de l'humanité des êtres humains et « des excès de cette humanité qui a soif de vivre et qui a soif du sacré, cette humanité qui parle et qui parle mais qui ne parle que pour soi, qui ne parle que de choses et d'argent et de potins bêtement insignifiants » (p. 2). C'est aussi parce qu'on cherche de nouvelles théâtralités qu'on explore et qu'on prend des risques en sachant que l'expérimentation et la nouveauté ne portent en elles aucune garantie. À cet effet, il faut féliciter l'éditeur d'avoir inséré dans la publication les deux textes liminaires dans lesquels l'auteur et la metteure en scène expliquent la recherche entreprise par la troupe et la démarche qui a mené à la rédaction du texte. Ce sont des traces nécessaires qui font fonction d'archives dans l'élaboration d'une histoire du théâtre et qui permettent de mieux saisir les enjeux de la création théâtrale au Canada.

LE TOURISME POUR LES FRANCO-ALBERTAINS, PORTE D'ENTRÉE DANS LE MONDE

Sylvie Roy et Chantal Gélinas
Université de Calgary

Nous examinons dans le présent article comment une minorité francophone de l'Ouest canadien promeut un secteur économique déterminé afin de faire son entrée dans le monde. Nous verrons que certains Franco-Albertains mettent l'accent sur le secteur touristique pour : 1) rehausser l'économie de la communauté francophone dans le domaine du tourisme en offrant des services en français et ainsi augmenter l'employabilité chez les francophones ; 2) promouvoir une certaine valeur de la langue française dans le but d'inciter la population francophone à utiliser le français ; 3) miser sur des produits authentiques afin d'attirer une clientèle à la recherche d'expériences nouvelles et différentes.

La situation mondiale actuelle apporte des changements importants au sein des minorités canadiennes. Depuis la fin des années 1990, le bilinguisme et le multilinguisme au Canada sont des compétences de plus en plus en demande pour répondre aux exigences du marché national et international (Labrie, Bélanger, Lozon et Roy, 2000 ; Roy, 2002). De plus, la mondialisation, l'ouverture des frontières (Giddens, 1994) et la valorisation des compétences langagières sont axées sur divers phénomènes sociaux importants : la standardisation des compétences langagières afin de pouvoir communiquer mondialement, la réification des langues et l'authenticité des produits culturels afin d'être différent et d'obtenir un marché déterminé (Heller, 1999 ; Le Menestrel, 1999 ; Roy, 2000 ; Budach, Roy et Heller, 2003). Il semble que le fait d'être différent représente ce qui se vend le mieux dans le contexte actuel. Dans ce qui suit, nous présentons comment et pourquoi certains Franco-Albertains mettent au premier plan la langue française (une valeur ajoutée, selon eux) afin d'attirer un marché international et de faire leur entrée dans le monde économique actuel. C'est dans le cadre d'une recherche ethnographique et sociolinguistique que nous avons examiné comment les Franco-Albertains voient leur avenir en misant sur le tourisme patrimonial et sur l'authenticité des produits offerts. Le tourisme patrimonial signifie mettre l'accent sur l'historique d'une région ou d'un site. L'authenticité des produits représente l'attrait d'un produit précis d'une région qui ne se retrouve pas ailleurs. Nous exposerons donc certains discours véhiculés par des Franco-Albertains à propos de leur avenir économique, social, politique et, plus particulièrement, du tourisme. Nous examinerons deux régions, soit le Sud-Ouest de la province (la région des Rocheuses) et le Nord-Est de la province. Cette dernière compte un nombre considérable de francophones vivant dans des communautés francophones établies depuis longtemps. En fait, l'objectif de notre recherche est de comprendre comment les Franco-Albertains s'affirment en tant que communauté, et comment ils essaient d'assurer l'expansion de leur économie en offrant des services en français dans la province et en mettant à profit cette valeur ajoutée que peut représenter le français. Nous avons également voulu comprendre la perception qu'ont les non-francophones de la valeur accordée aux langues. Nous verrons que les francophones, tout comme les anglophones travaillant dans le milieu touristique, misent sur l'histoire de leur milieu ainsi que sur la différence, c'est-à-dire sur l'authenticité d'un produit afin d'attirer un marché. Ils accordent également une importance aux compétences linguistiques, soit respectivement le bilinguisme (français-anglais) ou le multilinguisme, pour attirer un marché cible. Ce marché contribuera au développement de l'économie touristique de la province pour les deux groupes linguistiques.

Cadre théorique

De nos jours, le domaine économique est largement dominé par le secteur privé. Le pouvoir des grosses entreprises sur les autres institutions est fondé sur la prééminence de la propriété privée des moyens de production et, en particulier, sur la privatisation généralisée des investissements (Giddens, 1994 ; Gee, Hull et Lankshear, 1996 ; Castells, 1996). Et au nombre des changements politiques qui sont survenus figure l'émergence du néo-libéralisme, qui représente un projet de nature politique dans la reconstruction de la société selon les exigences du capitalisme mondial (Bourdieu, 1998a ; 1998b). La logique sous-jacente à cette façon de penser suppose que l'on doit s'adapter aux marchés mondiaux et que, s'il désire survivre, l'État doit se rallier aux exigences de ces différents marchés, même s'il continue d'avoir la haute main sur certains secteurs économiques. Les minorités linguistiques, pour leur part, doivent trouver une façon de se réinvestir. Il existe plusieurs discours au sein de la francophonie canadienne qui expriment comment les francophones ont évolué au cours des années (Heller et Budach, 1999 ; Roy, 2002 ; Heller, 2002 ; Heller et Labrie, à paraître). Ces discours sont reliés et peuvent se rencontrer soit dans le discours d'un groupe d'individus ou dans celui d'un même individu à un moment précis. On peut les classer en trois catégories : le discours traditionaliste, le discours modernisant et le discours mondialisant.

Le *discours traditionaliste* représente le passé des francophones, ce passé étant construit autour de l'église et de la communauté ancestrale. Le discours traditionaliste consiste à prétendre à une appartenance à une collectivité sociale homogène qui possède une langue et une religion commune. Ce discours est basé sur les traditions des Canadiens français reproduites dans les institutions et dans la communauté. De nos jours, le discours traditionaliste reste très présent dans certaines communautés puisqu'il permet d'affirmer l'existence d'une nation française au Canada. Cette nation trouve ses racines dans la colonisation, ces racines étant pures et distinctes (d'où l'expression « les Canadiens français de souche »).

Le *discours modernisant*, pour sa part, désigne le moment où les minorités francophones se servent du pouvoir politique afin de faire progresser la collectivité. Ce discours, qui mise sur les structures et les ressources politiques d'un État-nation et sur des marqueurs identitaires axés sur l'ethnicité d'une nation, domine la francophonie depuis 1960. Toutefois, ce discours s'amenuise dans les conditions actuelles, car l'État n'est plus autant pourvoyeur de ressources pour les minorités que par le passé.

Le *discours mondialisant* témoigne quant à lui de l'emprise de l'économie sur la valorisation des biens culturels ou linguistiques. Ce discours mise sur l'économie pour la valorisation des formes et des pratiques langagières, des identités et des appartenances. Il mise également sur l'augmentation de l'importance du rôle des compétences langagières, dont le bilinguisme français-anglais. Ce discours révèle également l'importance de l'authenticité locale et de l'ouverture des espaces locaux.

Nous examinons ici certains aspects du discours mondialisant. Même si certains éléments des discours traditionaliste et modernisant s'y glissent, l'article représente davantage le discours mondialisant tel que nous le définissons. Nous verrons que les extraits proposés se réfèrent à l'utilisation des compétences linguistiques pour atteindre des buts économiques. Nous verrons également comment l'espace local du Nord de l'Alberta pourrait amener les gens à se distinguer dans un domaine économique comme le tourisme.

De plus, il semble que le gouvernement fédéral canadien se joigne, en 2003, au discours mondialisant. Ce gouvernement offre en effet des subventions intéressantes aux minorités canadiennes qui veulent développer leur économie (Gouvernement du Canada, 2003). Il a également pour mandat de préparer les Canadiens au monde compétitif d'aujourd'hui en misant sur les deux langues officielles du pays. Comme nous le verrons, les subventions allouées actuellement pour le développement économique des minorités pourraient avoir eu un impact sur le regroupement des francophones de l'Alberta dans le but d'assurer l'expansion de leur économie.

Méthodologie

C'est à partir d'une recherche financée par l'Université de Calgary[1] que nous avons entrepris ce projet sur le tourisme en Alberta. Nous avons ciblé quelques associations francophones qui s'intéressent au tourisme dans la province ainsi que tout individu travaillant de près ou de loin dans le domaine. Nous avons interviewé une quarantaine de personnes (anglophones et francophones) afin de comprendre l'importance du secteur du tourisme pour l'économie de la province ainsi que pour les francophones. Nous avons également posé des questions sur les marchés convoités et sur la valeur accordée aux langues (surtout à la langue française) dans le secteur touristique. Nous avons également voulu comprendre pourquoi les francophones veulent mettre l'accent sur les services en français et sur l'authenticité d'un produit pour attirer un marché canadien et international. De plus, nous avons participé à des réunions et à des activités récréatives pour comprendre la réalité quotidienne des Franco-Albertains. Nous avons visité le Nord de l'Alberta pour mieux comprendre la vision d'un visiteur francophone venant découvrir la région. Nous avons également exploré plusieurs sites Internet qui concernent le tourisme albertain ainsi que le tourisme canadien en général. Cette triangulation, qui fait partie de notre recherche ethnographique, nous a permis d'avoir une idée générale de l'importance accordée au tourisme patrimonial par les Albertains (francophones et anglophones). L'analyse des données se fait par l'analyse du discours (Gee, 1999). C'est par les pratiques langagières que nous pouvons le mieux comprendre la réalité sociale des gens dans leur contexte présent. Les entrevues nous permettent de comprendre la représentation que se font les gens de leur réalité. Nous avons essayé de comprendre qui dit quoi dans le contexte actuel et quelles conséquences les discours auront sur la vie des gens. C'est par l'observation du milieu que nous pouvons saisir davantage cette réalité. Dans cet article, nous présentons certains discours qui reviennent et qui peuvent être les plus représentatifs de la réalité de certains Franco-Albertains d'aujourd'hui.

Contexte

L'Alberta compte un nombre important de francophones dispersés dans toute la province. Sur une population totale de 2 941 150 d'habitants, 58 645 personnes utilisent la langue française, 5 780 personnes se disent bilingues (français-anglais), 1 090 personnes déclarent parler le français et une langue non officielle, et 475 affirment utiliser le français, l'anglais et une langue non officielle (Statistique Canada, 2001). Il semble cependant qu'il n'existe actuellement aucune donnée sur le nombre de francophones visitant la province. Depuis plusieurs années, l'*Association des francophones*[2] de l'Alberta veille sur la minorité francophone. Comme dans toutes les provinces canadiennes, ce groupe associé au développement communautaire, social, politique et économique de la province permet à la minorité francophone de vivre et de survivre dans un milieu majoritairement anglophone (voir D'Augerot-Arend, qui donne un aperçu intéressant du monde associatif hors Québec, 1996). Vers la fin des années 1990, l'Association des francophones constate que l'on accorde une importance accrue au développement économique des francophones de la province. Au même moment, le gouvernement fédéral accorde certaines subventions à ceux et à celles qui veulent promouvoir l'économie albertaine (francophone ou anglophone). Comme l'Association n'avait pas de mandat en matière d'économie exclusivement, un nouveau groupe a été créé afin de promouvoir le développement économique des francophones de la province. Ce groupe (que nous appellerons *Groupe économique francophone*), mis sur pied en 1998, appuie les entrepreneurs francophones qui veulent se lancer en affaires ou qui ont besoin d'information en ce qui a trait à leurs entreprises. L'un des mandats du Groupe consiste également à prévoir un développement économique dans le domaine du tourisme. Ce groupe joue un rôle important puisqu'il agit en tant que représentant des francophones dans les secteurs économique et touristique de la province. Il reçoit une partie de ses fonds du gouvernement fédéral, et une autre d'un organisme fédéral qui s'occupe du développement économique de l'Ouest canadien. Le Groupe économique francophone travaille intensément à l'expansion de l'économie des Franco-Albertains. Examinons dans ce qui suit certains extraits de discours véhiculés à propos du tourisme, de la valeur du français et du développement économique de la province.

Les discours sur le tourisme

Le Nord-Est de l'Alberta

Dans le Nord de l'Alberta, il existe dans les communautés francophones plusieurs personnes qui possèdent des entreprises liées au secteur touristique (ou qui voient un certain potentiel pour leur entreprise par le truchement de l'agrotourisme). Certaines de ces entreprises n'ont jamais offert de services en français par le passé. Grâce au travail assidu du Groupe économique francophone, qui veut mettre l'accent sur la valeur ajoutée du français, certaines entreprises offrent maintenant un service bilingue à leur clientèle (ou du moins ils affichent qu'ils parlent français). Promouvoir les services en français pourrait attirer des touristes francophones et ainsi enrichir l'économie de la région, comme le raconte un représentant du Groupe économique francophone. Ce représentant habite l'Alberta depuis plusieurs années :

> R : [...] puis il y a un désir beaucoup des entreprises francophones
> de fonctionner en français un peu plus au moins de s'afficher nous

c'est un peu cet angle-là qu'on a pris parce que comme à [une ville dans le nord] il y a des entreprises ça fait au moins 20 ans qui sont là c'est des francophones qui les gèrent (une autre ville) de l'autre côté c'est la même chose il y a beaucoup de francophones depuis 20-25 ans ils ont toujours fonctionné en anglais parce que c'est la langue de la majorité et puis il n'y avait vraiment pas d'incitatif pour travailler en français alors nous ce qu'on véhicule comme philosophie c'est la valeur rajoutée alors, si tu parles le français pis tu t'affiches, tu peux augmenter ton chiffre d'affaires de peut-être 5 % - 10 % pis c'est de l'argent que t'aurais peut-être pas eu autrement parce que tu vas avoir des clients, des consommateurs qui vont vouloir se faire servir en français pis si tu offres ce service-là puis tu le dis puis ils le voient il y a des grosses chances qui l'achètent tu sais…

Le Groupe économique francophone semble encourager les francophones à utiliser le français, à s'afficher en français et à mettre l'accent sur les services dans cette langue. Selon l'extrait ci-dessus, le français (comme valeur ajoutée) pourrait engendrer un revenu supplémentaire pour les commerçants dans le domaine touristique, surtout dans le Nord de l'Alberta. Cela permettrait à certains commerçants francophones d'utiliser la langue française et ainsi, de promouvoir des emplois bilingues pour les francophones de la région. Les questions qui se posent sont les suivantes : existe-t-il un besoin spécifique de services en français pour la population bilingue locale qui fait autant affaire en anglais qu'en français et qui est en mesure de fonctionner en anglais ? Si les services bilingues misent sur le touriste de l'extérieur de la province, est-ce que les produits offerts seront assez attrayants pour attirer un nombre suffisant de touristes et ainsi justifier la prestation de services en français ? Nous avons observé, lors de notre excursion dans le Nord, que les francophones qui travaillent dans le domaine touristique essaient d'attirer des touristes québécois et français qui s'intéressent à l'histoire de l'arrivée des premiers francophones dans la région. L'attrait touristique comprend donc des visites de musées et de sites historiques particuliers (mission de premiers colons, par exemple). Les visites peuvent se faire en français ou en anglais, selon les demandes. Les entrepreneurs essaient également d'offrir un produit différent, représentatif de leur région – dans ce cas, une région rurale. Ils attirent donc des touristes qui veulent vivre des expériences sur des fermes (bisons, autruches, wapitis). Ils proposent également la visite d'entreprises offrant un produit unique en son genre, comme la visite d'une ferme qui fabrique un beurre à base de pois, lequel pourrait remplacer le beurre d'arachide. Le tourisme du Nord-Est met donc l'accent sur le tourisme patrimonial, soit en créant un réseau d'attractions sur l'histoire des francophones, soit en offrant des produits authentiques provenant de la région. Les entrepreneurs francophones peuvent donc afficher qu'ils offrent des services en français pour attirer la clientèle francophone locale, voire nationale et internationale que ce type de produits intéresse. Il faut noter toutefois que les services en français ne sont pas offerts partout et que certains produits ne font pas partie de l'histoire des francophones de la région (comme le sirop d'érable, un produit typique de l'Est du pays). Au cours de notre séjour, nous avons visité une ferme d'élevage d'autruches où il n'y avait pas de visite guidée en français, même si le propriétaire était francophone. De plus, nous avons choisi de loger dans un hôtel dont le propriétaire est francophone, mais les gens à la réception ne parlaient que l'anglais. La visite avait donc en quelque sorte une certaine saveur francophone, même si tous les services offerts ne l'avaient pas.

Selon les gens de la région, les touristes actuels sont surtout des gens âgés qui ont vécu dans la région et qui participent de cette façon à l'histoire d'un site particulier. L'autre clientèle est formée des jeunes des écoles environnantes qui veulent en apprendre davantage sur l'histoire de la région, objectif qui fait partie intégrante du programme d'études actuel. Il existe également des forfaits pour la visite du Nord de l'Alberta. Le Groupe économique francophone essaie d'attirer des groupes du Québec et de la France pour ce genre d'activités. L'offre et la demande pourraient donc devenir complémentaires.

D'après les propos de l'extrait précédent, nous aurions affaire à un discours mondialisant, tel que nous l'avons défini plus tôt. Ce discours présuppose que la langue française comme valeur ajoutée serait un atout grâce auquel les francophones pourraient faire des profits et accroître le revenu de leur entreprise. De plus, les francophones qui posséderaient ces habiletés pourraient se trouver des emplois dans des commerces offrant le service bilingue. Le discours mondialisant propose également que l'authenticité d'un produit d'une région déterminée soit un attrait pour les touristes. Cette authenticité peut ne pas être liée à la langue comme telle, comme nous l'avons vu, mais avoir un lien indirect avec des francophones de la région.

En ce qui concerne le tourisme dans les Rocheuses, les commentaires sur le secteur sont semblables. Les gens veulent promouvoir une certaine tradition liée à l'environnement et à l'histoire des premiers arrivants dans la région. Ils veulent également offrir un attrait touristique différent des autres endroits où la nature et les animaux coexistent avec l'espèce humaine. Le multilinguisme est déjà une préoccupation dans cette région qui possède une clientèle multiculturelle depuis des décennies. Le Groupe économique francophone est quand même conscient de l'importance de son rôle dans la promotion des services en français dans la région.

Les Rocheuses canadiennes

En Alberta, le tourisme est le troisième secteur économique en importance. Ce sont surtout les Rocheuses qui représentent l'un des principaux centres d'attraction depuis des années. Selon les commentaires de gens travaillant dans le milieu, il n'a jamais été nécessaire par le passé de faire de la publicité pour la région. De partout dans le monde, les touristes ont toujours été attirés par le milieu naturel qu'offrent les Rocheuses. Cela n'est plus vrai de nos jours à cause des événements mondiaux et de la dévaluation de certaines monnaies étrangères. En réponse à cette nouvelle réalité, des représentants du milieu touristique de la région ont mis sur pied un groupe (anglophone) qui s'occupe particulièrement du tourisme patrimonial (nous l'appelons *Groupe Héritage* dans cet article). Ce groupe veut promouvoir la nature, l'histoire et la culture des parcs nationaux au Canada. L'objectif du Groupe Héritage est le suivant : *to encourage, develop and promote opportunities, products and services consistent with heritage and environmental values* (The Region Tourism Bureau, Business Plan, p. 14). Un autre objectif du Groupe consiste à offrir un produit distinct pour les gens qui viennent visiter les Rocheuses, comme le mentionne un responsable du tourisme dans la région. Ce responsable anglophone, né dans la région, accorde vraiment de l'importance lors de l'entrevue à la préservation de son environnement tel qu'il le connaît depuis son enfance :

S : the other objective is that in all of our materials that we send out around the world videos and all the other activities that we do, we

> make sure that we include information about our history and our
> culture in this area – to attract people that are interested in those
> kind of tourism experiences in other words you won't be seeing a
> water slide park here you won't be attracting people who want to
> come to a water slide park or to a theme park that is not our market
> our market is people that are looking for a way that they can not
> only discover a place, but to sort of discover something about them-
> selves discover a place like this a lot of times you have an opportu-
> nity to appreciate more about the world in general – that sort of
> thing

Il semble donc important pour le Groupe Héritage d'offrir une expérience unique afin d'attirer une clientèle particulière. Selon ce représentant anglophone, la clientèle de nos jours veut apprendre quelque chose de nouveau.

Nous avons également observé, en visitant certains sites de la région, qu'on men-tionne souvent les premiers pionniers. Ces pionniers provenaient de plusieurs pays (la Suisse, par exemple). Les touristes de partout dans le monde peuvent donc s'identifier à l'histoire des Rocheuses. Même si les premiers pionniers n'étaient pas francophones, le Groupe économique francophone insiste sur l'importance des services en français dans le secteur, sur la valeur ajoutée du français, parce que les montagnes attirent un grand nombre de touristes francophones (québécois). Voici ce qu'un de ses représen-tants déclare à ce sujet :

> R : bien il y a l'attraction ici qui est différente si tu regardes mettons
> si tu pars à l'ouest de l'Ontario le Manitoba au niveau du tourisme
> du patrimoine ont beaucoup de choses à offrir St-Boniface tu sais il
> y a toute une histoire la Saskatchewan il y a un peu moins d'histoire
> mais quand tu arrives en Alberta il y a beaucoup d'histoire à offrir
> et il y a beaucoup d'éléments naturels comme les parcs nationaux
> puis nous et la Colombie on est beaucoup plus apparenté en termes
> d'offres touristiques à cause des montagnes tu sais c'est ça qui est la
> grosse chose puis quoi qu'on fasse que ce soit le tourisme en franco-
> phonie ou en Chine ou en chinois ou en ukrainien ou en anglais les
> montagnes sont toujours l'attrait qui revient euh même quand on a
> fait un on fait un sondage annuellement au Québec avec Léger Mar-
> keting et puis quand la question est posée qu'est-ce qui les attire en
> Alberta les montagnes c'est 30 % et plus ça c'est quoi qu'on fasse en
> tourisme il faut que ce soit connecté à ça

Les montagnes demeurent donc un attrait important sur lequel le Groupe économique francophone doit miser pour attirer les francophones. Comme le représentant du Groupe le mentionne, les montagnes attirent un nombre illimité de touristes ayant des compétences langagières variées. Si le groupe mise sur le français, les commerçants qui peuvent offrir un service en français verront leurs profits augmenter. Il existe déjà un grand nombre d'employés francophones qui travaillent dans des entreprises capa-bles d'offrir un service en français. De plus, si des groupes francophones se laissent attirer dans les Rocheuses, ils voudront peut-être vivre une expérience en français dans le Nord de la province au cours d'un même voyage, selon le même représentant.

Discussion et conclusion

Dans le milieu touristique en Alberta, les francophones ainsi que les anglophones misent sur un certain héritage culturel pour promouvoir la province. Dans les Rocheuses, l'importance est accordée à l'environnement et à l'histoire des premiers pionniers venus s'installer dans la région. Les touristes d'aujourd'hui venant de partout dans le monde continuent de visiter cette région et de lui donner son caractère multilingue. Or on pourrait renforcer l'attrait qu'exercent déjà les montagnes sur les touristes francophones en leur offrant un service en français susceptible de leur plaire. Plusieurs personnes que nous avons rencontrées et interviewées ont mentionné que les touristes servis dans leur langue voient leur expérience enrichie. Selon un représentant de l'industrie touristique, les francophones unilingues de l'extérieur de la province pourraient profiter d'un service en français afin de mieux comprendre l'histoire de la région et d'acquérir une meilleure connaissance de cette dernière. Le Groupe économique francophone a encore beaucoup à faire dans la région des Rocheuses puisque le marché francophone est peu exploité par les organismes touristiques gouvernementaux de la région et de la province en général. L'accent est mis sur le multilinguisme et c'est à des langues autres que le français (l'allemand, le japonais) que l'on accorde de la valeur. Il reste que le français demeure important. Il existe un nombre considérable de jeunes employés francophones qui travaillent dans la région des Rocheuses. Ces employés viennent du Québec pour apprendre l'anglais et y demeurent un été, plusieurs étés ou plusieurs années.

La région du Nord-Est possède des ressources que le Groupe économique francophone essaie d'exploiter. Premièrement, l'histoire des francophones est importante pour une certaine génération de gens. Le Nord-Est de l'Alberta a vu les premiers habitants francophones s'installer lors de la colonisation de l'Ouest canadien. Ensuite, la fabrication de produits de la ferme qui sont différents attire un marché qui s'intéresse à l'agrotourisme. Le Groupe économique francophone peut donc compter sur un patrimoine et sur des produits authentiques de la région pour attirer des francophones d'ici et d'ailleurs. Aux yeux des Franco-Albertains, non seulement ces éléments contribuent à la prospérité économique des commerçants ou des gens d'affaires francophones, mais ils pourraient aussi permettre la reproduction linguistique et culturelle de la population francophone puisque, dans le secteur du tourisme, celle-ci aurait l'occasion d'utiliser le français au travail au moins en partie. Toutefois, le discours mondialisant sur le développement économique que nous avons exploité dans cet article ne semble pas insister sur le développement communautaire de la minorité. La plupart des gens que nous avons rencontrés ne mentionnent que l'aspect économique du secteur touristique. L'impact du discours mondialisant sur la reproduction linguistique de ces communautés pourrait se faire sentir, comme le mentionne un autre représentant francophone du secteur du tourisme : « il y a toujours quelque chose d'un peu politique dans ce que l'on fait. »

Dans cet article, nous avons montré comment les Franco-Albertains essaient de se créer un marché afin d'assurer l'expansion de leur économie en tirant parti d'une certaine valeur de la langue française. Il s'agit pour eux de mettre en valeur leur passé et de miser sur l'authenticité, deux éléments caractéristiques du discours mondialisant actuel. Comme Heller (1999, p. 336), le mentionne :

> The legitimacy of globalization lies in being able to create linkages which increase (and supposedly democratize) the circulation of

valued resources in ways which create room for local and regional differences. The tension of high modernity lies in the balance between unifying markets and sets of resources, on the one hand, and, on the other hand, the valuing of authentic, distinctive local products.

Cet article a pu montrer comment les produits locaux et la mise en valeur du patrimoine représentent un produit authentique à mettre à profit. Les francophones peuvent mettre en valeur ce qu'ils possèdent déjà et s'inventer un bel emballage afin d'attirer les touristes dans leurs régions respectives. En fait, les francophones se sont trouvé un créneau pour promouvoir la valeur ajoutée du français dans le Nord. Dans la région des Rocheuses, il reste encore du travail à faire pour démontrer l'importance du français dans la région. Les deux groupes linguistiques – anglophone et francophone – de la province de l'Alberta cherchent à attirer des clientèles précises dans le domaine touristique.

Nous avons vu également que la mondialisation engendre une certaine marginalisation pour des groupes minoritaires francophones au Canada (Roy, 2003). Qu'en est-il pour les Franco-Albertains dans ce contexte ? Cette recherche sur le tourisme albertain nous permet de poser les questions suivantes : Qui ou quel marché sera attiré par quel genre de produits ? Existe-t-il une demande suffisante pour soutenir l'offre des services en français ? Jusqu'à quel point les Franco-Albertains devront-ils exprimer leur identité comme francophones, voire comme bilingues, dans des services en français ? Qui participera au discours mondialisant ? Qui sera avantagé par le processus ? Qui restera à l'écart, et pour quelles raisons ? Enfin, nous avons offert un exemple de discours mondialisant au sein d'une minorité canadienne. La question est de savoir jusqu'où ce discours peut nous conduire pour mieux comprendre ce que vit cette minorité canadienne.

Les processus sociaux sont en mouvement constant ; il nous incombe de les examiner et de les comprendre au moment opportun.

NOTES

1. URGC-Starter Grant de l'Université de Calgary. Nous travaillons également avec un groupe de chercheurs faisant partie d'un projet intitulé *Prise de Parole II* dont les chercheurs sont : Monica Heller et Normand Labrie (Université de Toronto), Annette Boudreau et Lise Dubois (Université de Moncton), Patricia Lamarre et Deirdre Meintel (Université de Montréal), et Claudine Moïse (Université d'Avignon, France). Voir Heller (à paraître), « Globalization, the New Economy and the Commodification of Language and Identity », *Journal of Sociolinguistic*, qui donne un bon aperçu de cette recherche en cours.
2. Les noms ont été changés afin de garder l'anonymat. Il est vraisemblable que certains groupes peuvent se reconnaître, mais nous avons essayé d'être le plus loyales possible envers les gens que nous avons rencontrés, tout en essayant de comprendre la réalité telle que nous pouvons l'interpréter à un moment précis de l'histoire.

BIBLIOGRAPHIE

BOURDIEU, Pierre (1998a), *Acts of Resistance: Against the New Myths of Our Time*, Cambridge, UK, Polity Press.

BOURDIEU, Pierre (1998b), « L'essence du néo-libéralisme », *Le monde diplomatique*, mars, p. 3-7.

BUDACH, Gabriele, Sylvie ROY et Monica HELLER (2003), « Community and Commodity in French Ontario », *Language in Society*, vol. 32, n° 5, p. 603-628.

CANADA, GOUVERNEMENT DU (2003), *Le Prochain Acte : un nouvel élan pour la dualité linguistique canadienne : le plan d'action pour les langues officielles*, Ottawa, Bureau du Conseil privé, x, 79 p. Sur Internet : <http:// www.pco-bcp.gc.ca/aia/docs/ActionPlan/ActionPlan_f.pdf>

CASTELLS, Manuel (1996), *The Rise of the Network Society*, Oxford, Blackwell Publishers.

D'AUGEROT-AREND, Sylvie (1996), « Le monde associatif comme moyen d'intervention sur le français : diversité, dilemmes, dépendance, dissonance et symphonie inachevée », dans Jürgen ERFURT (dir.), *De la polyphonie à la symphonie. Méthodes, théories et faits de la recherche pluridisciplinaire sur le français au Canada*, Leipzig, Leipziger Universitätsverlag, p. 251-274.

GADREY, Jean (2000), *Nouvelle économie, nouveau mythe ?*, Paris, Flammarion.

GEE, James Paul (1999), *An Introduction to Discourse Analysis: Theory and Method*, New York, Routledge.

GEE, James Paul, Glynda HULL et Colin LANKSHEAR (1996), *The New Work Order: Behind the Language of the New Capitalism*, Boulder, Colo., Westview Press.

GIDDENS, Anthony (1994), *Les Conséquences de la modernité*, Paris, L'Harmattan.

HELLER, Monica (2002), « Globalization and the Commodification of Bilingualism in Canada », dans David BLOCK et Deborah CAMERON, *Globalization and Language Teaching*, p. 47-64.

HELLER, Monica (1999), « Alternative ideologies of la francophonie », *Journal of Sociolinguistics*, vol. 3, n° 3, p. 336-359.

HELLER, Monica et Normand LABRIE (à paraître), *Discours et identités. La francité canadienne entre modernité et mondialisation*, Éditions Modulaires Européennes, InterCommunications (sprl), Fernelmont (Belgique), « Proximités. Langages ».

HELLER, Monica et Gabriele BUDACH (1999), « Prise de parole : la mondialisation et la transformation des discours identitaires chez une minorité linguistique », *Bulletin suisse de linguistique appliquée*, vol. 69, n° 2, p. 155-166.

LABRIE, Normand, Nathalie BÉLANGER, Roger LOZON et Sylvie ROY (2000), « Mondialisation et exploitation des ressources linguistiques : les défis des communautés francophones de l'Ontario », *La Revue canadienne des langues vivantes*, vol. 57, n° 1, p. 88-117.

LE MENESTREL, Sarah (1999), *La Voie des Cadiens : tourisme et identité en Louisiane*, Paris, Belin.

ROY, Sylvie (2000), « La normalisation linguistique dans une entreprise : le mot d'ordre mondial », *La Revue canadienne des langues vivantes*, vol. 57, n° 1, p. 118-143.

ROY, Sylvie (2002), « Valeur et pratiques langagières dans la nouvelle économie : une étude de cas », thèse de doctorat non publiée, University of Toronto.

STATISTIQUE CANADA. 2001. Population selon la langue maternelle, provinces et territoires. Voir le site suivant : <http://www.statcan.ca/francais/Pgdb/demo18c_f.htm>

LA « PROBLÉMATIQUE » DE L'ALTÉRITÉ DANS L'OUEST FRANCOPHONE : LA « CULTURE MÈRE » DANS *LA FORÊT* DE GEORGES BUGNET ET LA « CULTURE SŒUR » DANS *CANTIQUE DES PLAINES* DE NANCY HUSTON

Glen Moulaison

> « [...] juste la toucher, l'effleurer, sans lui donner de structure définitive ».
>
> Julia KRISTEVA, *Étrangers à nous-mêmes*[1]

Au sein des cultures canadiennes d'expression française, il fut un temps où la « problématique de l'identité » se trouvait au cœur des recherches et à la page-titre des actes de plus d'un colloque portant sur la littérature : identité individuelle, identité culturelle, identité sexuelle, identité sociale – mais surtout, identité du phénomène littéraire lui-même en tant que représentation symbolique de l'autonomie, ou de la singularité, de la communauté source. L'exploration de l'« acadianité » de la littérature des Provinces maritimes ou de l'« orignalitude » de celle du Nord ontarien, par exemple, reflétait et appuyait l'affirmation sinon nationale du moins collective de cultures qui cherchaient à se construire malgré leur « exiguïté ». Depuis quelques années, à cette première « problématique » s'est ajoutée, voire substituée une deuxième, celle de l'« altérité », et, d'un point de vue sociologique, d'aucuns diraient que cela découle de la reconnaissance d'une tragédie – qu'une culture ne peut s'engendrer elle-même :

> Voilà que ces collectivités [minorités francophones canadiennes] ont bien souvent fini par affirmer, assez tragiquement, [...] leur incapacité fondamentale à exister dans la différence. Autant les membres de ces collectivités ont pu être convaincus au cours des 30 dernières années d'appartenir véritablement à un imaginaire singulier, autant l'expérience quotidienne de la vie collective semblait plutôt les dissocier de cette affirmation (Paré, 1999, p. 498).

Dans la « modernité nord-américaine », qui se caractérise par un ensemble de « jeux de pouvoirs associés à la circulation des images » (p. 499), où se chevauchent minorités culturelles et de multiples expressions de l'Autre, l'« ontogenèse » serait une impossibilité, un mythe. En conséquence, depuis ce constat, un des objectifs de la critique littéraire dans ce domaine est d'examiner l'« identité » des petites littératures canadiennes-françaises dans la mesure où elles sont en rapport constant avec toute forme d'« altérité ».

Il est évident que cela a ouvert de nouveaux terrains aux chercheurs. À l'Université de Moncton, par exemple, le programme de la nouvelle Chaire de recherche du Canada en analyse littéraire interculturelle et du Groupe de recherche interdisciplinaire sur les cultures en contact (GRICC) vise l'exploration du phénomène littéraire canadien-français en portant un regard sur les éléments « exogènes » qui y figurent : emprunts, transferts, représentations des cultures « autres », et ainsi de suite[2]. Inévitablement, la recherche dans ce domaine met l'accent sur les corpus québécois et acadien d'abord et avant tout, ensuite sur l'ontarien, les plus étendus et, traditionnellement, les mieux étudiés. Le corpus de l'Ouest, quant à lui, ne semble pas encore attirer l'attention soutenue des chercheurs, exception faite de l'œuvre de Gabrielle Roy, qui est pour l'Ouest ce qu'Antonine Maillet était autrefois pour l'Acadie, une vitre dont l'éclat ne permet pas toujours de voir ce qu'il peut y avoir de l'autre côté. Pourtant, ne pourrait-on pas affirmer que l'Ouest constitue effectivement un terrain privilégié pour ce genre de recherche – en « altérité » ? En fait, dans la mesure où la nature disparate de la communauté francophone, issue de plusieurs vagues d'immigration, l'hétérogénéité de l'espace (les Prairies, les Rocheuses, le Grand Nord) et la pluralité des « autres » communautés (Autochtones, Anglais, Allemands, Hollandais, Mennonites, Hutterites, etc.) ont pu nuire au développement d'une « identité » franco-ouestienne homogène, il nous paraît évident que l'analyse de la production littéraire de l'Ouest francophone bénéficierait de l'apport d'une telle approche, qu'elle semble tout simplement inviter. C'est pourquoi, dans ce bref article, nous proposons d'examiner une forme particulière d'« altérité » dans deux exemples franco-albertains du corpus de l'Ouest, *La forêt* de Georges Bugnet et *Cantique des plaines* de Nancy Huston. Nous allons aborder dans le premier roman la question de la représentation de la « culture mère » – celle de la France – et dans le deuxième, la représentation d'une « culture sœur » – celle des Premières nations.

La forêt *et la culture* « *douce* »

Dans *La forêt*, publié en 1935, Georges Bugnet raconte une histoire qui ressemble sans doute à la vie qu'il avait lui-même vécue. Venu de Bourgogne au Canada en 1904, il s'établit avec sa femme au nord-ouest d'Edmonton sur une terre vierge qu'il allait cultiver pendant une quarantaine d'années. Comme Roger Bourgouin, l'un des personnages principaux du roman, Bugnet était d'origine bourgeoise, « cultivé et talentueux, tenté par le journalisme, […] mais irrésistiblement attiré par le Canada, pays neuf, et par la vie primitive » (Saint-Pierre, p. 65). Mort à l'âge avancé de cent deux ans, cependant, il réussit à faire ce que son double fictif ne put faire : passer toute sa vie dans la « forêt » sauvage de l'Alberta. Bugnet, qui n'est jamais rentré en France (à la différence de son contemporain notable Constantin-Weyer, qui quitta le Manitoba après une dizaine d'années), joua un rôle actif dans la communauté française en Alberta, même si son œuvre littéraire resta peu connue de son vivant ; il fit du journalisme, s'intéressa à l'éducation des siens. En 1970, il fut reçu chevalier des Palmes académiques par le gouvernement français.

Jean Papen, l'auteur de l'étude la plus importante consacrée à Bugnet (1985), fait valoir que l'objectif du roman était de

> présenter un tableau de la colonisation de l'Ouest canadien, avec l'intention de livrer toute la vérité sur la vie rude des pionniers. [L']expérience personnelle [de Bugnet], son amour de la nature canadienne, sa connaissance intime de nombreux drames vécus par des colons inaptes à supporter le climat et les tâches trop lourdes, toutes ces données lui permettaient de composer une œuvre riche de réalisme et de densité humaine, tout en ménageant cette poésie grandiose qu'inspire la nature canadienne (1978, p. 513).

Certes, la lecture de *La forêt* nous rend évidentes à la fois l'intention et la sensibilité d'un auteur sur qui la nature canadienne exerça une fascination énorme, particulièrement en rapport avec le rôle de l'être humain qui essaie de l'habiter ou de la maîtriser. Mais ce qui est aussi évident – et paradoxalement –, c'est la place que semble toujours occuper la « douce France » dans la conscience de Bugnet. On verra que malgré l'« altérité » de cette culture vis-à-vis la « forêt » albertaine, c'est effectivement cette dernière qui devient l'« Autre ».

La forêt se lit comme un roman de la terre avec de forts accents de réalisme. Il s'agit de l'histoire de Roger et Louise Bourgouin, un jeune couple qui quitte la France afin de s'établir (voire s'enrichir) dans le Nord de l'Alberta. Ayant acheté une terre de cent soixante arpents dont la majorité sont couverts d'une ancienne forêt vierge, Roger souhaite faire fortune dans l'espace de quelques années, puis rentrer en France : « En deux ou trois ans nous aurons ici une propriété superbe. Dans dix ans nous aurons fait fortune et nous retournerons en France[3] » (p. 28). Les Bourgouin arrivent sur leur terre avec peu d'argent et avec encore moins d'expérience. Homme de ville, Roger ne sait même pas manier la hache. Mais il se montre un étudiant assidu et, grâce à l'aide du voisin, M. Roy, il devient rapidement un véritable homme des bois, ce qui ne l'empêche pas de se trouver dans la misère faute d'expérience. Il enlève tous les arbres qui poussaient à l'ouest de la maison, par exemple, éliminant tout abri contre les vents d'hiver. Il révèle son incompétence encore une fois en construisant une étable du côté du vent, remplissant ainsi la maison de mouches et d'odeurs de fumier, ce qui rend la situation domestique presque intolérable pour Louise.

La représentation de la « culture mère », la France natale des personnages (et de l'auteur), entre en jeu dans ce roman au moment où la difficulté de vivre dans ce pays inhospitalier qu'est le Nord de l'Alberta se fait de plus en plus sentir, surtout chez Louise, qui se trouve souvent seule à la maison alors que Roger passe la journée à défricher la terre. Alors que la « forêt » est pour celle-ci une « muette et sinistre force, accroupie là-bas dans l'ombre, et qui attendait une proie » (p. 70), la France représente la civilisation, la culture, la sécurité et la familiarité, bref l'« identité » : « Nous n'aurions pas dû venir nous établir si loin du monde » (p. 25). L'arrivée en Alberta est comme une chute, la descente d'un niveau d'existence supérieur à un niveau d'existence inférieur auquel on a l'impression de ne même pas appartenir : « comme pour quelqu'un qui est entré là où il ne devrait pas entrer, comme si nous étions venus faire ici des choses que nous ne devions pas faire, comme si cette terre voulait nous résister » (p. 158). Même sur le plan purement corporel, il y a évidence d'une descente, d'une chute. Louise trouve que son mari, par exemple, autrefois (c'est-à-dire en France) raffiné de geste et de manière, devient de plus en plus grossier. Il ne se rase plus, et il cesse de se nettoyer comme il faut après avoir passé la journée à travailler dans la forêt. Elle le lui reproche souvent : « Tu deviens de plus en plus négligent, Roger. Si tes habits se salissent, tu ne t'en soucies plus. Tu laisses pousser ta barbe plusieurs jours de suite. [...] Hier, je t'ai entendu t'emporter contre tes chevaux, crier et jurer comme un vrai charretier » (p. 83). Plus le temps passe, sous l'effet de la « forêt », plus l'identité devient dénaturée.

Mais la France est pour les Bourgouin plus qu'un autrefois, la douce mère patrie à laquelle on rêve quand la vie du présent est dure. On a vu que l'objectif de Roger est de faire fortune en Alberta dans l'espace d'une dizaine d'années puis de rentrer : « Ton père [dit-il à Louise] n'aura plus honte de moi » (p. 28). Autrement dit, la France est le lieu d'une sanction. Le travail que fait Roger au Canada, aussi réel ou aussi difficile soit-il, ne reçoit sa pleine signification que dans le pays d'origine. Et malheureusement, la sanction n'aura pas lieu, car, l'esprit vaincu par les difficultés reliées au travail du sol, ayant perdu un fils par noyade, les Bourgouin renoncent à leurs terres, vendent tout et quittent la forêt qui leur a coûté si cher.

Cantique des plaines *et la culture « à admirer »*

Comme dans *La forêt*, il y a un élément autobiographique important dans *Cantique des plaines*. Nancy Huston, née à Calgary en 1953 et abandonnée par sa mère six ans plus tard, quitta l'Amérique à l'âge de vingt ans pour s'établir définitivement en France après des études aux États-Unis. Étudiante à l'École des hautes études en sciences sociales à Paris, elle fut formée par les chefs de file du structuralisme, dont Roland Barthes. Elle finit par renoncer à sa patrie, l'Alberta, de même qu'à sa langue maternelle, et décida d'écrire seulement en français : *Cantique des plaines*, publié en 1993[4], dont le cadre est l'Alberta, représente la première fois que l'auteure revient à son pays d'origine dans une œuvre de fiction.

Cantique des plaines est l'histoire de Paddon, grand-père de la narratrice, Paula, une jeune femme qui habite à Montréal. Le père de Paddon, John Sterling, est venu d'Irlande au Canada avec son frère Jake, en 1897, pour se joindre à la ruée vers l'or. À un bal à Calgary, John rencontre Mildred : Paddon est conçu ce soir-là dans un banc de neige, et John et Mildred se marient peu après. John veut que son fils soit cowboy mais, en grandissant, Paddon préfère lire et jouer du piano. Il fuit le plus tôt possible les rages violentes de son père et se trouve à l'Université de l'Alberta à Edmonton, où il étudie la philosophie. Épaté par le monde des idées, Paddon nourrit des ambitions de faire un doctorat. Tout change pour lui, néanmoins, lorsqu'il rentre à Calgary pour aider sa mère après la mort de son père. Il rencontre Karen, qu'il épousera. Il renonce à sa thèse et à ses études et prend un emploi comme professeur de lycée à Calgary. D'abord, il se croit content : il a une femme qu'il aime et qui l'aime, et un petit garçon, Frankie. Mais bientôt il commence à vouloir reprendre sa thèse. Il demande un an de congé et essaie de terminer son livre. Malheureusement, il ne retrouve pas ses idées d'autrefois, et son année de congé lui échappe sans le moindre progrès. Déprimé, il se retire de plus en plus de sa femme et de ses enfants.

C'est à ce point de l'intrigue que l'on rencontre la « culture sœur », dans la personne de Miranda. Paddon rencontre Miranda à l'épicerie un samedi, une rencontre qui déclenche une liaison qui va durer plus d'une dizaine d'années. Miranda est autochtone, son père étant le petit-neveu du grand chef Crowfoot, et sa mère, « le résultat d'un viol d'une Sarci par un blanc[5] » (p. 64). Artiste, elle révèle à Paddon un monde tout à fait différent de celui qu'il avait connu jusque-là. Elle lui raconte les légendes Blackfoot, histoires qui lui semblent tellement plus élégantes et plus puissantes que les histoires chrétiennes de son enfance. En plus, elle parle de l'histoire de l'Ouest selon le point de vue des Autochtones – de la duplicité du gouvernement et des bonnes intentions des missionnaires qui ont néanmoins contribué à la destruction du mode de vie traditionnel des Blackfoot. Grâce à Miranda, Paddon est capable de trouver refuge hors du monde puritain et stérile qui l'emprisonne depuis longtemps. Il découvre que l'esprit créateur de Miranda (elle est peintre) a créé pour lui un espace où vivre à l'aise. Malheureusement, et peut-être ironiquement, Miranda est atteinte d'une étrange maladie qui lui enlève la sensation. Cette dégradation de son système nerveux va finalement l'emporter, et Paddon se retrouve encore une fois dans un monde où il demeure un étranger.

Il n'est pas difficile de voir dans ce portrait de Miranda, dont le seul nom est plein de sens (*miranda* en latin signifie « à admirer », « admirable »), une représentation assez romantique de la culture autochtone, qui se rapproche même du mythe du *bon sauvage*. En fait, même la noblesse y est : l'ancêtre de Miranda est un grand chef; et une drôle de mort nous la rend encore plus sympathique[6]. La critique a déjà noté le « discours psychobiographique » dans l'écriture de Huston[7], et on peut facilement voir dans le personnage de Miranda le portrait de l'artiste albertaine dont la culture est autre qu'anglo-saxonne.

Cependant, ce qui sauve ce roman d'une telle lecture et le personnage de Miranda d'une telle interprétation stéréotypée est le fait que *Cantique des plaines* exploite une technique narrative assez raffinée. L'histoire est racontée par Paula, la petite-fille de Paddon. Après la mort de son grand-père Paddon, sa grand-mère lui envoie une enveloppe qui contient les écrits – en effet une collection de ratures et de pensées quasi incompréhensibles – qui représentent les efforts du grand-père pour rédiger un livre au sujet de la nature du temps. Paula commence à lire ces écrits, et s'inspirant des fragments de texte que Paddon lui a laissés, elle commence à reconstruire la vie de son grand-père, dans une série de morceaux entrelacés. Cette reconstruction commence avec la mort de Paddon, et finit, à la dernière page du roman, avec sa conception à elle. Entre ces deux événements, Paula se refait la vie entière de son « Papie », choisissant des morceaux ici et là pour enfin compléter un tableau plus ou moins vraisemblable. En effet, les événements de la vie de Paddon nous sont relatés avec de tels détails qu'on se demande parfois si Paula n'en invente pas afin de nous faire croire à sa version de l'histoire. Comment réussit-elle à reconstruire cette histoire, si elle n'a eu que ces ratures indéchiffrables de Paddon comme source ? Même Paula ne réussit pas toujours à croire à son propre récit, ou bien elle ne veut pas y croire. Par exemple, après avoir décrit la violence avec laquelle le père de Paddon a attaqué sa mère lorsqu'elle lui a dit qu'elle était enceinte, Paula intervient : « […] la frappant encore et encore au ventre de la pointe de sa botte, l'as-tu réellement vu Paddon? » (p. 89). On rencontre ici la question de la vérité, qui se pose tout au long du texte : la fiction est-elle une biographie (aussi fictive soit-elle), ou bien la biographie est-elle une simple fiction ?

Alors, comme la narratrice qui doit essayer de reconstruire l'histoire d'une vie à partir de *débris*, ou d'écrits, qui ne sont pas nécessairement fidèles à la vérité, ne devons-nous pas comme lecteurs et lectrices remettre en question la fidélité d'une représentation comme celle de Miranda ? L'auteure n'est-elle pas notre Paddon, qui nous envoie des fragments de texte que nous devons par la suite interpréter ? En comparaison de la représentation de la « culture mère » dans *La forêt*, celle de la « culture sœur » dans ce roman est bien plus complexe. Dans la mesure où l'on nous y invite effectivement à interroger la représentation de Miranda, nous devons, comme Paula, nous interroger sur la nature même de toute représentation.

Conclusion

Évidemment, *La forêt* (1935) et *Cantique des plaines* (1993) appartiennent à deux époques différentes, et leurs auteurs, à deux « écoles » différentes, si l'on peut parler ainsi. Forcément, le roman d'un immigrant aux convictions de missionnaire, rappelant celles d'un Félix-Antoine Savard, ne ressemblera pas à celui d'une émigrée aux techniques littéraires très raffinées. On ne peut pas traiter de la même manière la « représentation » là où il y a tant d'écarts, surtout sur le plan de la forme. D'ailleurs, si on voulait élargir l'exploration de ce concept à d'autres auteurs de l'Ouest, de Maurice

Constantin-Weyer à Annette Saint-Pierre en passant par Marguerite-A. Primeau, on verrait sans doute entre eux, de même, plus de différences que d'affinités. Et pourtant, ce que ces deux romans nous suggèrent même après un aperçu très bref, et ce qu'ils partagent avec d'autres romans de l'Ouest francophone, c'est effectivement l'importance du rôle qu'y joue l'« altérité » dans l'absence d'une « identité » franco-ouestienne homogène. Nous ne savons pas si ce phénomène est « la forme symbolisée de la dépossession et du désir intense de *mourir à l'Autre* », qui caractérise la littérature des « cultures dominées »[8]. Mais nous savons que, par rapport aux autres cultures canadiennes d'expression française, c'est cette altérité qui donne à la production littéraire de l'Ouest sa singularité, son « identité ».

NOTES

1. Kristeva est en train de parler de la définition de l'« autre », p. 11.
2. Voir le site Web <www.umoncton.ca/fass/def/crcl>.
3. Nous utilisons l'édition des Éditions TYPO (Montréal), 1993. Désormais, la pagination sera directement incluse dans le texte.
4. On connaît l'histoire de la publication de ce roman, un peu mouvementée. D'abord écrit en anglais (*Plainsong*), il est réécrit en français, et les deux versions sont publiées la même année. La version française reçoit le prix du Gouverneur général, ce qui fait scandale chez certains éditeurs québécois.
5. Nous utilisons l'édition Actes Sud/Leméac (Arles et Montréal), 1993. Désormais, la pagination sera directement incluse dans le texte.
6. Doit-on voir dans cette mort d'une Autochtone dans la compagnie de Paddon l'allégorie du sort des Premières nations aux mains des Européens ? Rappelons que l'époux de Huston, Tzvetan TODOROV, est l'auteur d'un des classiques de la littérature de l'« autre », *La conquête de l'Amérique : la question de l'autre*, Paris, Seuil, 1982, 278 p., qui raconte les premiers contacts entre Européens et Autochtones de l'Amérique.
7. Voir Pamela V. SING, 2001, p. 737-751.
8. « Mais il est clair que, dans toutes les cultures dominées, les rapports avec l'Autre déterminent l'identité, qu'ils ne peuvent être facilement distingués de la littérature, et qu'ils prennent, dans ce contexte de la littérature, la forme symbolisée de la dépossession et du désir intense de mourir à l'Autre. » François Paré, *Les littératures de l'exiguïté : essai*, préface de Robert Major, Ottawa, Le Nordir, 2001, p. 106-107.

BIBLIOGRAPHIE

BUGNET, Georges (1993), *La forêt*, Montréal, Éditions TYPO.

HUSTON, Nancy (1993), *Cantique des plaines*, Arles, Actes Sud ; Montréal, Leméac.

KRISTEVA, Julia (1988), *Étrangers à nous-mêmes*, [Paris], Fayard.

PAPEN, Jean (1985), *Georges Bugnet, homme de lettres canadien*, Saint-Boniface, Éditions des Plaines, 230 p.

PAPEN, Jean (1978), « La forêt », dans Maurice LEMIRE et al., *Dictionnaire des œuvres littéraires du Québec*, tome II, *1900-1939*, Montréal, Fides, p. 513-516.

PARÉ, François (1999), « Vers un discours de l'irrémédiable : les cultures francophones minoritaires au Canada », dans Joseph Yvon THÉRIAULT (dir.), *Francophonies minoritaires au Canada : l'état des lieux*, Moncton, Éditions d'Acadie.

SAINT-PIERRE, Annette (dir.), *Répertoire littéraire de l'Ouest canadien*, Saint-Boniface, Centre d'études franco-canadiennes de l'Ouest, p. 65.

SING, Pamela V. (2001), « Écrire l'absence : Montréal et l'Alberta chez Marguerite-A. Primeau et Nancy Huston », *University of Toronto Quarterly*, vol. 70, n° 3, (été), p. 737-751.

LA FRANCOPHONIE PLURIELLE AU MANITOBA

Anne-Sophie Marchand
Université du Québec à Montréal

Situation générale

Le Manitoba est la province la plus multilingue du Canada. En effet, 64 langues maternelles s'y côtoient, s'utilisent mais aussi s'assimilent rapidement à la langue anglaise, majoritaire et véhiculaire. Parmi ces minorités linguistiques figurent les Franco-Manitobains, en troisième position après la communauté allemande[1]. Au recensement de 2001, 4,1 % se déclarent francophones, seulement 3,9 % avouent utiliser leur langue maternelle et seulement 1,7 % l'utilisent au foyer. Pour en arriver à ce stade de minorisation (les francophones étaient majoritaires à la naissance de leur province en 1870), ils se sont assimilés massivement à la langue de la majorité mais ont dû subir une longue période de politique assimilationniste qu'il est utile de retracer brièvement ici.

Il est évident que cette situation est de plus en plus préoccupante, mais ce qui peut surprendre également, c'est la survivance de la minorité francophone au Manitoba compte tenu des circonstances, et notre tâche de sociolinguiste consistera ici à en décrire les principales raisons.

Introduction au(x) parler(s) franco-manitobain(s)

Les Franco-Manitobains ont (à l'image de leurs cousins des provinces de l'Ouest), pour la plupart, leurs racines au Québec. Mais les origines de l'autre partie des locuteurs francophones ont deux souches : les Métis et les Européens francophones, ce qui rend cette situation sociolinguistique unique au Canada.

En effet, lorsqu'on examine le répertoire linguistique de cette communauté, on remarque un contraste entre l'utilisation d'une langue plus formelle apprise à l'école et le maintien de trois variétés de français (le français des Métis (et le *mitchif*[2]), le québécois et les dialectes francophones d'Europe) encore parlées dans les zones rurales et dans des situations informelles, dans le but d'exprimer différents sentiments d'identité.

Dès notre première enquête sur le terrain, en 1994, nous avons pu observer que la minorité franco-manitobaine n'est regroupée qu'au niveau politique pour la sauvegarde de ses droits. Sur le plan sociolinguistique, par contre, elle forme une mosaïque linguistique et identitaire, véritable microcosme de la situation nationale, ce qui nous autorise d'emblée à « mettre la francophonie manitobaine au pluriel », distincte d'autres parlers français canadiens (comme le français québécois). En voici une description sommaire.

Bref descriptif du parler franco-manitobain

L'idiome utilisé par tous ces francophones d'origines différentes s'appelle le « franco-manitobain » et non le « français québécois », sa source, dont il se différencie par quelques caractéristiques, par exemple :

- un taux important de calques (1), d'emprunts intégrés (2), d'interférences avec l'anglais (3) ou d'alternances codiques (4), comme en témoignent les exemples ci-dessous :

> 1. *L'aréna* mot francisé (phonétiquement) désigne un stade ; *appliquer* s'emploie pour postuler, *s'introduire* (à quelqu'un) signifie se présenter (*to introduce oneself to someone*) ; *on est supposé qu'on est* est l'expression calquée de *we're supposed to*.

> 2. *Fun* ou *loosers* sont des anglicismes intégrés et communs au français standard européen ; *habilités* est l'équivalent de compétences. En général, les mots anglais dans le discours des locuteurs franco-manitobains – surtout les plus jeunes d'entre eux – sont prononcés avec l'accent anglais (*sure, hamburger, party*).

> 3. La récurrence *juste*[3], synonyme de rien que, d'à peine ou de justement, est une variante surutilisée due au bilinguisme.

> 4. Chez les plus jeunes, les alternances codiques sont nombreuses : « you're killing / tu marches partout / ça c'est l'cousin du n'veu à » (= tu plaisantes...) ; « eux-aut' i ont vraiment peur / le Québec c'est une petite minorité dans l'Amérique du Nord / look at the big picture / i sont six millions parmi trois cents millions » (= regarde/considère l'ensemble (de la situation)).

- une absence de créations lexicales, d'images typiques du québécois :

Quand les Franco-Manitobains disent... les Québécois disent...

chips	croustilles
chaussettes	bas
boisson gazeuse	liqueur

- une méconnaissance des registres informels comme le joual (les « sacres[4] »).

En revanche, le parler franco-manitobain est une langue de nature archaïsante à tous les niveaux – morphologique, phonétique et lexical. Autrement dit, il aurait davantage conservé le vieux fonds français (entre deux synonymes un Franco-Manitobain choisit toujours le plus ancien, même si le moderne est compris ; par exemple, *un résident* sera écrit *un résidant*, selon une norme ancienne). C'est un parler incertain, non encore empreint de la norme (explicite[5]) du XVIIe siècle qui s'imposait en France (à preuve, l'emploi hésitant de prépositions, qui diffère de l'emploi standard comme dans *hésiter de, penser de*).

À ce sujet, Liliane Rodriguez a réalisé le schéma suivant, qui décrit les parties constituantes de cet « interlecte dialectal (ou français régional) » (1991, p. 165) en formation :

1er pôle : anglicismes et fonds normatif français ;

2e pôle : régionalismes (canadianismes, dialectalismes).

Certes, l'étude des anglicismes de ce parler serait à faire, mais nous nous sommes seulement attachée à étudier la partie « française » du franco-manitobain, car, pour l'instant, l'intérêt premier de la situation linguistique de cette province provient du fait que les communautés de langue française sont groupées en une série d'isolats ayant peu de contact entre eux.

Et à notre avis, l'une des meilleures voies pour cerner cet aspect reste le recours à l'histoire. En effet, même s'il n'explique pas entièrement le pourquoi et le comment de ces survivances linguistiques, il permet d'éclairer certaines zones d'ombres entourant la naissance des particularités des variétés de parlers français au Manitoba.

Historique

Le métissage dans les plaines de l'Ouest a débuté dès le XVIIe siècle. Il est le résultat d'unions entre des Amérindiennes et des hommes blancs, venus dans l'Ouest participer à la traite des fourrures avec les Autochtones. Ces Blancs proviennent de la Nouvelle-France (les francophones sont pour la plupart des coureurs de bois), mais il y a aussi parmi eux des Écossais et des Anglais employés de la Compagnie de la Baie d'Hudson ; leurs épouses sont cries et ojibwées. Au début du XIXe siècle, les Métis francophones sont majoritaires et ils forment un groupe ethnique particulier. Toutefois, ils ne commencent à prendre conscience de leur identité propre qu'après le début de la colonisation de la rivière Rouge, en 1812, dans un contexte d'âpres rivalités entre la Compagnie du Nord-Ouest et la Compagnie de la Baie d'Hudson, les deux sociétés qui se disputaient alors l'exploitation des fourrures dans le nord-ouest de l'Amérique du Nord. Petit à petit, les Métis voient s'établir à leurs côtés des colons écossais et irlandais et, par la suite, des Canadiens du Bas-Canada appelés en renfort par le clergé catholique local pour sédentariser et évangéliser la colonie ; les Britanniques du Haut-Canada viendront plus tard. C'est ainsi que voit le jour dans les plaines de l'Ouest une petite société multiethnique, multilingue et multiconfessionnelle pour laquelle l'exploitation des fourrures demeure pendant longtemps l'activité dominante.

S'il n'est pas possible de retracer ici toute l'histoire de la « nation métisse », il importe de décrire les causes des tragédies qui l'ont décimée, ce qui a fragilisé par la suite toute la communauté francophone.

En 1869, dans une volonté d'expansion territoriale, le gouvernement du Dominion, alors dirigé par Sir John A. Macdonald, acquiert tout le Nord-Ouest jusque-là britannique. Mais cette entente est signée sans demander l'avis des Métis, qui viennent d'élire un des leurs, Louis Riel, à la tête d'un gouvernement local constitué pour contrecarrer ce projet d'annexion. Dans le but de conserver leurs droits fonciers, les Métis de la rivière Rouge se révoltent à deux reprises, en 1869-1870 puis en 1885 (à l'initiative, cette fois, des Métis du Nord-Ouest). En 1870, Riel rédige plusieurs « listes de droits » dont les articles seront intégrés dans l'Acte du Manitoba, qui rend, entre autres, officiellement bilingue la « province du Manitoba » que vient de créer le gouvernement fédéral. En 1885, à la suite du second soulèvement des Métis et de leur défaite à Batoche dans les Territoires du Nord-Ouest, le gouvernement fédéral arrête Riel[6] et le pend pour trahison, ce qui aggrave considérablement l'éclatement géographique des Métis et entraîne leur assimilation quasi-totale. La communauté francophone va par la suite subir de nouvelles lois assimilatrices. C'est ainsi qu'en 1890, l'anglais devient la seule langue officielle du Manitoba et que les écoles confessionnelles sont abolies. En 1896, à la suite d'un compromis entre les autorités provinciales et fédérales, on rétablit les écoles confessionnelles mais en 1916, on abolira l'usage du français comme langue d'enseignement. S'érigeant en contre-pouvoir, le clergé va alors mener une politique efficace de survivance de la foi catholique et de la langue française au Manitoba ; l'enseignement en français, qui se fera dans la clandestinité pendant plus de soixante ans, sera son cheval de bataille.

Actuellement, et malgré une politique linguistique favorable au bilinguisme officiel et à l'épanouissement des minorités francophones hors Québec (politique engagée par P. E. Trudeau en 1969 au moyen de la Loi sur les langues officielles), l'assimilation des francophones du Manitoba est très préoccupante. Celle-ci est attribuable à des facteurs auxquels il est difficile de mettre un frein, comme l'exogamie. Mais c'est plutôt à la vitalité pour le moins surprenante des Franco-Manitobains, étant donné les circonstances, que nous nous intéressons dans nos recherches et, a fortiori, aux raisons du maintien d'anciens idiomes français du Canada et de la France au Manitoba.

Genèse des variétés de français

Lorsqu'on parcourt l'espace exigu de la francophonie manitobaine, on remonte automatiquement dans le temps, qui a forgé une identité linguistique et culturelle particulière. L'histoire a laissé sa trace sur les mots et, inversement, la survivance de particularismes régionaux, dont nous allons donner les grands traits ici, est le reflet des différents peuplements de francophones du Manitoba, que sont les Métis, les Québécois, les Européens (dont les Français de l'Est de la France). La présence de ces derniers rend unique la situation sociolinguistique du Manitoba, (et par là même son étude) par rapport aux autres provinces franco-canadiennes qui n'ont qu'une souche, par exemple la souche québécoise en Ontario.

Autrement dit, il est étonnant d'observer encore de nos jours que, derrière le bloc que forme la minorité francophone pour revendiquer ses droits, il existe une diversité géolinguistique des français entre la ville (Saint-Boniface) et les régions rurales (La Rouge, La Seine, La Montagne).

Le « français de Saint-Boniface »

Nous lui avons donné cette dénomination car le « français de Saint-Boniface » renvoie à une réalité géolinguistique particulière. Saint-Boniface est la « capitale » francophone du Manitoba et en quelque sorte le fief des Franco-Manitobains. On y trouve concentrée toute l'activité de la communauté franco-manitobaine : sa représentation politique (la Société Franco-Manitobaine), ses associations culturelles (le Centre culturel franco-manitobain, etc.), ses médias francophones (Radio-Canada). En parcourant les pages du journal unilingue francophone, *La Liberté*, il est surprenant de pouvoir les lire dans un français proche du français standard européen[7] (à l'exception de quelques anglicismes comme l'*aréna*, mot francisé déjà cité) malgré un environnement majoritairement anglophone. Saint-Boniface est également le lieu par excellence de l'enseigne-ment du français, en raison de la présence séculaire du Collège universitaire de Saint-Boniface et des écoles franco-manitobaines ou mixtes où, là aussi, la transmission lin-guistique s'effectue dans un français normatif.

Dans les rues et en général, pour qui est habitué au français québécois, il apparaît d'emblée, aux niveaux lexical et phonétique, que le parler franco-manitobain en est sensiblement différent. En effet, d'après nos corpus, il se rapprocherait plus du fran-çais standard européen que du français québécois, la forte présence de l'anglais en plus (interférences et intonations typiques). Les lignes structurelles de ce français ont été présentées plus haut.

L'anglais exerce également une pression lexicale sur ce français local, dont l'étude reste à faire ; mais comme nous l'avons déjà souligné, nous nous sommes seulement attachée à décrire la partie « française » du franco-manitobain, dans le but d'étayer des remarques formulées par les locuteurs rencontrés et exprimées ainsi par l'historien franco-manitobain Antoine Gaborieau : « ce parler n'est pas uniforme à travers le Manitoba français : ici comme ailleurs, la langue diffère d'une région à l'autre, selon l'origine des habitants. L'accent de St-Claude [*sic*] se distingue de celui de St-Jean Bap-tiste [*sic*] » (1985, p. 6).

Dans cette perspective, il m'a paru opportun de commencer par décrire ses fonda-teurs, les Métis de la rivière Rouge et leur parler particulier, le métis, qui ont participé à la construction linguistique et identitaire de la communauté franco-manitobaine.

Le « français de la Rouge »

Ces locuteurs forment en effet la première souche francophone constituant la base de la population française du Manitoba, fixée sans doute au XVIIIe siècle par suite de l'arrivée de trappeurs ou de « coureurs de bois » partis de l'Est. Ils ont choisi de vivre comme et avec les tribus indiennes cries et ojibwées de l'Ouest du Canada. Au Mani-toba, ils ont ainsi donné naissance à un nouveau groupe ethnique francophone : les Métis de la rivière Rouge, majoritaires dans la province qu'ils créèrent en 1870, grâce à Louis Riel, fondateur du Manitoba (Giraud, 1945). Aujourd'hui encore, on peut ren-contrer des Métis francophones dans quelques villages franco-manitobains (mais éga-lement dans les autres provinces de l'Ouest). De tous ces lieux, Saint-Laurent est l'unique village où les Métis francophones sont majoritaires.

L'un des signes caractéristiques de la survivance linguistique du métis est incontes-tablement ce qu'on appelle au Canada le *mitchif*[8] (prononciation locale de *métif*). Son originalité linguistique est suffisamment attestée par de nombreux linguistes comme R. A. Papen (1987), J. Crawford (1983) et P. Bakker (1989). Nous avons pu, sur place, nous rendre compte de certaines de ses particularités, le parler de nos locuteurs métis étant, d'après notre corpus[9], plus proche du français canadien typique que du français métis conservé par les plus âgés (à part des exceptions résiduelles phonétiques et lexi-cales). En fait, c'est la partie phonétique du mitchif qui semble la plus vivace, car même si des locuteurs métis disent ne plus parler ainsi : « J'a pas été à Lorette, j'tas trop, fatigué(e) [fatʃike] » ou bien « les Anglais couraient pis les Métis [mitʃif] criaient… », au cours des entretiens, la récurrence de l'affrication du phonème /t/ en [t] (au lieu de [tₛ] en québécois) devant les voyelles antérieures fermées prouve le contraire ; à preuve, cet exemple parmi d'autres : « elle est toute seule [tʃoel] ». D'autre part, dans le parler métis, il n'y a pas de diphtongaison : père est réalisé [pɛ : r] ([pɛ : r] en français standard ; [p aɛ ʀ] en québécois), etc. Au point de vue lexical, certains mots archaïques du lexique québécois sont encore en usage chez les Métis. Par exemple, *une gergaude*, prononcé [ʒaʀɡod], a bien gardé le sens québécois qui signifie « une jeune fille aimant à s'amuser à badiner avec les garçons » (Clapin, 1894, p. 168). D'autres sont encore en usage au Québec comme l'interjection *mot !*, (prononcée [mot] avec le /t/ final sonore), pour exprimer qu'on n'a rien répondu (Bergeron, 1980, p. 327). De plus, nous avons pu relever une catégorie de mots introuvables dans les dictionnaires ou lexiques accessibles (sont-ils métis ?) tels que *un goméin* (l'orthographe est incertaine), l'équivalent de conscrit. Enfin, on signalera la présence d'amérindianismes (du saulteux) comme *une pouchnée* qui signifie « une grosse famille ».

On peut s'interroger sur la survivance (et aussi les raisons de l'oubli) du métis face à deux systèmes de norme qui lui ont été longtemps imposés et dont il a pâti[10]. Le premier résulte de la politique gouvernementale, le second, du clergé. L'action du clergé, qui visait à contrecarrer la norme de l'autre autorité, a consisté en effet à tenter de codifier la culture métisse en standardisant son expression linguistique afin de construire une identité exclusivement franco-catholique, rempart contre la société environnante. Au regard des documents historiques sur ce phénomène, nous nous autorisons même à parler ici de comportements diglossiques des deux communautés francophones, où l'une (canadienne-française) s'est confortée en dominant l'autre (métisse) ; la première a ainsi imposé sa langue, dite de prestige, dans les domaines officiels (école, église), reléguant le métis au domaine familial. Par conséquent, beaucoup de Métis ont quitté l'école, ce qui explique la perte considérable des effectifs métis, qui se sont assimilés à la majorité anglophone et à la communauté franco-manitobaine.

Parler métis aujourd'hui symbolise la loyauté envers Louis Riel et les ancêtres qui ont souffert. Le métis a donc un rôle mythique, une fonction de référence à un passé révolu qui donne encore une identité à beaucoup de ses locuteurs.

La raison principale qui sous-tend l'idée d'une hiérarchie entre communautés est politique, car le clergé voyait chez les Canadiens français de « bons et riches catholiques francophones » et souhaitait peupler tout le pays de « petits Québecs ». C'est ainsi que jusqu'au XXe siècle, les Canadiens français vinrent renforcer une francophonie exsangue et constituent pour cette raison la plus forte proportion de francophones au Manitoba. Depuis cette époque, en effet, les Québécois et leur langue, transplantés au Manitoba, ont toujours exercé une forte présence, même si leur effectif est réduit (par comparaison avec la venue massive d'immigrants anglophones d'Ontario et d'Europe, qui choisissent l'anglais à leur arrivée).

Le « français de la Seine »

Jusqu'au XXe siècle, les Québécois constituent la seconde souche historique et même la plus forte proportion de francophones au Manitoba, les Métis ayant fui la province, par suite des deux révoltes contre l'appropriation de leurs terres par les anglophones. Les villages franco-manitobains où les premiers immigrants se sont installés, comme La Broquerie, ont encore de nos jours une dominante québécoise et constituent aux yeux des habitants et du point de vue linguistique des « petits Québecs », comme le souhaitaient les oblats manitobains.

Si le franco-manitobain ressemble beaucoup au français québécois standard et commun (hormis le joual), la région de La Broquerie illustre toutes les différences que ces parlers ont entre eux. Sans avoir pu effectuer une comparaison très approfondie des deux systèmes linguistiques, nous avons relevé des différences sensibles lors de l'écoute de deux jeunes locuteurs francophones âgés de 18 et 24 ans. Le premier est originaire de La Broquerie, le second habite à Saint-Boniface.

Nous pouvons affirmer que le parler du locuteur originaire de La Broquerie possède les grands traits constitutifs du français québécois commun ; par exemple au niveau phonétique :

- relâchement systématique du [u] en [ɔ], il prononce /tout/ [tɔt] avec le /t/ final sonore ; relâchement systématique des voyelles / i/ et /u / : ex : *vite* /v i t/ => [v ɪ t] ; *roule* /r u l/ => [r ʊ l]
- diphtongaison des voyelles longues[11] ; / œ / peur /p œ: r/ => [p aœ : r] ; / ɔ / fort /f ɔ: r/ => [f ɑɔ ʀ]
- affrication des dentales telles que /t/ et /d/ en [tₛ] et [dᴢ] : ex : *tire* /t i r/ => [tₛ i ʀ] *dur* /d y r/ => [dᴢ yʀ]
- un peu plus de « sacres » que chez son voisin de Saint-Boniface (*criss, crissé*, etc).

En revanche, le parler de Saint-Boniface s'apparenterait plus au français québécois standard, caractéristique du franco-manitobain. Par exemple, il a une tendance moins marquée à réaliser les /a/ en [ɔ]. Enfin, il diphtongue beaucoup moins les voyelles longues que son ami.

Par ailleurs, dans le discours d'un autre locuteur franco-manitobain, âgé de 40 ans, le conflit intercommunautaire que nous avons pu déceler entre Québécois d'origine et Franco-Manitobains, s'est confirmé. En effet, dans son discours, il semble avoir réalisé volontairement une interférence (ou une alternance codique) par le passage à un registre plus commun (proche du français québécois commun). Il la signale d'ailleurs par un heurt dans son discours, manifestée par une sorte de caricature de l'accent québécois et par une accélération subite du débit[12].

Nous rejoignons ici les analyses de discours de bilingues canadiens-anglais et canadiens-français effectuées par Shana Poplack (1988, p. 25-26) où elle observe que parmi leurs diverses stratégies discursives, il y a le plus souvent une alternance codique avec l'anglais « balisée (*flagged*) » (versus « fluide » lorsqu'elle veut passer inaperçue) utilisée à des fins identitaires. Dans notre cas, il est nécessaire de préciser qu'à ce moment-là de son discours, notre locuteur accuse certains Québécois du Manitoba d'avoir une attitude supérieure vis-à-vis des Franco-Manitobains ; ces derniers se sentant des « citoyens de second grade et colonisés ». Ce qui révèle à la fois une conscience, une fierté (mêlées à un sentiment d'injustice vis-à-vis de certains Québécois) de parler franco-manitobain et d'être Franco-Manitobain à part entière. D'autre part, nous devons souligner une autre caractéristique de ce locuteur appartenant à une minorité : la présence régulière et bien intégrée d'intonations typiques de l'anglais, avec par exemple dans l'expression *c'est inacceptable* !, l'aspiration de la dentale /t/ et l'allongement de la voyelle /u/ en [u:] lorsqu'il dit *c'est tout* (Mougeon et Beniak, 1989).

Ces conflits internes à la minorité se retrouvent à l'échelle nationale[13] et méritent une brève explication[14]. En réalité, ils ont lieu depuis la Révolution tranquille des années 1960, période de revendication d'une identité proprement québécoise qui s'est traduite par le rejet et le morcellement de l'identité canadienne-française. Désormais, ceux que l'on appelle les francophones hors Québec doivent redéfinir leur identité, d'où les appellations que se donne chaque minorité pour différencier les Franco-Ontariens des Franco-Manitobains, etc. Actuellement encore, les minorités francophones s'opposent à la « province mère » (et vice versa) pour trouver leurs propres repères.

Certes, les Franco-Canadiens et leurs variétés linguistiques ont un dénominateur commun : la francophonie, mais celle-ci est le véhicule de cultures différentes (selon l'histoire, les croyances, etc.) et les stratégies divergent pour la préserver. Dans notre corpus, nous avons pu relever un certain nombre de représentations de cette fragmentation francophone qui relèvent du domaine des stéréotypes pourtant fondés sur une réelle tension. En effet, selon nos témoins franco-manitobains, certains Québécois qui vivent « chez eux » ont tendance à se comporter en francophones majoritaires et quelquefois en séparatistes.

En effet, certains vivent mal la coexistence et le dialogue entre la minorité et la majorité, synonyme pour eux de trahison et même de disparition (il est frappant d'observer combien est encore présente dans la mémoire franco-manitobaine l'expression *dead ducks* prononcée par René Lévesque pour désigner les minorités hors Québec). C'est pourquoi certains Québécois souhaitent le rapatriement (au Québec) de tous les francophones minoritaires du Canada. Depuis quatre générations, les Franco-Manitobains réagissent pour leur part en groupe minoritaire, repliés sur eux-mêmes pour se protéger, fermés aux autres et a fortiori à ceux qui voient leur francophonie condamnée (les Québécois en particulier). À plusieurs reprises, des Franco-Manitobains ont exprimé le regret de voir se reproduire à leur égard, de la part de certains Québécois, une attitude « française » similaire à ce que ces derniers ont connu et dont ils ont souffert à un moment de leur histoire. Nous pensons que ce sont les comportements d'une minorité, révélateurs à la fois d'une insécurité linguistique et d'une identité culturelle particulière et autonome face à une majorité.

Cette variation à l'intérieur de la minorité confine quelquefois à l'incompréhension entre francophones, comme nous le montrent les réflexions de témoins originaires de régions différentes. Ainsi, pour qui n'est pas originaire de La Broquerie, il peut être surprenant, par exemple, d'entendre parler de *col* pour désigner une cravate[15]. Une autre région francophone aux particularismes lexicaux (marqueurs linguistiques et identitaires présents dans la conscience des locuteurs franco-manitobains) mérite un peu d'attention : celle de la Montagne, où deux villages (Saint-Claude et Notre-Dame-de-Lourdes) ont été fondés par un prêtre français. Il s'agit de l'unique région située au sud-ouest de Winnipeg à avoir été peuplée par des francophones européens dont le parler particulier, ce « bel accent », continue d'être l'objet de témoignages louangeurs – nous en avons entendu beaucoup –, ce qui est un signe de l'insécurité linguistique qu'éprouvent certains Franco-Manitobains par rapport à ces francophones descendants de colons français.

Le « français de la Montagne »

Les immigrants français, suisses et belges constituent la troisième souche de francophones qui ont peuplé le Manitoba et marquent ainsi l'originalité de la province.

De 1890 jusqu'au début de la Première Guerre mondiale, ils viennent à la demande du clergé toujours soucieux de peupler les Plaines (jusqu'aux Rocheuses) d'une chaîne d'âmes francophones (Frémont, 1959).

Au point de vue linguistique, il a été prouvé (Papen, 1998, p. 16) que parmi les différentes caractéristiques phonétiques des diverses variétés linguistiques francophones du Canada, le parler d'une partie des descendants des Européens francophones localisés surtout dans l'Ouest canadien (la majorité s'étant assimilée à la langue anglaise et l'autre partie ayant adopté les normes canadiennes-françaises) se démarque du parler canadien-français en maintenant des traits du français standard européen. Dans ses analyses phonétiques effectuées en 1974, Clyde Thogmartin (1974) décèle des formes phonétiques différentes du canadien-français où les descendants européens : « [...] regularly realize / R / as [R] [...], never [r] ; they do not assibilate /t/ or /d/ ; they do not diphtongize long vowels ; they realize *oi* as [w a] rather than [w e] or [w ɛ] ; they produce word final /a/ as [ɑ] or [a] rather than [ɔ], [...] »[16].

Ce qui a davantage retenu notre attention, c'est l'observation de l'évolution sociolinguistique des descendants de ces derniers. Nous avons entendu des locuteurs provenant de deux petits villages – Saint-Claude et Notre-Dame-de-Lourdes, à dominante européenne et française – dont les ancêtres sont partis en 1892 de leur terre natale : le Jura. Tout comme la population métisse (à des degrés moindres), le patois jurassien (encore bien usité) a subi les effets nocifs d'une politique anglophone discriminatoire (rappelons ici la loi de 1890 faisant de l'anglais la seule langue officielle de la province et celle de 1916 interdisant l'usage du français comme langue d'enseignement) ainsi que d'une répression à l'école de la part des chanoines réguliers de l'Immaculée-Conception.

Pourtant, en 1992, les résultats de notre enquête ont démontré qu'ils ont réussi jusqu'à cette date à maintenir quelques traits linguistiques caractéristiques du patois jurassien.

Il est évident que peu de traces subsistent et le cas échéant, seulement dans le souvenir des plus âgés (de 60 à 90 ans) : ainsi, quelques mots prononcés par le père réapparaissent. Certes pendant leur jeunesse, ce patois était utilisé exclusivement en famille par quelques personnes et n'a jamais été transmis à la génération suivante.

Ces survivances du patois jurassien sont d'ordre lexical : ainsi, *arrête* signifie être en cessation de travail ; *pochon* désigne une louche ; *truffe* ou *tribules* désignent des pommes de terre et *groles* s'emploie quand on possède de vieilles vaches (Marchand, 1993, p. 47). On ne peut expliquer ces survivances que par la présence d'un sentiment assez fort d'identité dont ces gens semblent être très fiers. Nous en voulons pour preuve le fait que Saint-Claude, village « français » par excellence, fête depuis plus d'un siècle le 14 juillet, et vient de se jumeler avec Saint-Claude dans le Jura.

De plus, l'histoire de la région atteste que le territoire de Haywood, à côté de Saint-Claude, hébergeait toute une communauté savoyarde. Il serait intéressant de réaliser sur cette communauté la même enquête que celle que nous avons effectuée sur les Jurassiens du Manitoba. Malheureusement, nous ne possédons à ce jour que très peu d'éléments nous permettant de confirmer cette hypothèse, mais le peu que nous ayons laisse entrevoir toutefois quelques perspectives.

Il en est de même pour le sud de Saint-Claude où se sont regroupés les Bretons qui, paraît-il, ont longtemps utilisé en famille leur langue maternelle.

Selon les dires de la population de La Montagne, il subsisterait chez les habitants de Bruxelles, village du sud-ouest du Manitoba à dominante belge, des résidus de parler wallon et l'on retrouverait même transplanté chez eux le conflit linguistique avec le rival flamand.

En résumé, tout comme le métis (toutes proportions gardées), ces survivances de dialectes ou de patois ont actuellement une fonction de référence à une époque révolue qui en somme les fait vivre et qui demanderait tout un travail de systématisation minutieuse.

Conclusion

Ce survol du paysage linguistique du Manitoba français a révélé une minorité très active, car colorée par une multitude de relations conflictuelles entre francophones d'origines diverses que l'on peut définir par le terme de diglossie (intra-francophone), diglossie qui s'ajoute à celle, évidente et déséquilibrée, avec l'anglais. Cette situation conduit souvent à des enchâssements diglossiques variant selon les situations d'interactions, les catégories sociales, les représentations langagières.

Sans doute est-il hâtif de réduire la situation linguistique des francophones du Manitoba à une diglossie, mais il nous semble qu'elle en possède les principaux caractères.

Premièrement, il y a une différence consciente et marquée chez certains locuteurs, et quelquefois même à l'intérieur d'un discours, entre « le franco-manitobain commun » et « le franco-manitobain standard ».

Deuxièmement, on observe chez une minorité de francophones un sentiment, une représentation d'une variété prestigieuse qui fait que l'idiome qu'ils utilisent a tendance à se standardiser, fierté qu'ils cultivent parfois.

Enfin, toutes ces variétés sont réparties dans des secteurs d'utilisation spécifiques correspondant à des situations de communication différentes ; elles répondent ainsi à des besoins précis, et avant tout, forgent des identités collectives et individuelles dont l'ensemble forme une identité franco-manitobaine particulière.

Mais plutôt que de s'appuyer sur le schéma dichotomique classique de la diglossie de C. Ferguson[17] (1959), nous préférons avoir une vision plus élargie de l'enchâssement diglossique caractéristique de la minorité franco-manitobaine, figure que nous empruntons au sociolinguiste américain Ralph Fasold (1984, p. 4) :

Communautés de locuteurs francophones partageant le même High mais différenciées par différents Low

acrolectes (high)			anglais et franco-manitobain standard		
interlectes (low)			anglais et franco-manitobain communs		
basilectes (low 1, 2, 3)	métis		québécois	dialectes français	

Ce schéma est intéressant pour notre cas d'espèce, car il représente des communautés linguistiques francophones (métisse, québécoise, française) séparées qui partagent la même « variété interlectale » : le franco-manitobain commun et la même « variété acrolectale (haute) » : l'anglais et/ou le français dans des domaines formels (gouvernement, école...) mais qui se distinguent par la conservation de « variétés basilectales (basses) » exprimant le mieux leurs propres identités culturelles.

Situé dans une zone interlectale, le franco-manitobain usuel est un parler métissé, encore empreint des variétés comme certains dialectes français, intégrant beaucoup d'anglicismes, mais aussi de la partie la plus normative du français du Manitoba. Il se trouve donc dans une situation médiane, à l'interface entre l'anglais, vis-à-vis duquel il représente une variété basse et les autres variétés de français, vis-à-vis desquelles il apparaît comme une variété haute. On comprend mieux combien ces locuteurs se situent dans une position inconfortable puisqu'ils semblent linguistiquement tiraillés entre deux pôles, à l'image de leur identité difficile à cerner, pour eux et pour nous.

Cependant, malgré cet état intermédiaire – ou grâce à lui –, le franco-manitobain s'est maintenu depuis le XVIIIᵉ siècle dans le « pays de Riel ». On est même en droit de se demander si ce n'est pas ce paradoxe qui contribue à stabiliser une langue minoritaire (et minorisée) confrontée à une langue véhiculaire qui couvre presque tous les domaines d'utilisation.

LES COMMUNAUTÉS FRANCOPHONES DU MANITOBA : LOCALISATION

Source : Donatien FRÉMONT (1980), *Les Français dans l'Ouest canadien*, Éditions du Blé, St-Boniface.

NOTES

1.   STATISTIQUE CANADA (2001).
2.   Nous évoquons cette autre langue des Métis plus loin dans le texte. La forme étymologique du terme est *mestif* [metif], « de sang mixte ». Utilisée en France jusqu'au XVIIIᵉ siècle, cette forme a été remplacée par le terme contemporain *métis*.
3.   Dans la phrase : « C'est (jus')' j'aimerais ça aller apprendre euh / un peu en français mais euh / (…) j'ai (jus') pas envie d'rester à Winnipeg étudier ici ».
4.   N'ayant pas (encore) fait leur Révolution tranquille, les Franco-Manitobains sont encore très attachés à la religion catholique et ne blasphèment jamais lorsqu'ils jurent. Leurs jurons sont empruntés à l'anglais.
5.   Les travaux de Robert Chaudenson (1995) sur le québécois et l'acadien nous informent sur l'état homogène

de la langue parlée par les colons du XVIIᵉ siècle (les dialectes d'oïl et le français). Ils précisent en outre que, partis avant la vague de normalisation française, les colons n'ont pas connu de norme explicite mais que, simultanément, une norme implicite s'est créée. Nouvelle, rapide et manifestée à travers l'usage d'une *koïné* française (sorte de supradialecte né d'un alignement linguistique sur le dialecte normand dans le cas du Manitoba) et la conservation d'un état de langue dans différentes zones comme au Manitoba, la langue parlée fut beaucoup plus archaïsante qu'en Nouvelle-France.

6. En 1992, Riel est officiellement reconnu comme fondateur du Manitoba.

7. En effet, à l'écrit, et à peu de chose près, le français canadien en général est homogène et la norme qui le caractérise est proche de la norme du français standard européen écrit. Nous verrons plus loin qu'il n'en est pas de même pour le franco-manitobain parlé qui tend à se rapprocher du français québécois standard ou commun selon les circonstances, l'origine et l'identité volontairement marquée (ou non) marquée des locuteurs.

8. Le *mitchif* est cette autre langue unique aux Métis de l'Ouest. C'est une langue mixte (ou « entrelacée ») constituée en partie de *cri* (verbes) et en partie de français (noms, adjectifs, déterminatifs).

9. Il s'agit, d'une part, d'un corpus oral (qualitatif) extrait d'entretiens enregistrés ou filmés de locuteurs (30) représentatifs des diverses régions francophones et, d'autre part, d'un corpus écrit extrait du journal *La Liberté*.

10. Nous détaillons cette situation dans Papen et Marchand, 2003.

11. En français québécois, les voyelles longues sont souvent réalisées comme des diphtongues, c'est-à-dire des voyelles dont le timbre change en cours d'émission.

12. La phrase est la suivante : « Un Québécois lui a fait un commentaire, *(pause)*, j'veux dire, moi si j'aurais été elle, j'lui aurais sacré un bon coup d'poing en bon Canayen *(pause)* français ».

13. Le débat sur les conflits culturels entre Franco-Canadiens a fait l'objet d'un colloque organisé par le CEC de Grenoble. Voir Tournon et Poche, 1996.

14. Pour une analyse plus approfondie, voir Martel, 1993.

15. *Col* provient sans aucun doute de Québécois originaires de la région de Montréal, majoritaires au Manitoba.

16. « ils réalisent régulièrement /R/, [R] […], jamais [r] ; ils n'assibilent pas les /t/ et les /d/ ; ils ne diphtonguent pas les longues voyelles ; ils réalisent oi [w a] au lieu de [w e] ou [w ɛ] ; ils prononcent les mots finissant par /ɑ/ [ɑ] ou [ɑ] au lieu de [ɔ] […] ».

17. On parle de diglossie au sens où l'entendait C. Ferguson, c'est-à-dire lorsque deux variétés de parlers génétiquement liées sont parlées dans des domaines complémentaires.

BIBLIOGRAPHIE

BAKKER, Peter (1989), « Relexification in Canada : the case of Métif (french-cree) », *Canadian Journal of Linguistic*, vol. 34, nº 3, p. 339-350.

BERGERON, Léandre (1980), *Dictionnaire de la langue québécoise*, Montréal, V.L.B.

CHAUDENSON, Robert (1995), « Le français des Amériques ou les français des Amériques », dans Robert FOURNIER et Henri WITTMAN (dir.), *Le français des Amériques*, Trois-Rivières, Presses universitaires de Trois-Rivières, « Revue québécoise de linguistique théorique et appliquée, vol. 12 », 334 p.

CLAPIN, Silva (1894), *Dictionnaire canadien-français*, Montréal, Beauchemin.

CRAWFORD, John (1983), « Speaking michif in four métis communities », *The Canadian Journal of Natives Studies*, vol. III, nº 1, p. 47-55.

FASOLD, Ralph (1984), *The sociolinguistics of society*, Oxford, England.

FERGUSON, Charles (1959), « Diglossia », *Word*, vol. 15, nº 2, p. 325-340.

FRÉMONT, Donatien (1959), *Les Français dans l'Ouest canadien*, Winnipeg, Les Éditions de La Liberté, 162 p.

GABORIEAU, Antoine (1985), *À l'écoute des Franco-Manitobains*, Saint-Boniface, Les Éditions des Plaines, 146 p.

GIRAUD, Marcel (1945), *Le Métis canadien : son rôle dans l'histoire des provinces de l'Ouest*, Paris, Institut d'Ethnologie, 1 245 p.

MARCHAND, Anne-Sophie (1998), « La survivance du français au Manitoba (Canada) : facteurs de maintien et facteurs de régression linguistiques », thèse de doctorat, Université de Franche-Comté, 462 p.

MARCHAND, Anne-Sophie (1993), « Identité culturelle et conscience linguistique des francophones d'Amérique du Nord : la survivance du français au Manitoba (Canada) », mémoire de D.E.A., Université de Franche-Comté, 90 p.

MARTEL, Angéline (1993), « L'étatisation des relations entre le Québec et les communautés acadienne et francophones : chronique d'une époque », *Égalité*, nº 33, p. 13-79.

MOUGEON, Raymond et Édouard BENIAK (dir.) (1989), *Le français parlé hors-Québec*, Québec, Presses de l'Université Laval.

PAPEN, Robert A. (à paraître), « Le mitchif, un problème de genre ».

PAPEN, Robert A. (1998), « French : Canadian varieties », dans J. EDWARDS (dir.), *Languages in Canada*, Cambridge University Press, p. 160-176.

PAPEN, Robert A. (1987), « Le métif : le nec plus ultra des grammaires en contact », *Revue québécoise de linguistique théorique et appliquée*, vol. 6, n° 2, p. 57-70.

PAPEN, Robert A. et Anne-Sophie MARCHAND (2003), « Les conséquences sociolinguistiques de la diaspora et de la diglossie chez les Métis francophones de l'Ouest canadien », *Cahiers de sociolinguistique*, n° 7, avril, p. 29-63.

POPLACK, Shana (1988), « Conséquences linguistiques du contact de langues : un modèle d'analyse variationniste », *Langage et Société*, n° 43, p. 23-48, p. 25-26.

RODRIGUEZ, Liliane (1991), *De l'Atlantique française à la Prairie canadienne : aspects morphologique et syntaxique du parler franco-manitobain*, dans B. HORIOT (dir.), *Français du Canada, français de France*, Tübingen, Niemeyer, 236 p.

THOGMARTIN, Clyde (1974), « The Phonology of 3 varieties of French in Manitoba », *ORBIS*, vol. 23, n° 2, p. 335-349.

TOURNON, Jean et Bernard POCHE (dir.) (1996), *Le rayonnement (mortel ?) des capitales culturelles*, Grenoble, Programme Rhône-Alpes de recherches en sciences humaines.

VARIATIONS SUR UN THÈME : LA FRANCOPHONIE ALBERTAINE DANS TOUS SES ÉTATS

sous la direction de Nathalie Kermoal
(Edmonton, le Salon d'histoire de la francophonie
albertaine, 2003, 235 p.)

Gratien Allaire
Université Laurentienne

On peut donner plusieurs sens au titre de ce collectif. De prime abord et selon *Le Petit Robert*, être « dans tous ses états » signifie être « très agité, affolé », ce qui peut s'appliquer à cette publication en ce sens qu'elle présente des interprétations neuves en même temps que des points de vue plus habituels. Ces prometteuses interprétations peuvent « agiter » les eaux de l'histoire franco-albertaine et de la perception des minorités. En effet, parler du bilinguisme des jeunes comme le fait Christine Dallaire, de l'hétérogénéité et de la multispatialité d'une communauté urbaine comme l'écrivent Yvonne Hébert et Danielle Buteau, de la « morosité » du discours de l'Association canadienne-française de l'Alberta comme l'évalue Claude Denis, ou encore de la diversité des points de vue comme les présente Michel Bouchard, a de quoi « affoler » les tenants de l'unicité des communautés et de la « nécessaire » unanimité de leur position. Ces textes apportent un éclairage neuf sur la francophonie albertaine et obligent à la voir sous un jour différent. Les autres textes couvrent des états différents : bien que l'étude de Juliette Champagne sur un leader de la communauté et celle de France Levasseur-Ouimet sur sa principale association empruntent des sentiers plus habituels quant à l'interprétation, elles ajoutent néanmoins des éléments nouveaux à l'histoire de la communauté.

Les « états » en question se situent aussi à d'autres niveaux et sont de plusieurs types. Ils sont les divers sujets dont traite le collectif : jeux franco-albertains, position constitutionnelle, ACFA, identité, colonisation. Ils représentent aussi des disciplines différentes : histoire, sociologie, anthropologie… Ils indiquent également des approches différentes à l'étude de la communauté : certains textes sont essentiellement descriptifs ; d'autres, essentiellement analytiques. Dans ses multiples facettes, le collectif représente l'état de l'étude de la francophonie albertaine.

L'ouvrage reprend à bon droit l'historique de la francophonie albertaine préparé par Donald Smith pour un ouvrage sur les « peuples » (*peoples*) de l'Alberta (Howard Palmer (dir.), *Peoples of Alberta: Portraits of Cultural Diversity*, Saskatoon, Western Producer Prairie Books, 1985). La version française de ce texte intitulé « les Francophones de l'Alberta, un aperçu historique », avait été publiée auparavant dans le *Bulletin* du Centre d'études franco-canadiennes de l'Ouest en octobre 1984 et en février 1985 (nos 10 et 19). Donald Smith y rappelle l'importance de la communauté francophone et son rôle dans le développement de la province depuis ses débuts. L'article est toujours de mise, n'ayant été remplacé par aucune autre synthèse ou historique.

Le deuxième texte est celui de Champagne sur son grand-père. Extrait de la thèse de doctorat de l'historienne, la « Mise en contexte d'un livre de compte du milieu rural franco-albertain : le cas d'Alexandre Mahé de Saint-Vincent, 1909-1945 » analyse les activités de ce colon français établi dans la région de Saint-Paul dès le début du siècle. L'auteure y présente du matériau neuf : les divers aspects de l'établissement, les différentes opérations de la ferme et le sens des affaires et de l'entreprise de son propriétaire. Elle fournit bien de précieuses indications sur la position socio-économique de son grand-père, un marchand-colon-agriculteur, mais une analyse plus poussée lui aurait permis de constater qu'il y avait des différences sociales dans les communautés francophones. Par exemple, Mahé possédait en 1927 une section complète, ou quatre « quarts » de section, ce qui en faisait un grand propriétaire selon l'auteur (p. 67) ; de même, au début de 1918, les comptes en souffrance du marchand Mahé sont de 3 377,54 $, dont il récupère 1 160,12 $ (p. 62), soit l'équivalent de 29 mois de salaire d'un de ses employés de 1919 (à 40 $ par mois). Champagne ouvre donc la porte à l'analyse de la stratification des communautés.

S'appuyant sur les fonds d'archives de l'Association canadienne-française de l'Alberta, Levasseur-Ouimet retrace les étapes de la fondation de l'organisme, que l'auteure a présidé pendant quelques années. La trame des événements racontés montre à quel point les questions qui ont mené à cette fondation, en 1926, sont semblables à celles qui ont conduit à la mise sur pied des autres associations provinciales auparavant, comme l'Association canadienne-française d'éducation du Manitoba (1916) et l'Association canadienne-française d'éducation de l'Ontario (1910). Selon Levasseur-Ouimet, la préoccupation première de l'ACFA était l'éducation, mais l'organisme s'est intéressé à plusieurs autres dossiers au cours des années suivantes. C'est d'ailleurs ce que soulignait un autre article publié dans *les Outils de la francophonie*, les actes du colloque du Centre d'études franco-canadiennes de l'Ouest de 1986 (p. 67-100), article que l'auteure ne semble pas avoir consulté. L'Association est née de la volonté de regrouper les forces et du besoin de présenter une voix politique forte. Par ailleurs, le texte soulève une importante question : qu'advient-il des associations qui avaient été mises sur pied auparavant, comme les sociétés Saint-Jean-Baptiste et les cercles Jeanne-d'Arc et les Bonnes Amies ?

Christine Dallaire reprend un thème dont elle traite avec succès depuis quelque temps : « les Jeux francophones de l'Alberta : un projet de développement communautaire » qui a fait l'objet de sa thèse de doctorat. À la suite du succès des Jeux de l'Acadie, des leaders de la communauté franco-albertaine ont décidé d'utiliser le sport pour favoriser le développement de l'identité chez les jeunes. Cependant, ils ont été amenés – forcés en quelque sorte – à tenir compte de la complexité de la jeunesse, à élargir leur définition de la communauté pour y inclure d'autres « parlants français », afin de maintenir la viabilité de l'entreprise. La communauté est ainsi devenue davantage encore définie par la langue. La discussion est des plus intéressantes, en ce qu'elle déroge du discours habituel du développement communautaire, tant par l'activité étudiée que par la vision proposée de la communauté.

La complexité est encore plus grande si l'on suit le texte de Bouchard sur la région de Rivière-la-Paix et celui d'Hébert et de Buteau sur Calgary. Dans « Perdre la langue française et l'identité franco-albertaine : une discussion anthropologique sur l'identité francophone de la région de Rivière-la-Paix », l'anthropologue Bouchard montre le pluralisme des points de vue dans la région. Jeunes comme moins jeunes ont un discours très diversifié sur le Canada français et sur la francophonie. L'originalité du texte de Bouchard est dans la méthode et certains pourraient la mettre au compte de l'inachevé : il présente un extrait de cinq entrevues, ce qui lui permet de ne pas imposer sa lecture de la situation, et il place en note de bas de page son opinion et son interprétation.

Quant à Hébert et Buteau, c'est la complexité de la communauté calgaréenne qu'ils mettent de l'avant dans « École, spatialité et communauté : perspective historique de l'évolution de la francophonie calgaréenne ». Les auteurs adoptent une approche historique et partent du dossier scolaire pour discuter de multispatialité et d'hétérogénéité de la communauté, et d'hybridation de sa culture. Selon eux, ces concepts et ces idées sont nécessaires pour interpréter la réalité calgaréenne, historique et actuelle. Hébert et Buteau vont plus loin : « Leurs tentatives [celles des leaders] de créer une entité unitaire à l'image du groupe original se butent à la véritable nature de la francophonie calgaréenne » (p. 176). Cette remise en question, et cette constatation de la diversité urbaine francophone de Calgary, trouvent leur source dans les discussions qui ont mené à la mise sur pied du centre scolaire communautaire, la Cité des Rocheuses, en 1997.

Claude Denis traite des positions politiques de l'association provinciale dans « L'ACFA, le Franco et le débat constitutionnel : du besoin et de la difficulté de se faire entendre ». Utilisant l'hebdomadaire *le Franco* de 1984 à 1997 comme source, le sociologue analyse le discours constitutionnel de l'ACFA de la *Charte des droits et libertés* à la *Déclaration de Calgary*. Il conclut que ce discours est « généralement morose » (p. 181). Craignant un recul des communautés au cours des négociations constitutionnelles, l'Association avance la théorie de deux nations « culturelles /linguistiques », mais elle a de la difficulté à la faire entendre à cause de sa marginalité dans l'espace politique canadien. L'auteur devrait toutefois considérer que le discours de l'ACFA, marginal ou pas, fait partie du débat. Ce qui paraît dans le journal qu'elle possède fait partie du lobby qu'elle pratique assidûment, et avec un certain succès, auprès du gouvernement fédéral et des gouvernements provinciaux, de l'Alberta et du Québec en particulier, avec ou sans la Fédération des communautés francophones et acadienne et les autres associations provinciales.

Un bon article présente surtout deux qualités : il apporte des éléments nouveaux à la connaissance d'un sujet, basés sur une documentation solide, et il amène à une réflexion plus avancée sur les questions que l'auteur aborde. Les textes rassemblés par Nathalie Kermoal et publiés par le Salon d'histoire de la francophonie albertaine possèdent, chacun à sa façon, ces deux qualités et constituent un apport important à la connaissance de la francophonie albertaine et, par extension, des communautés francophones canadiennes.

UNE ADORATION

de Nancy Huston
(ARLES, Actes Sud ; Montréal, Leméac, 2003, 403 p.)

Pamela V. Sing
Faculté Saint-Jean, Université de l'Alberta

La célèbre vedette d'un *one-man-show*, Cosmo, a été assassinée. Dans le but d'éclaircir le mystère entourant le meurtre, pendant treize journées, une série de témoins font leur déposition à la barre du tribunal. Certains coupent la parole aux autres pour réclamer leur droit de donner leur version des « faits » ou bien pour contredire, appuyer ou corriger ce qu'on vient d'affirmer ; d'autres demandant au greffier de nuancer telle ou telle autre observation. Mais s'adressant à un juge silencieux appelé « Votre Honneur », tous cherchent à répondre à la question de savoir qui avait été cet homme charismatique, adoré de presque tout le monde, et à découvrir qui lui a plongé le couteau dans le ventre. (L'arme fatale, elle, décrit la sensation d'être tenue par la main gantée de soie rose qui l'a conduite « dans les entrailles » de la victime – « Ferme et sûre était la main [...] on eût dit que mon manche avait été ciselé exprès pour en épouser la courbe. J'étais à l'aise, Votre Honneur, ainsi serré... » (p. 213) –, mais ne révèle pas à qui appartenait cette main. Oui, oui, si vous n'en avez pas déjà entendu parler, dans le dernier Huston s'expriment également un certain nombre d'objets, dont ledit couteau, mais aussi, une passerelle, une baguette de pain, une glycine et un étang !) Sont notamment de la partie Elke, la serveuse avec qui le défunt a vécu une histoire d'amour inconditionnel, mais aussi d'innombrables autres individus amoureux et aimés de Cosmo, dont Jonas, le jeune amant musicien, et toutes les nombreuses autres femmes de sa vie, dont celles qui s'expriment collectivement comme le « chœur des femmes ». S'y ajoutent les enfants d'Elke, le père (décédé) et la mère de Cosmo, la maîtresse du premier, la passerelle déjà mentionnée qui a assisté à la naissance de tel ou de tel autre numéro de l'acteur, la glycine, témoin du premier moment intime entre Cosmo et Elke, un expert psychiatre, un Cosmophile, etc., etc.

Or, autant de témoins, autant de points de vue et, par conséquent, de réalités subjectives. Il en résulte une image cubiste non seulement de Cosmo, mais aussi et avant tout, de « la » vérité concernant gens, objets, sentiments et événements. Les lecteurs de Nancy Huston sachant reconnaître la voix rythmique de l'auteure, son expression riche et variée, truffée de tournures et de mots savants, familiers et populaires, ainsi que son ironie, nous nous sentons à l'aise d'affirmer qu'il s'agit ici d'un *suspense*, d'une sorte de roman policier *à la Nancy Huston*. (L'auteure s'est attiré un lectorat fidèle et nombreux : à preuve, à peine deux semaines après la parution du roman, la maison d'édition Actes Sud disait devoir en attendre une autre livraison avant de pouvoir nous en envoyer un exemplaire.)

Ainsi, le roman s'ouvre sur la parole de la fille d'Elke, Fiona, dont le parler rappelle le narrateur de *Cantique des plaines*. Son récit de la première fois qu'elle a vu Cosmo – c'est « dans les yeux » de sa mère – a, comme deuxième phrase, une coulée de pensées qui occupe, sur la page grandeur « intime » que nous connaissons aux Éditions Actes Sud, vingt et une lignes, dont voici un extrait qui permet d'en capter le ton et le style :

> Beaucoup de gens habitent les yeux de ma mère il faut dire, ma mère se laisse pénétrer par n'importe qui, vous comprenez dans quel sens j'emploie le mot *pénétrer*, n'est-ce pas […] elle permet à l'âme des autres de venir se mêler à la sienne, ça me donne envie de gerber Votre Honneur je vois pas pourquoi je suis obligée de part- ager ma mère avec le premier plouc borné […] (p. 15-16).

Le juge silencieux, c'est le lecteur ; et Fiona, plus que tout autre locuteur, le bous- cule, allant jusqu'à le malmener, tant elle anticipe nos réactions, notre perception de son énonciation, lesquelles, selon elle, gagneraient à se renouveler – « Où est mon père, vous voulez savoir. Ah que vous êtes prévisible, ça me désole, ça me déçoit. Évi- demment j'aurais dû […] » (p. 17). En même temps, ses commentaires comportent une critique tantôt des tendances sociales – « de nos jours tout le monde se sépare et divorce et déménage et se quitte et se poignarde dans le dos et se trompe et se dispute et s'adopte et s'adapte et se clone et sème de petites graines à droite à gauche […] » (p. 17) –, tantôt des largesses que se permettent un narrateur – « Mais on n'est plus au XIXᵉ siècle, c'est pas possible d'embêter le juge avec des idées abstraites et des répéti- tions […] il va se lasser de cette audition, il risque de balancer le livre et de partir regarder la télé ! » (p. 247).

Le premier témoignage terminé, c'est le frère de Fiona qui prend la parole pour dire qu'il maudit le défunt ; mais cela, il le fait seulement après avoir parlé du père, son monologue lui permettant de s'exprimer au sujet de la condition des exilés, du droit à l'existence du plus petit être vivant – une existence menacée, « [m]ême une limace proteste […] : Hé ! que se passe-t-il ? Arrêtez ! j'ai le droit d'exister ! » (p. 22) – et, par voie de conséquence, de l'irrémédiabilité fascinante de la mort. C'est ainsi à la suite de ses enfants que le témoin clé, Elke, prend la parole, précisant d'emblée que les pre- miers ne peuvent pas comprendre : comme pour laisser entendre d'une part qu'un abîme sépare le rejeton et l'auteure de ses jours et, d'autre part, que le public fait con- naissance tout de même avec le produit de la création avant de connaître le point de vue du créateur. Or elle se fait interrompre par l'expert psychiatre qui tient à souligner le lien à établir entre l'oralité et « le côté maternel de la langue maternelle ». Il prétend parler d'une tendance chez Cosmo, mais le lecteur y reconnaîtra sans difficulté une interprétation à attribuer à l'écriture hustonienne.

Sur le plan thématique, *Une adoration* rappelle nombre de préoccupations traitées ailleurs dans l'œuvre de l'auteure, par exemple, le rapport d'amour teint de cruauté et de violence entre frère et sœur ; la problématique identitaire de la femme qui, devenue mère de famille, n'en reste pas moins un être sexuel doté de désirs et de besoins inti- mes (le fils d'Elke crache son dégoût ou, avec sa sœur, se scandalise en entendant sa mère raconter ses ébats avec celui qu'il surnomme « le clown fornicateur ») ; la diffi- culté de s'épanouir lorsqu'on vit au sein d'un couple, d'une famille ou d'une commu- nauté aux attitudes et aux gestes puritainement prosaïques, trop ordonnés pour admettre la joyeuse créativité que seul permet le désordre.

Or le droit au désordre ou plutôt à la liberté, l'écrivain se l'arroge, d'où le caractère multilinéaire du récit, le caractère multivalent du discours romanesque. Assumant pleinement son interculturalité, Huston exploite les interférences en elle, les trans- forme en inter-références, comme le préconise Michel Serres dans son essai *Hermès II*,

L'Interférence, où il postule au monde un état d'interobjectivité : les choses s'entre-informent. Dès lors, le sujet est celui qui intervient dans le monde objectif pour contrôler, organiser l'information qui circule confusément entre les choses. Dans cette perspective, connaît, pense, celui qui intercepte; crée, construit, celui qui, se percevant d'une certaine manière, engendre des objets à son image. C'est à rappeler qu'il s'agit là de la caractéristique fondamentale de tout acte créateur que sert l'épigraphe d'*Une adoration*, composée de deux citations, l'une de Romain Gary, l'autre, de Rainer Maria Rilke. De plus, « la romancière » prend la parole la première dans une sorte d'avant-propos adressé au lecteur, pour lui préciser le rapport entre elle et son ouvrage :

> LA ROMANCIÈRE (*au lecteur*)
>
> Ceci est une histoire vraie, je vous le jure. Oh, j'ai changé les noms, bien sûr; j'ai changé les lieux, l'époque, les métiers, les dialogues, l'ordre des événements et leur signification ; et pourtant, tout ce que je vais vous raconter est vrai. C'est une audition comme toujours, une fantasmagorie comme toujours : les témoins vont converger ici et s'efforcer un à un de vous convaincre, de vous éblouir, de vous mener en bateau ; je leur prêterai ma voix mais c'est sur vous qu'ils comptent pour les comprendre, de vous qu'ils dépendent pour exister, alors faites attention, c'est important ; vous êtes seul juge... comme toujours.

Or, en même temps que la mise en relief de ce trait essentiel de l'art inventif sollicite la complicité du lecteur – celui-ci se sentira « dans le coup », puisque mis au courant du fonctionnement du roman qu'il va lire –, elle lui fera (re)découvrir la virtuosité de l'auteure. Car celle-ci semble « démystifier » son écriture et *pourtant*, le déploiement de son art suscitera fort probablement de l'admiration et, sans doute, du plaisir. Cela, il va sans dire que la romancière le voudrait (quel artiste ne le voudrait pas ?), mais la référence à la réception réussie du texte a ici quelque chose de pathétique. Pour le voir, pensons moins à Wolfgang Iser qu'à la tendance de l'auteure à établir un lien entre certains détails biographiques et l'écriture pour nous souvenir que les multiples déplacements que Huston a connus dans son enfance et son adolescence (nous y reviendrons plus loin) l'ayant tous obligée chaque fois à conquérir un nouvel entourage ou nouveau « public », le rôle de « juge » qu'elle nous confère est lourd de sens et contribue à faire voir la pluralité du « je » hustonien comme une stratégie de survie. Huston, la blessée dans l'âme, comme nous l'appelons ailleurs (Sing, 2003), est cependant moins présente dans *Une adoration* que dans ses autres ouvrages, notamment *Cantique des plaines*.

Dans *Une adoration*, l'auteure met l'accent sur d'autres aspects de l'acte créateur. Ainsi, la « romancière » n'intervient explicitement comme locuteur que périodiquement, pour souligner, par exemple, la manière dont une œuvre d'art, tout comme les rejetons, acquiert sa propre « vie », indépendamment du créateur : lorsque l'assassin de Cosmo avoue enfin son acte, la romancière avoue, « Je suis surprise. Ah ! pour être surprise, je suis surprise » (p. 378). Du reste, c'est le portrait de Cosmo qui introduit dans le texte des commentaires ou observations au sujet de la création, en particulier sur le rapport symbiotique entre un créateur et son public. D'un côté, l'acteur, fin observateur du monde autour de lui, étudie, écoute, assimile les gestes les plus banals de la vie quotidienne afin de les reproduire sur scène, poétisés, mais non pas vidés de leur ambivalence. De l'autre côté, les spectateurs des mises en scène s'identifient à l'acteur, se livrent à lui, épousent ses mots et ses gestes, acceptent, comme des êtres possédés, de ne plus exister que par sa volonté à lui et ce, même si l'artiste les oblige à faire face au côté laid de l'humanité. Dans un sketch intitulé « Explication du monde à une enfant », par exemple, d'une voix douce et affectueuse, Cosmo énumère des atrocités allant de l'expérimentation animale aux camps d'extermination, en passant par les assassinats politiques et la bombe atomique. (Comment ne pas penser au Seigneur qui, dans *Dolce agonia*, raconte l'affreuse mort ou l'atroce souffrance de l'un ou de l'autre des personnages, toujours avec la même voix sereine qu'Il emploie pour parler de leurs rêves et espoirs ?) Force est donc de reconnaître le leitmotiv hustonien, qui consiste à mettre en relief l'aspect transformateur et, par conséquent, combatif de l'acte créateur : devenu matériau d'artiste, l'acte le plus destructeur, le plus violent, devient une source de vie et de beauté, et le quotidien le plus apparemment chaotique ou insensé s'attribue une signification. L'artiste « vi[t] par procuration » (Huston, 1981, p. 186), s'alimente grâce à son entourage, mais la pratique de son art l'oblige à se servir de sa propre substance et, du coup, à se vider. Dans *Une adoration*, d'aucuns voient en Cosmo un parasite, mais déjà, dans sa toute première œuvre de fiction, *Les variations Goldberg* (1981), Huston faisait dire au personnage de la signifiante quinzième des trente variations – variation conçue sur le mode du questionnement – qu'un créateur apporte quelque chose de singulier à son public, mais aussi que les vies du public sont chacune une facette de l'artiste. Par conséquent, si malaise il y a (ou cruauté, violence, beauté, faut-il comprendre), cela provient non pas de l'œuvre d'art, mais des vies que l'artiste a choisi de mettre en scène en même temps que la musique (des notes, des mots ou du jeu, entendons).

Les lecteurs de Huston se sont en effet habitués à une écriture polyvocale et ce, depuis le récit problématique de *Cantique des plaines* (1993) : pour les lecteurs français, Nancy Huston s'est imposée avec *Instruments des ténèbres* (1996) ou avec *L'Empreinte de l'ange* (1998) – le premier lui a mérité le prix Goncourt des lycéens aussi bien que celui du Livre Inter ; le second, le prix des lectrices de *Elle* 1999 –, mais pour nous en Amérique du Nord, du moins au Canada, c'est le prix du Gouverneur général 1993 qui nous a fait découvrir un traitement de l'identité interculturelle et du moi dialogique des plus innovateurs. L'auteure, rappelons-le, née à Calgary et vivant dans cette ville-là aussi bien que dans différents quartiers d'Edmonton jusqu'à l'âge de quinze ans, part alors habiter différentes villes aux États-Unis, mais quelques années plus tard, se déplace de nouveau pour aller en France. À l'heure actuelle et depuis une trentaine d'années, Huston divise son temps entre Paris, où elle vit de l'écriture dans un studio du Marais et la vie de couple et de famille dans un appartement, et un village berrichon.

Or, avant d'entreprendre le retour aux sources, l'auteure a refoulé le « je » canadien-anglais, marqué d'un traumatisme fondamental, à la faveur d'une renaissance joyeuse dans la langue et la culture d'adoption. Selon la théorie de l'exil attribuée à « M. » dans *Lettres parisiennes*, il s'agit là de la première phase de l'exil. La conception de son roman « albertain », cependant, marque la transition vers la deuxième phase de l'exil et coïncide avec cette phase, celle du retour du refoulé, du souvenir tourmenté de « tout ce qu'on a abandonné, du caractère irrévocable de la perte et de l'appauvrissement inévitable qu'elle entraîne » (p. 195). Et l'auteure d'entreprendre l'expérience qui allait lui apprendre que, écrire « Je suis revenue à Calgary », constitue un non-sens dans la mesure où « le sujet et l'objet de la phrase ont subi, en vingt-cinq ans, des transformations ». Cela, l'auteure l'admet dans une conférence présentée en 1994 à l'Université de Montréal. Du reste, le rapport problématique à la province natale s'exprime dans le désir de maintenir une distance avec l'espace même que l'écrivain prétend réintégrer, désir qui entraîne, d'une part, la tentative d'inscrire le « je » narrateur de *Cantique des plaines* à Montréal et, d'autre part, une écriture chargée de désinvestir l'Alberta. Ayant étudié ailleurs ces deux sources d'ambivalence dans l'écriture hustonienne (Sing, 2001 ; Sing, 2003), limitons-nous ici à préciser ceci : la remémoration de la province originelle révèle le caractère intersticiel du *no man's land* qu'occupe l'auteure non pas canadienne-française, mais canadienne et française, sans être pour autant entièrement ni l'une ni l'autre. En outre, son anglais est tantôt canadien, tantôt américain. L'écriture, par conséquent, s'investit des contradictions ou ambivalences linguistico-culturelles du moi hustonien qui, dans les livres suivants, embrasse sa nature fragmentée et multiple pour jouir et profiter de sa valeur fécondatrice pour la création.

Le « je » écrivant des *Instruments des ténèbres* (1996), friand d'observations métatextuelles, dialogue avec sa muse, inscrit la création sous le signe du diable, créature multiple – « Pas de vision sans division », affirme-t-il (p. 30), ce qui donne à penser que l'auteure est entrée dans la troisième phase de l'exil, celle du « désespoir serein » (Huston, 1986, p. 195) –, et raconte des bribes de sa propre vie intime en même temps qu'il retrace l'histoire d'une petite paysanne violée et infanticide du XVIIe siècle. *Prodige* (1999), récit portant le sous-titre « *Polyphonie* », raconte trois femmes, le personnage éponyme, sa mère et sa grand-mère, toutes pianistes, faisant entendre la voix de l'une et de l'autre ainsi que celles du mari/père, d'un élève, d'un voisin et ainsi de suite. L'ordre du récit fait paraître un leitmotiv hustonien, celui de la création/ procréation : la mère est enceinte du prodige au début du récit tandis que le dénouement annonce que le bébé peut quitter l'hôpital et rentrer sans crainte. Ainsi, l'histoire du prodige pourrait être la prolepse de la trame principale, qui consiste, elle, à mettre en relief la procréation, tout aussi facilement que la grossesse de la mère pourrait être l'analepse du récit de la création. *Dolce agonia* (2001) met en scène une multitude de paroles, d'espaces et de temps qui sont autant de pays intérieurs solitaires, autant de blessures et d'identités partielles contribuant à définir l'un ou l'autre des douze convives réunis pour une soirée de Thanksgiving. L'emportent, en début et en finale du roman, ainsi que dans les chapitres intercalés entre ceux du narrateur, les monologues, en italiques et adressés au lecteur, de Dieu Lui-même qui raconte la mort future de chacun des convives. Comme dans *Cantique des plaines*, l'entretissage des identités et des temps influent sur notre perception des gens et des choses, mais l'écrivaine en est arrivée ici à produire une tension narrative qui a un curieux effet sur le lecteur : sachant le sort d'un personnage, on assiste, impuissant, à son affairement existentiel; en même temps, toutefois, se sentant impatient d'apprendre quelle sera la mise à mort décrite ensuite par le Créateur-romancier et à qui elle appartiendra, on a la bizarre impression d'être attiré davantage par la mort que par la vie. Par conséquent, l'histoire nous intéresse tout autant que l'efficacité de sa narration qui, elle, engendre chez nous quelque chose de troublant.

Que *Une adoration*, paru en mai 2003, non seulement donne la parole à de nombreux locuteurs, humains et objets, mais aussi fasse que nous ayons hâte de connaître l'opinion et le point de vue de chacun d'eux, l'amante comme l'amant, l'expert psychiatre comme le couteau ou la glycine, cela semble-t-il indiquer que Nancy Huston maîtrise de plus en plus l'art de la narration ? Peut-on conclure à la qualité d'un roman en rapport à la réflexion sur le processus créatif qu'il comporte ? Car Huston ne vise pas à simuler la sorte de réalisme qui exige que le narrateur s'efface derrière son récit. Intéressée davantage à penser la fiction et, par conséquent, à mettre en relief la dimension autoréférentielle de l'art romanesque, elle attire l'attention sur la fécondité de son imaginaire. Ou plutôt de l'imaginaire tout court, vaut-il sans doute mieux dire : la sensualité de Cosmo et la force de sa présence physique sont des qualités inhérentes à l'homme, certes, mais Elke (qui se dit le porte-parole de la romancière) affirme que, lorsque son amoureux *dit* qu'il sera là avec elle lorsqu'elle se déshabillera avant de se coucher, sa parole stimule l'imaginaire et tout se passe comme s'il y était physiquement. Y voir un commentaire métatextuel, ce serait admettre que les histoires racontées par Huston sont d'autant plus réalistes qu'elles multiplient les aspects non objectifs, comme pour souligner l'impénétrabilité de l'action humaine. Le rôle du créateur hustonien, en fin de compte, consiste à manifester sa propre multiplicité aussi bien que celle du monde et à exposer les souples contradictions de la vérité et de la fiction, du réel et de l'imaginaire. Aussi convient-il de parler à propos des romans de Nancy Huston de réalisme magique.

Déjà en 1981, avec *Les variations Goldberg*, l'auteure met en scène trente individus en train d'assister à un récital du morceau éponyme. Avançant que trente invités équivalent à trente manières différentes d'« écouter », celles-ci allant de la non-écoute à l'écoute commentée et se distinguant entre elles en fonction du monologue ou du dialogue intérieur ayant inévitablement lieu en chaque personne, la « romance » se compose de trente chapitres. Chacun est une variation du thème principal qui, lui, privilégie la troisième note de la gamme d'ut, le *mi* (« me ») hustonien. Dans ce premier roman, comme dans tous les autres qui l'ont suivi, y compris l'objet principal de ce texte, l'écrivaine s'est investie, dépensée et c'est maintenant à nous non seulement de juger si nous en aimons la musique, mais aussi d'en évaluer l'intérêt littéraire. Pour *Une adoration*, il faudra bien reconnaître que le dernier Huston ne nous offre pas la réconfortante familiarité de nos clichés. Les perceptions et les réactions humaines mises en scène et dont le texte fait ressortir le caractère prévisible, mais aussi les leitmotive hustoniens exprimés par l'un ou l'autre des nombreux locuteurs participent tous à une diabolique mixture fantaisiste, de sorcière, qui contribue à faire surgir des choses complexes, contradictoires.

Qui était Cosmo ? On finit par apprendre l'identité de son assassin, mais l'homme, au sujet de qui on possède de nombreuses informations, nous échappe. En terminant notre lecture du roman, nous sommes sûrs seulement de notre malléabilité. Lire le dernier Huston, c'est s'offrir l'occasion de fréquenter une écriture ludique et énergique, voire espiègle, qui rappellera la complexité de la réalité et l'opacité du monde tout en révélant les mots pour dire la sensualité, les sensations fortes, mais aussi la perversion et la cruauté.

BIBLIOGRAPHIE

ISER, Wolfgang (1980), *The Act of Reading. A Theory of Aesthetic Response*, Baltimore et Londres, John Hopkins University Press, xii, 239 p., (publié originellement en allemand en 1976).

SERRES, Michel (1972), *Hermes II. L'Interférence*, Paris, Éditions de Minuit, « Collection Critique », 237 p.

SING, Pamela V. (2001), « Écrire l'absence : Montréal et l'Alberta chez Marguerite-A. Primeau et Nancy Huston », *University of Toronto Quarterly*, vol. 70, n° 3, p. 737-751 (numéro consacré à Montréal vue d'en bas).

SING, Pamela V. (2001), « Espaces albertains : identification et distanciation dans *Cantique des plaines* », dans DVORAK, Marta (dir.) (2003), *Vision/division. L'œuvre de Nancy Huston*, à paraître.

PORNOGRAPHIES

de Claudine Potvin
(Québec, L'Instant même, 2002, 130 p.)

Christian Lemay
La Cité collégiale

> Le discours, ce n'est pas simplement ce qui manifeste
> (ou cache) le désir ; c'est aussi ce qui est l'objet du
> désir.
>
> Michel FOUCAULT

Ceux qui espéraient rencontrer chez Claudine Potvin une nouvelle Catherine M., ceux qui désiraient trouver dans *Pornographies* une nouvelle version de *Hard* (R. Anderson), de *Putain* (Nelly Arcand) ou de *Pornocratie* (C. Breillat) seront vraisemblablement déçus. L'auteure ne sera probablement pas invitée à une entrevue de *Christiane Charrette en direct* et, heureusement, elle n'aura pas à raconter quelque histoire salace de vérité-fiction ayant pu survenir dans les murs de son *alma mater*.

La raison en est que Claudine Potvin travaille à contre-courant d'une pratique érotique axée sur la transgression. De cette forme traditionnelle, la recette est fort répandue : elle s'ingénie de nos jours à faire vaciller les pôles sexuels en intervertissant simplement les rôles par l'insertion d'une femme dans un rôle dominant et à s'extasier devant une caricature d'émancipation féminine. Refusant ce jeu de la phallocratie au féminin, l'auteure cherche plutôt à interroger l'univers sexuel tel qu'il se révèle aujourd'hui et à incarner une nouvelle voix dans l'espace mouvant du désir.

Loin d'esquiver son sujet, *Pornographies* réussit, et fort bien, à respecter la lettre de ce mot en rassemblant des nouvelles qui mettent en scène la prostitution, le corps sexué et les multiples discours qui l'animent. Les « pornographies » dont il est question sont celles que Claudine Potvin voit proliférer depuis les dix dernières années comme autant de discours circulant autour de la notion de plaisir, mais le traitement qu'elle en fait ouvre la porte à une nouvelle voie.

En s'ouvrant sur une référence à Barthes, le recueil avec ses dix-huit nouvelles se présente d'abord comme un parcours vers « une chimie nouvelle du texte, la fusion (comme sous l'effet d'une température ardente) du discours et du corps ». Par cette épigraphe, Claudine Potvin nous confie que les « pornographies », thème de son recueil, se veulent aussi l'expression d'un rapport au langage où Logos et Éros s'embrassent, fusionnent, se repoussent, s'observent. Son écriture nous convie à un curieux échange où les mots du corps se superposent au corps des mots. Elle écrit : « Un projet d'écriture trotte ici et là, se loge dans la fente de son décolleté. »

Dès les premières pages de son recueil, la nouvelliste est inspirée. Les premières nouvelles parviennent à illustrer cette fusion en jouant efficacement sur la focalisation de ses narrateurs qui, plutôt que de présenter froidement le spectacle des corps dénudés, s'inscrit dans un courant de conscience émotive qui ressent plutôt que de montrer, développant ainsi l'érotisme comme une « expérience intérieure » :

> Mirna avale encore par petites gorgées le café noir qu'il vient de lui apporter fort a renversé une goutte sur le titre du dernier chapitre le café n'a pas effacé les mots le récit de Mirna semble intact se réchauffe sent son visage inondé la rougeur transpercer le haut de son corps des rouges au cœur, pense-t-elle sur le côté gauche, l'image de la tasse a dessiné une série de pistes le plaisir des explorations imprévues espaces logées rangés courbes en diagonale géographies clandestines mots de Vénus au milieu des déserts féminins effets de serre tropicale sous la pression du désir des plantes poussent.

La nature allégorique de ces premières nouvelles permet de jouer sur les possibilités formelles du double sens. L'auteure multiplie les analogies, affectionnant particulièrement celles où se mélangent le jeu des corps et celui de la création. Les formules où ces deux images sont réunies contribuent à la qualité esthétique du texte ; elles laissent voir une volonté de maîtriser non pas la représentation sexuelle, mais bien la métaphore sexuelle par le renouvellement de l'écriture du désir et de ses images. À cet effet, la peinture est mise à l'honneur dans ces allégories où la création sert de clé pour le déchiffrement du désir dans ce qu'il a d'indicible :

> Je m'épuise à tracer des lignes qui lui ressemblent. Anorexique de l'art, je tremble à chacun de ses mouvements. Elle envahit la feuille sur laquelle je me penche, crée des remous sur le sol où je m'assois, laisse des couches de nébuleuses aux angles de mon armature, répand de la térébenthine sur l'air que je respire, mâchouille mes crayons, monte sur moi comme une petite fille et m'empêche de penser.

L'association du désir et de l'acte créateur est suffisamment parlante pour que l'auteure n'ait pas à expliciter les analogies. Ce mélange indique sans ambiguïté que ces sensations sont intérieures, et la double lecture qui s'ensuit enrichit la plasticité des corps d'une émotion vibrante peu commune dans la prose :

> J'aimerais écrire comme on peint la vie sur d'anciens paravents possédée par la passion des chutes de couleurs sur les corps délébiles.

Si les premières nouvelles parviennent à élaborer ainsi une vision introspective, tout en nuances pour évoquer les aléas du désir, le mouvement perd de sa vigueur au bout de cinq nouvelles. « À jouir sans péril, on s'essouffle sans gloire » (Jean Andian). Par la suite, cette écriture stylisée, pleine de surprises et de rebondissements, laisse place à un discours plus uniforme et plat sur le sexe et le pouvoir. Là, l'œuvre bascule, plusieurs textes mettent alors en scène des héroïnes de films XXX que la narratrice scrute jusque dans les démonstrations les plus surfaites afin de révéler le caractère factice de la pornographie et le travail de réification des femmes. Pavanées dans des décors illusoires, les personnages féminins (prostituées, actrices de films porno, louve SM) deviennent les marionnettes d'un fantasme mâle qui regorge de nuances et de subversions dans le but d'alimenter un plaisir, toujours le même.

On devine alors chez l'auteure une fascination obsessive pour la mercantilisation du sexe et un dégoût évident pour cette forme d'exploitation. Les jeux de pouvoirs qui se dessinent entre l'univers masculin et la réalité féminine occupent une place de premier plan dans des nouvelles telles que « dominatrix », « a woman-in-effect », « le *show* d'Angèle », « le sujet pornographique ». Or ce ne sont pas tant les corps qui sont exhibés dans ces textes, mais bien les discours oppresseurs qui se trouvent mis à nu. Même la violence faite au lecteur se trouve personnifiée dans le recueil par Mirna, l'observatrice, qui incarne la spectatrice ébranlée par le spectacle qui la dépasse. Même placée à distance de la scène, c'est elle qui subit les violences les plus aiguës : « L'exécution d'Angèle agresse Mirna. Auto-graphie du récit au comble, à la limite de. Incestueuse et parricide, Mirna reçoit le *show* d'Angèle comme un coup de fouet ». Une telle posture n'est pas sans faire écho à celle adoptée par Georges Bataille dans ces nouvelles, la jouissance en moins.

Plusieurs nouvelles donnent ainsi un éclairage plutôt moralisateur sur des représentations sexuelles jugées dégradantes, ce qui oriente la lecture dans une perspective plus rationnelle qu'érotique et confère souvent à la nouvelle une portée didactique. On appelle en renfort les essais de S. Kappeler, de N. Brossard, de L. Bersianik et de F. Théorêt qui soulignent avec trop d'insistance la thèse féministe.

Bref, ces dernières nouvelles de *Pornographies* veulent observer, analyser, transformer le fantasme de la maîtrise et de la domination en opérant un déplacement du lecteur. Si, traditionnellement, ce lecteur s'identifiait à celui qui imposait son désir en réifiant la femme, Claudine Potvin subvertit cette position en réifiant ce discours de la violence et en imposant une lecture du dégoût. Cette tournure observée dans le recueil laisse toutefois le lecteur sur sa faim, alors qu'on avait d'abord su l'appâter par une approche prometteuse. La question se pose alors de savoir ce qui, dans la lecture de textes érotiques ou pornographiques, saura nous sortir de l'impasse et renouveler la littérature du plaisir.

En ce sens, il faut lire les premières nouvelles comme autant de tentatives visant à décloisonner le genre et à esquisser ce qui se pose comme le signe avant-coureur d'une nouvelle écriture de l'érotique.

FIVE PART INVENTION. A HISTORY OF LITERARY HISTORY IN CANADA

de E. D. Blodgett
(Toronto, University of Toronto Press, 2003, 400 p.)

Jean-Jacques Defert
Université de l'Alberta

Qu'est-ce que le Canada ? Comment les histoires de la littérature ont-elles contribué à l'élaboration d'une image de la nation ? Quels sont les mécanismes de la pensée et les stratégies discursives qui participent à l'intellectualisation de la nation ? En quoi l'environnement social, géographique, politique et culturel sont-ils déterminants ? Quelles leçons faut-il tirer de cette analyse pour l'avenir du Canada ?

Telles sont quelques-unes des questions qui sont posées dans l'ouvrage d'E. D. Blodgett, *Five Part Invention. A History of Literary History in Canada*, publié en 2003 par University of Toronto Press[1]. Se basant sur un corpus varié composé essentiellement de préfaces, d'anthologies, d'essais, de manuels scolaires et de livres d'histoire, E. D. Blodgett nous livre une réflexion sur les différents visages de la nation telle qu'elle est perçue par les divers groupes qui composent la société canadienne, et ce, sur la période s'étendant de 1874 à nos jours. Ces groupes sont au nombre de cinq et constituent « the five-part invention » de l'analyse – les Canadiens anglophones, les Canadiens francophones, les Inuits, les Premières nations et l'ensemble des autres minorités. Cette étude comporte plusieurs niveaux d'analyse – les caractéristiques, les spécificités et les enjeux de l'histoire de la littérature comme forme de représentation, d'une part, et le rapport entre la littérature et la nation, d'autre part. En fait, nous pourrions en rajouter un troisième, que la définition même du sujet d'étude a plus ou moins soulevé et rend presque indispensable : les rapports épistémologiques et les similitudes qui peuvent apparaître entre histoire, histoire littéraire et littérature. Cette approche est essentiellement textuelle (narratologique et sémiotique), et comme Blodgett nous le confie dès la fin de son introduction, « [his] method tends to vary methodologically in response to individual texts » (p. 20).

L'organisation générale de l'étude est chronologique et thématique, chaque chapitre étant subdivisé en plusieurs parties reflétant les grandes tendances discursives de la période. L'interprétation des textes imprime un mouvement sous-jacent du général au particulier. En effet, de la position défendue du rôle de personnage central de la nation dans le métadiscours aux rôles tout aussi importants de la culture, de la politique et de l'organisation sociale comme *textes-actants* et enfin du rôle d'actant des textes dans la narration, E. D. Blodgett développe plusieurs niveaux d'analyse dans un mouvement du macrocosme au microcosme.

Pourquoi les histoires littéraires ? Pour leur côté didactique, tout d'abord, tant il est vrai qu'elles sont avant tout conçues pour un public et qu'elles ont donc vocation à être la voix d'un groupe linguistique spécifique. Ensuite parce que l'activité littéraire, et a fortiori l'histoire littéraire, est, selon Pierre Bourdieu, le premier espace où se développe « the acquisition of agency » dont le but est non seulement l'acquisition de pouvoir mais aussi d'une autonomie. « As Bourdieu argues, the primary function of literary history is one of mapping the field, that is, of "constructing the space of positions and the space of position-takings [*prise-de-position*] in which they are expressed". » (p. 185)

Plus qu'une histoire des histoires littéraires à la vérité, c'est une archéologie du concept de nation qui nous est révélée dans cet ouvrage encyclopédique, concept qui est défini par le jeu d'un ensemble de stratégies discursives qui en modèlent les contours. Pour rendre compte de ces stratégies, E. D. Blodgett reprend la méthodologie développée par Hayden White suivant les différentes opérations qui contribuent à la construction du discours : l'opération de « condensation » avec l'intégration ou non de tel ou tel ouvrage (le phénomène de canonisation qui confère à l'ouvrage un rôle de *texte-actant*) ; le déplacement de certaines références à la périphérie tandis que d'autres sont mises en avant (le phénomène d'origine dont parle Blodgett à propos de la récurrence du rôle central joué par l'*Histoire du Canada* de F.-X. Garneau dans la tradition québécoise) ; l'encodage, c'est-à-dire la surdétermination de certains faits comme causes et d'autres comme conséquences ; et enfin, la création d'un discours parallèle, « a secondary elaboration », qui apporte la dimension rationnelle du discours[2]. Ces choix discursifs investissent à leur tour les événements (littéraires ou historiques) d'un nouveau sens et provoquent donc une épistémologisation de ces éléments intégrés. Qu'elles soient sémantiques, structurales ou rhétoriques, ces stratégies participent à la poétisation du discours. L'histoire littéraire implique un agencement, « a synoptic judgement », et c'est à ce niveau que se jouent les stratégies conceptuelles – « explanation by emplotment », « explanation by formal argument », « explanation by ideological implication » –, autant de paradigmes qui sont prédéfinis par le mode poétique (trope) dominant qui comprend les quatre figures de la rhétorique – la métonymie, la synecdoque, la métaphore ou l'ironie[3]. « Rhetoric, then, is not simply formalism ; it is, rather, a symptom of authorial desire and how he or she desires to articulate a signifying present. In other words, rhetoric is the sign of kinds of agency. » (p. 125)

Par intériorisation de l'extériorité – un espace géographique et géopolitique défini –, les histoires littéraires au Canada ont participé à la définition d'une série de *champs* (politique, culturel...), tradition qu'elles ont perpétuée, créant ainsi ce que Bourdieu appelle l'*habitus*. « Nation as it is variously employed in literary history, becomes a conflicted site where texts which claim transhistorical status and gesture towards transcendent values are made to consort with the more immediate world they both draw upon and endeavour to construe. » (p. 17) Reprenant l'image lacanienne du stade du miroir qui symboliquement représente la réalité puis le passé colonial du Canada, la fonction du personnage de la « nation » dans les histoires littéraires s'inscrit au stade de la formation du *je*, « ce moment où s'achève le stade du miroir [qui] inaugure [...] la dialectique qui dès lors lie le *je* à des situations socialement élaborées »[4].

Dès lors, tout l'intérêt de l'étude de E. D. Blodgett réside dans l'analyse des grands paradigmes du discours autour desquels est structurée l'image poétisée de la nation. Au nombre de cinq – le Temps, l'Espace, le Commencement, l'Origine et l'Autre –, ces paradigmes nous autorisent à percevoir l'idée de « five-part invention » dans une perspective différente, où l'image de la nation serait le produit de leur rapport dialogique et dialectique. Il y a ainsi interdiscursivité et interpénétration de certains des éléments qui composent ces espaces. La notion de Temps évoque plusieurs oppositions telles que rupture/continuité, progression/régression, origine/fin (périodisation). Celle de l'Espace géographique implique d'autres types d'oppositions tels que nature/culture, intériorité/extériorité, lien colonial/autonomie. Le concept de Commencement, quant à lui, rend compte du point de départ dans le temps à partir duquel le processus d'intellectualisation du sujet et du monde qui l'entoure est rendu possible. C'est la prémisse temporelle fondatrice tandis que l'Origine, elle, est présente sous la forme d'une « idea of integration into a whole » (p. 58) du sujet dans un collectif. Le paradigme de l'Altérité joue sur le mode d'inclusion ou d'exclusion par le langage, la culture, l'histoire, l'ethnicité. Le contexte colonial spécifique au Canada donne à la question de l'Altérité mais aussi à celle de l'autonomie du sujet et de l'acquisition du « je » (Agency) une importance toute particulière.

L'étude nous montre que les traditions francophone et anglophone sont très différentes. L'historiographie francophone est traditionnellement structurée autour d'une succession d'événements à caractère traumatique qui ont provoqué une rupture du lien culturel avec la France et dénote donc une dialectisation dominante du temps. Le commencement est clairement ancré au niveau temporel dans la crise de la Cession de la Nouvelle-France, et Garneau et Parent sont les figures emblématiques, tout à la fois origine et centre, « founders and metanarrators ». L'autonomie du sujet (agency) est placée dans l'avenir et la reterritorialisation du « je » est à venir – « yet to happen ».

La tradition anglophone voit l'histoire dans un continuum et les événements sont appréhendés d'un point de vue constitutionnel. Dans ce sens, l'Acte de l'Amérique du Nord britannique est considéré comme l'événement fondateur de la nation, mais le paradigme dominant reste l'espace à travers le rapport synecdotique de la frontière (the border) et la maîtrise de la nature. Il n'y a donc pas dans la tradition anglophone de commencement en soi mais plutôt le sentiment d'un « moment always-already given ». Les deux traditions se rejoignent cependant sur un point : elles dénotent une propension à l'exclusion de l'Autre du discours, encore de mise aujourd'hui. Cela ne concerne pas uniquement les Inuits et les Premières nations mais aussi les autres minorités du Canada, voire les représentants de l'autre tradition littéraire.

Tour à tour palimpseste, palingénésie, *heilgeschichte* ou *bildungsroman*, ces histoires portent en elles les stigmates d'un discours tout axé sur la légitimation et sur l'appropriation. « The argument is repeated with culturally specific differences, and what is desired, finally, is agency, whether in respect of nature (place, environment) or history ». (p. 126)

Bien que E. D. Blodgett reconnaisse les différences fondamentales qui séparent l'histoire de la littérature d'un point de vue ontologique, les tentations sont fortes de les rapprocher. Par une approche phénoménologique tout d'abord : reprenant la pensée de Merleau-Ponty, il ne manque pas de nous rappeler que la phénoménologie « étudie *l'apparition* de l'être à la conscience » et que les premières considérations sont celles de la position du sujet par rapport à la langue, au temps, à l'histoire et à l'être. Les processus d'inclusion ou d'exclusion, le processus de canonisation, ne sont-ils pas des opérations qui, parce qu'elles questionnent l'existence ou la non-existence, soulèvent le problème de l'être ? D'un point de vue formel ensuite, E. D. Blodgett relève des analogies structurales entre les discours historiographique et de fiction. « The problem of the relation of culture to politics and social organization is resolved by their all being central protagonists in the same drama. All of them, to use Merleau-Ponty's expression, dispose of "une parole imaginaire". All of them as *texte-actants* express and compose a story, and so originate it ». (p. 150) De là à comparer l'histoire d'une nation à une *fabula* et les multiples interprétations comme autant de *siuzhets*, il n'y a qu'un pas...

L'approche chronologique et thématique facilite grandement la lecture d'une étude que la densité du contenu aurait pu rendre encore plus difficile d'accès. Il n'en reste pas moins que le caractère encyclopédique, qui est par ailleurs une des grandes qualités de cet ouvrage, et la volonté d'ouvrir les frontières de la représentation littéraire aux autres formes d'écriture que sont les littératures minoritaires, peuvent parfois dérouter le lecteur.

L'ouvrage de E. D. Blodgett soulève indéniablement des questions importantes, notamment en ce qui concerne l'interpénétrabilité des genres de l'histoire littéraire et de certains genres romanesques tels que le roman historique ou le *Bildungsroman*. En soulevant le problème de la dimension phénoménologique de la perception temporelle et spatiale, de l'être et du langage, en plaçant la nation dans le rôle de personnage central de l'histoire, les différences entre les genres tendent à s'estomper. L'étude de E. D. Blodgett met aussi en évidence le caractère « ethnocentrique » de ce type de production littéraire et souligne avec raison le paradoxe qui existe entre la réalité multiculturelle de la société canadienne et l'exiguïté des systèmes de représentation que sont les histoires littéraires.

Conscient que les « literary histories carry the mark of their period of gestation with them » (p. 181), E. D. Blodgett apporte systématiquement un contexte historique, théorique et esthétique qui rend compte non seulement des évolutions de la facture narrative des textes mais aussi de leur contenu épistémologique. La variété et la cohérence des apports théoriques fournis sur le plan des concepts, aussi bien littéraires que sociologiques ou philosophiques, confèrent à cet ouvrage une grande richesse et témoignent de la nécessité et de l'intérêt, si cela était encore à prouver, des approches multidisciplinaires.

L'ouvrage montre aussi d'une certaine façon les limites de la méthodologie de H. White dans la mesure où l'étude a montré une certaine fréquence de l'emploi du mode rhétorique de la synecdoque, par exemple, pour les deux traditions – francophone et anglophone. Bien que cette méthodologie prouve sans ambiguïté le caractère fictionnel de l'histoire en général et de l'histoire de la littérature en particulier, ces catégorisations ne profitent pas nécessairement à l'inhérente diversité de ces textes.

Pour finir, nous pouvons nous interroger sur l'absence d'un ouvrage, *La France aux colonies* d'Edme Rameau de Saint-Père qui, bien que publié en 1858, donc avant la périodisation définie par E. D. Blodgett, aurait mérité de faire partie du corpus tant il est vrai qu'il reçut à sa parution un accueil très favorable de la population canadienne-française. En outre, fruit d'une correspondance soutenue entre E. Rameau de Saint-Père et une quantité non négligeable de personnalités québécoises, cet ouvrage devait influencer de façon importante, et bien après sa publication, les discours touchant à la représentation nationale.

NOTES

1. Pour toutes les citations qui sont tirées de cet ouvrage, la pagination sera indiquée immédiatement après la citation.

2. Hayden WHITE, « Historicism, History, and the Figurative Imagination », *History and Theory*, vol. 14, n° 4, 1975.

3. Hayden WHITE, *Metahistory – The Historical Imagination in Nineteenth Century Europe*, Baltimore et Londres, John Hopkins University Press, 1973.

4. Jacques LACAN, « Le stade du miroir comme formateur de la fonction du Je telle qu'elle nous est révélée dans l'expérience psychanalytique ». Communication présentée au XVIe congrès international de psychanalyse à Zurich, le 17 juillet 1949.

PUBLICATIONS RÉCENTES
ET THÈSES SOUTENUES*

Francine Bisson
Université d'Ottawa

La section des livres comprend surtout les titres publiés en 2003 et ceux de 2002 qui n'ont pas été répertoriés dans le numéro 15 de *Francophonies d'Amérique*.

Notre liste inclut des thèses de maîtrise et de doctorat soutenues depuis 2000, car il nous est difficile d'avoir accès aux thèses de l'année courante. Nous serions d'ailleurs reconnaissants aux personnes qui voudraient bien nous faire parvenir les titres des thèses récentes soutenues à leurs établissements ou ailleurs, dans les domaines qui intéressent cette revue.

Les titres précédés d'un astérisque font l'objet d'une recension dans les pages qui précèdent.

Nous tenons à remercier d'une façon toute particulière, cette année encore, Gilles Chiasson, bibliothécaire à l'Université de Moncton, de sa précieuse collaboration à la section Acadie.

L'ACADIE (Gilles Chiasson, Université de Moncton)

ALLAIN, Greg et Maurice BASQUE, *Une présence qui s'affirme : la communauté acadienne et francophone de Fredericton, Nouveau-Brunswick*, Moncton, Éditions de la Francophonie, 2003.

ARSENAULT, Georges, *Acadian legends, folktales and songs from Prince Edward Island*, Charlottetown (P.E.I.), Acorn Press, 2002, 157 p.

ARSENAULT, Réginald, *Généalogie et histoire d'une lignée Arsenault de Petit-Rocher et de Dalhousie, N.-B.*, Montréal, Imprimerie des livres et des copies, 2003, 117 p.

ASSOMPTION COMPAGNIE MUTUELLE D'ASSURANCE-VIE, *Un siècle d'affirmation*, Moncton, Assomption vie, 2003, 28 p.

ASSOMPTION COMPAGNIE MUTUELLE D'ASSURANCE-VIE, *A Century of Assertion*, Moncton, Assumption Life, 2003, 28 p.

AUCOIN, Réjean et Jean-Claude TREMBLAY, *The Magic Rug of Grand-Pré*, Lévis (Qc), Éditions Faye, 2002, 49 p.

AUCOIN, Réjean et Jean-Claude TREMBLAY, *Le Tapis de Grand-Pré*, Moncton, Éditions de la Francophonie, 2002, 53 p.

BEAULIEU, Bertille et Mary Jane O'NEIL, *Pour l'espoir et la dignité des lépreux à Tracadie*, Moncton, Éditions de la Francophonie, 2003, 269 p.

BEAULIEU, Murielle, *La Persévérance des semailles : récit*, Moncton, Éditions de la Francophonie, 2003, 115 p.

BENHADDAD, Soraya, *Le Fantôme tourmenté : roman*, Moncton, Bouton d'or d'Acadie, « Météore », 2003, 121 p.

BLAL, Majid, *Cris des sans voix, ou, Complainte du deux-tiers-monde : poésie*, Tracadie-Sheila (N.-B.), La Grande Marée, 2003, 48 p.

BLONDIN, Yves, *L'Arbre généalogique des Johnson-Jeanson-Jeansonne acadiens de l'Amérique du Nord : de la Louisiane, É.-U. en 1776 (au verso), de Lanaudière, Québec en 1767, de la Gaspésie, Québec en 1777, du Nouveau-Brunswick en 1798-1799, du Manitoba vers 1875-1880, du Maine, É.-U. en 1891 et de l'Alberta en 1932 (Saskatchewan en 1922)*, Montréal, Association des Johnson d'Acadie, 2001, [222 et 113] p.

BOEHRINGER, Monika, *Auteures acadiennes : création et critique*, Halifax (N.S.), Dept. of French, Dalhousie University, « Dalhousie French studies, vol. 62 », 2003, 173 p.

BOUDREAU, Jules, *Le Mystère de la maison grise*, illustrations d'Anne-Marie Charest, Montréal, Chenelière/McGraw-Hill, 2003, 119 p.

BOUDREAU, Raoul, *L'Enfance au temps des processions : récit*, Moncton, Éditions de la Francophonie, 2003, 126 p.

BOURGEOIS, Yves et Samuel LEBLANC, *Innovation in Atlantic Canada*, Moncton, Institut canadien de recherche sur le développement régional = Canadian Institute for Research on Regional Development, « Maritime series. Monographs », 2002, 217 p.

BOURGEOIS, Yves et Samuel LEBLANC, *L'Innovation au Canada atlantique*, Moncton, Institut canadien de recherche sur le développement régional = Canadian Institute for Research on Regional Development, « Collection Maritimes. Monographies », 2002, 251 p.

BRUN, Régis, *Les Acadiens avant 1755 : essai*, Moncton, [R. Brun], 2003, 128 p.

CALVIFIORI, Antoine, *La Louve aux yeux de velours*, Moncton, Bouton d'or Acadie, « Météore », 2003, 131 p.

CHÉNARD, Sylvio, *Un demi-siècle dans le système des écoles publiques du Nouveau-Brunswick*, Moncton, Éditions de la Francophonie, « Les bâtisseurs de l'Acadie moderne », 2002, 136 p.

CHIASSON, Anselme et Daniel BOUDREAU, *Chansons d'Acadie : séries 1 à 4*, Moncton, Université de Moncton, Centre d'études acadiennes, 2002, 31, 53, 52, 57 p.

CHIASSON, Herménégilde, *Émergences : poésie*, préface de Raoul Boudreau, Ottawa, Éditions L'Interligne, « BCF », 2003, 113 p.

CHIASSON, Herménégilde, L'Oiseau tatoué, eaux-fortes de David Lafrance, Montréal, La Courte échelle, « Poésie », 2003, 40 p.

CLAVETTE, Denise, École Sainte-Anne : une histoire à raconter : la petite histoire de l'École Sainte-Anne 1965-2003, Fredericton (N.-B.), D. Clavette, 2003, 196 p.

COADY, Lynn, *Saints of Big Harbour*, Toronto, Anchor Canada, 2003, 416 p.

COLLOQUE SUR L'ÉQUITÉ EN ÉDUCATION, Les Actes du Colloque sur l'équité en éducation 2002 du Réseau national d'action éducation femmes, Moncton, Nouveau-Brunswick, du 18 au 20 octobre 2002, Ottawa, Réseau national d'action éducation femmes, 2003, 200 p.

COMITÉ DES 12 POUR LA JUSTICE SOCIALE, *Écritures simples pour régler les problèmes compliqués*, Caraquet (N.-B.), Comité des 12 pour la justice sociale, 2002, 12 p.

CORMIER, Marie-Louise, *Non au ritalin*, Moncton, Éditions de la Francophonie, 2003, 190 p.

CORMIER-BOUDREAU, Marielle, *Médecine traditionnelle en Acadie : enquête ethnographique*, Moncton, Éditions de la Francophonie, 2003, 290 p.

COUTURIER, Gracia, *Élise à Louisbourg*, illustrations de Suzanne Dionne-Coster, Montréal, Chenelière/McGraw-Hill, 2002, 24 p.

COUTURIER, Gracia, *Un tintamarre dans ma tête*, Montréal, Chenelière/McGraw-Hill, 2003, 73 p.

COUTURIER, Gracia, *Le Vœu en vaut-il la chandelle ?*, Montréal, Chenelière/McGraw-Hill, 2003, 89 p.

CURRIE, Jeanne, *Grandir à la baie : souvenirs d'une Acadienne de la baie Sainte-Marie*, Annapolis Royal (N.-É.), Éditions de l'Acadjonne, 2003, 116 p.

DAIGLE, France, *A Fine passage: a novel*, Toronto, Anansi, 2002, 113 p.

Les Défricheurs d'eau : le village historique acadien : aperçu de l'histoire matérielle de l'Acadie du Nouveau-Brunswick, Moncton, Éditions de la Francophonie, 2003, 97 p.

La Déportation des Acadiens = The Deportation of the Acadians, Grand-Pré (N.-É.), Société Promotion Grand-Pré, 2003, 8 p.

DESCHÊNES, Micheline, *Libérer la vie : récits*, Tracadie-Sheila (N.-B.), La Grande Marée, 2002, 121 p.

DESJARDINS, Léandre, La Santé des francophones du Nouveau-Brunswick : étude entreprise par la Société des Acadiens et Acadiennes du Nouveau-Brunswick, Moncton, Éditions de la Francophonie, 2003, 258 p.

DESSUREAULT, Guy, *Jacou d'Acadie*, illustrations de Daniela Zékina, Montréal, Éditions P. Tisseyre, « Safari histoire, 5 », 2003, 64 p.

DEVEAU, Marie-Adèle, Entends-tu le violon... : profils de violoneux de la Baie Sainte-Marie en Nouvelle-Écosse, Pointe-de-l'Église (N.-É.), Centre provincial de ressources pédagogiques, 2003, 108 p.

DOIRON, Sylvio, *Embellir*, Moncton, Les Éditions Doiron, 2003, 200 p.

DOUCETTE, Mario, *Cause célèbre : 25 ans à la Galerie Sans nom, 1977-2002*, Moncton, Galerie Sans nom coop. ltée, 2003, 158 p.

DUBOS, Alain, *Retour en Acadie : roman*, Paris, Presses de la Cité, « Sud lointain », 2003, 604 p.

DUGUAY, Henri-Eugène, *Un homme de Dieu : Père Donat Robichaud, 1892-1973 : souvenirs*, Saint-André-Leblanc (N.-B.), Éditions ad hoc, 2003, 158 p.

DUMONT-PAILLARD, Estelle, Pour que fleurisse le lotus, Moncton, Éditions de la Francophonie, 2003, 114 p.

DUPUIS, Thérèse, <u>De la cuisine de mémère LeBlanc</u> dit saindoux : un livre de recettes acadiennes, Memramcook Est (N.-B.), T. Dupuis, 2003, 92 p.

ÉMONT, Bernard, *Marc Lescarbot : mythes et rêves fondateurs de la Nouvelle-France : avec une biographie nouvelle de l'auteur*, Paris, L'Harmattan, 2002, 362 p.

FOREST, Léonard et Jocelyne DOIRON, *Les Trois Pianos*, Moncton, Bouton d'or Acadie, 2003, 35 p.

FRIGAULT, Jacques-A., *Le Goulag acadien, 1960-2000 : roman*, Tracadie-Sheila (N.-B.), La Grande Marée, 2003, 155 p.

GALLANT, Corinne et Roger OUELLETTE, *Maître Lapin Ableegumooch*, illustrations de Peter Mitcham, Moncton, Bouton d'or Acadie, « Wabanaki », 2003, 60 p.

GALLANT, Melvin, *Patrick l'internaute*, Montréal, Chenelière/McGraw-Hill, 2003, 55 p.

GAUDET, Millie, *Memories of a dreamer*, Moncton, M. Gaudet, 2003, 77 p.

GAUTREAU, Euclide, *La Voix des Aigles Bleus, 1910-1999*, Memramcook (N.-B.), E. Gautreau, 2003, 217 p.

GERRIOR, William Dawson, *Acadian awakenings: roots & routes, international links, an Acadian family in exile*, Hatchet Lake (N.S.), Port Royal Pub., 2003, 1 v.

GERVAIS, Marielle, <u>Mémoires d'Ellée</u> : roman initiatique, Tracadie-Sheila (N.-B.), La Grande Marée, 2003, 218 p.

GERVAIS, Marielle, *Raymond Bujold : une spiritualité de l'amour*, Montréal, Fides, 2003, 215 p.

GIBBS, Astrid, *Vent du large : poésie*, Moncton, Éditions de la Francophonie, 2003, 70 p.

GIROUARD, Anna, *Marin : Marin Girouard patriarche acadien*, Sainte-Marie-de-Kent (N.-B.), Éditions les Balises, « L'album du patriarche acadien », 2003, 128 p.

GUISSET, Marcel, *Le Verbe français et ses objets (version bilingue) : la construction des verbes en un clin d'œil*, Moncton, Marcel Guisset, 2002, 55 p.

HACHÉ, Alain, *The physics of hockey*, Vancouver, Raincoast Books, 2002, 184 p.

HACHÉ, Gérard, *Sur la route de ma vie : récit*, Moncton, Éditions de la Francophonie, 2003, 166 p.

HACHÉ, Louis, *La Maîtresse d'école*, Moncton, Éditions de la Francophonie, 2003, 449 p.

HAMEL, Judith, Modo et la terre, Moncton, Bouton d'or Acadie, « Améthyste », 2003, [22] p.

HERBIN, John Frederic, *The History of Grand-Pré: the Home of Longfellow's 'Evangeline'*, Wolfville, (N.S.), Herbin Jewellers, 2003, 168 p.

JACQUOT, Martine L., *Le Secret de l'île : pour Mélodie et Thibault*, Montréal, Chenelière/McGraw-Hill, 2003, 85 p.

JOHNSON, Lesley, *Amour, Love, Kesaluemk, Amor, Liebe*, traduction de Serena Sock, Margarita Yuste et Christel Bauer, Moncton, Bouton d'or Acadie, 2003, 31 p.

LAFRANCE, Alma, *Quand le vent tourne*, Moncton, Éditions de la Francophonie, 2003, 310 p.

LANDRY, Edmond L., Alexis : roman historique, Moncton, Éditions de la Francophonie, 2003, 228 p. (Éd. originale : Moncton, Éditions d'Acadie, 1992).

LANDRY, Edmond L., Tombés du ciel : roman, Moncton, Éditions de la Francophonie, 2003, 228 p.

LANDRY, Rodrigue et Serge ROUSSELLE, *Éducation et droits collectifs : au delà de l'article 23 de la Charte*, Moncton, Éditions de la Francophonie, 2003, 208 p.

LAVALLÉE, Jeannie, *L'Histoire du village Le Goulet : le paradis de la pêche côtière*, Moncton, Éditions de la Francophonie, 2002, 234 p.

LAWRENCE, Ian, *Historic Annapolis*, Halifax (N.S.), Nimbus Pub., « Images of our past », 2002, 158 p.

LEBLANC, Barbara, *Postcards from Acadie: Grand-Pré, Evangeline & the Acadian identity*, Kentville (N.S.), Gaspereau Press, 2003, 204 p.

LEBLANC, Gérald, *Géomancie : poésie*, Ottawa, Éditions L'Interligne, « BCF », 2003, 127 p.

LEBLANC, Mathieu, *L'Aménagement linguistique au Nouveau-Brunswick : l'état des lieux : synthèse réalisée grâce à la participation du Centre de recherche en linguistique appliquée (CRLA) de l'Université de Moncton et la SAANB*, [Moncton], Université de Moncton 2003, 43 [et 28] p.

LEBLANC, Yvonne, *Profil de femmes acadiennes II*, [Grande-Digue, N.-B., Y. LeBlanc], 2002, 192 p.

LEBLANC-DESNEIGES, Michel, *En attente de la catastrophe ? : les citoyens face à l'enjeu écologique global*, Moncton, Éditions de la Francophonie, 2003, 256 p.

LEBRETON, Clarence, *Hier l'Acadie : scènes du village historique acadien : plus de 140 photos qui nous rappellent la vie quotidienne dans l'Acadie de nos ancêtres*, [nouv. éd. franç. à tirage limité], Moncton, Éditions de la Francophonie, 2002, 72 p.

LÉGER, Diane Carmel, *Cédric et le porc-épic*, illustrations de Lynne Ciacco, Montréal, Chenelière/McGraw-Hill, 2002, 24 p.

LÉGER, Maurice A. et Ronnie-Gilles LEBLANC, *Shédiac historique = Historic Shédiac*, Halifax (N.-É.), Nimbus Publishing, « Images de notre passé = Images of our past », 2003, 126 p.

LÉGER, Ronald, *TachyAcadie*, Moncton, Éditions Perce-Neige, « Poésie », 2003, 79 p.

LONERGAN, David et Anne BROUILLARD, *L'Homme qui était sans couleurs*, Moncton, Bouton d'or Acadie, 2003, 47 p.

MACHECOUI, *Les Coucougouêches volant dans le mammetchais : les hiboux survolent le marécage : roman acadjen*, illustrations de Malcah Sussman, Montréal, Éditions du Bargamo, « Collection Littérature acadienne », 2003, 358 p.

MAGORD, André (dir.), *L'Acadie plurielle : dynamiques identitaires collectives et développement au sein des réalités acadiennes*, avec la collaboration de Maurice Basque et Amélie Giroux, Moncton, Université de Moncton, Centre d'études acadiennes, 2003, 980 p.

MAILLET, Antonine, *Mit der Hälfte des Herzens : roman* (Pélagie-la-charrette), München, Deutscher Taschenbuch Verlag, 2002, 277 p.

MAILLET, Antonine, *Le Temps me dure : roman*, Montréal, Lémeac; Arles (France), Actes Sud, 2003, 262 p.

MAILLET, Marguerite, *La Petite merlêche*, illustrations Anne-Marie Sirois, Moncton, Bouton d'or Acadie, « Chrysalide », 2003, 22 p.

MARTIN-VERENKA, Nicole, *Chassés d'Acadie : les Acadiens du sud de Montréal*, Montréal, Éditions Histoire-Québec, « Collection de la Société historique de la Prairie de la Magdeleine », [2003], 500 p.

MAZEROLLE, Rodrigue, *Interprétation moderne du relevé de l'île Royale et de l'île Saint-Jean fait en 1752 par l'arpenteur Joseph de la Roque = Modern interpretation of the 1752 survey of Cape Breton and Prince Edward islands made by surveyor Joseph de la Roque*, Montréal, JDR Mazerolle, 2002, 504 p.

MELANSON, Marg, *The Melanson story: Acadian family, Acadian times*, Toronto, M.C. Melanson, 2003, 304 p.

NICHOLS, Glen Freeman, *Angels and anger: five Acadian plays*, Toronto, Playwrights Canada Press, 2003, 255 p.

NOISEUX, Diane, *Joëlle et le grand brun : roman*, Moncton, Bouton d'or Acadie, « Météore », 2003, 91 p.

NOUREAU, Martial, *Le Rêve de Maria*, Moncton, Éditions de la Francophonie, 2003, 306 p.

OUELLON, André, *Miguel Massarui : ...de la dualité de l'être...*, Tracadie-Sheila (N.-B.), La Grande Marée, 2002, 232 p.

* O'REILLY, Magessa, Neil BISHOP et A.R. CHADWICK (dir.), *Le Lointain : écrire au loin, écrire le lointain : 10ᵉ colloque de l'APLAQA*, Beauport (Qc), Publications MNH, « Écrits de la francité, n° 6 », 2002, 216 p.

PAQUETTE, Denise, *Annie a deux mamans*, Moncton, Bouton d'or Acadie, « Météore », 2003, 131 p.

PELLETIER, Charles, *Étoile filante*, Moncton, Éditions Perce-Neige, « Prose », 2003, 234 p.

PERRON, Judith Carol, *Un petit garçon pêche une baleine*, Moncton, Bouton d'or Acadie, illustrations de Naomi Mitcham, « Wabanaki », 2002, 22 p.

PICHETTE, Robert, *L'Académie française et l'Acadie*, Moncton, Université de Moncton, Centre d'études acadiennes, 2003, 24 p.

Répertoire des collections de contes folkloriques, Moncton, Université de Moncton, Centre d'études acadiennes, 2002, 110 p.

Répertoire international des études acadiennes, Moncton, Université de Moncton, Études acadiennes, 2003, 175 p.

RIVIÈRE, Sylvain, *La Sirène des Îles de la Madeleine : conte*, illustrations de Dominic Bercier, Moncton, Bouton d'or Acadie, « Météorite », 2003, 61 p.

ROBICHAUD, Léon et Claude SNOW, *Blessures d'enfance : petit traité de guérison psychospirituelle : ne laissez pas ouverte la plaie de vos enfants*, Montréal, Éditions Sciences et culture, 2003, 126 p.

ROBICHAUD, Marie-Colombe, *100 petites histoires du passé : pour conserver notre langue et notre culture acadiennes*, Meteghan Centre (N.-É.), Éditions de la Piquine, 2002, 199 p.

ROY, Albert, *Accident au lac Virot*, Montréal, Chenelière/McGraw-Hill, 2003, 55 p.

ROY, Albert, *Écueils madawaskayens : poésie*, Tracadie-Sheila (N.-B.), La Grande Marée, 2003, 121 p.

ROY, Armand, *À chaque saison son visage : récits et réflexions*, Moncton, Éditions de la Francophonie, 2003, 254 p.

ROY, Monique, *Requiem pour Galatée : roman*, Moncton, Éditions de la Francophonie, 2003, 290 p.

SAVOIE, Bernard, *J'ai souvenance*, Moncton, Éditions de la Francophonie, 2003, 216 p.

SNOW, Claude, *Bêtises humaines : outils d'intervention*, Moncton, Éditions de la Francophonie, 2003, 122 p.

SURETTE, Paul, *Memramkouke : la lutte pour la terre*, [Saint-Joseph, N.-B.], Société historique de la vallée de Memramcook, « Histoire des Trois-Rivières, vol. II », 2003, 218 p.

SWIMME, Brian, *Voyage au cœur du cosmos*, traduit par Corinne Gallant et Dominique Cardin, Moncton, Éditions de la Francophonie, 2003, 111 p.

THÉRIAULT, Marcel-Romain, *Le Promeneur psychopompe : poésie*, Tracadie-Sheila (N.-B.), La Grande Marée, 2003, 127 p.

THIBODEAU, François, *Au jardin de l'amour : semons l'amour*, Québec, Anne Sigier, 2003, 285 p.

TOBI, *La Bête à bon Dieu*, Sainte-Marie-de-Kent (N.-B.), Éditions les Balises, « La science de l'environnement », 2002, 28 p.

UNGERER, Tomi, *Acadie*, Paris, Le cherche-midi, « Ailleurs », 2002, 160 p.

L'ONTARIO

Du bleu du lac au vert de la forêt : album du 50e anniversaire de l'arrivée de 50 familles qui ont émigré du Lac St-Jean vers le Nord de l'Ontario de 1950 à 1957, Hearst (Ont.), Éditions Cantinales, 2002, 289 p.

ANDERSEN, Marguerite, *De mémoire de femme : récit en partie autobiographique*, préface de Lucie Hotte, 2e éd. rev. et corr., Ottawa, Éditions L'Interligne, « Vertiges », 2002, 355 p.

ANDERSEN, Marguerite et Marcel BÉNÉTEAU, *Trois siècles de vie française au pays de Cadillac : retour aux sources, pleins feux sur l'avenir, 1701-2001*, Windsor, Éditions Sivori, « Visages des lieux », 2002, 283 p.

BALVAY-HAILLOT, Nicole, *Parce que c'était toi, parce que c'était moi : récit*, Ottawa, Éditions du Vermillon, « Visages, n° 14 », 2003, 113 p.

BEDDOWS, Joël, *Théâtre de la Catapulte...1992-2002 : dix ans de création, dix ans d'audace !*, Ottawa, Théâtre de la Catapulte, 2002, 56 p.

BENNATHAN, Serge, *Julius, le piano voyageur : conte illustré pour enfants*, illustrations de Serge Bennathan, Toronto, Éditions du GREF, « Écrits torontois, n° 20 », 2002, 42 p.

BERTRAND, Luc, *Traquenard*, Ottawa, Éditions L'Interligne, « Vertiges », 2002, 447 p.

* BLODGETT, E. D., *Five part invention: a history of literary history in Canada*, Toronto, University of Toronto Press, 2003, 400 p.

BOISJOLI, Jean, *Deça delà Pareil... : poésie*, Ottawa, Éditions du Vermillon, « Parole vivante, n° 48 », 2003, 98 p.

BOULÉ, Claire, *Poreuses frontières : poésie*, Ottawa, Éditions du Vermillon, « Rameau de ciel, 29 », 2003, 104 p.

BOURAOUI, Hédi, *Pierre Léon : humour et virtuosité*, Ottawa, Éditions du Vermillon, « Portraits, n° 1 », 2003, 186 p.

BOUVIER, Luc, *Les Sacrifiés de la bonne entente : histoire des francophones du Pontiac*, Ottawa, Éditions David, 2002, 240 p.

BROCHU, Lysette, *Myriam la dévoreuse de livres*, illustrations de Gabriel Choquette, Ottawa, Éditions du Vermillon, « Les aventures de Myriam », 2003, 88 p.

BURNETT, Virgil, *Leonora : poèmes et dessins = Leonora: poems and drawings*, traduction d'Andrée Christensen et Jacques Flamand, Ottawa, Éditions du Vermillon, « Transvoix, n° 4 », 2003, 94 p.

CHEVRIER, Bernard, *Tales of courage: stories from Eastern Ontario's remarkable past*, [Manotick, Ont.], Penumbra Press, 2002, 128 p.

CHICOINE, Francine (dir.), *Dire la faune*, accompagné des œuvres de Noriko Imaï, préface de Robert Mélançon, Ottawa, Éditions David, « Voix intérieures », 2003, 150 p.

CHICOINE, Francine et Jeanne PAINCHAUD, *Sous nos pas*, préface de Michel Garneau, Ottawa, Éditions David, « Voix intérieures », 2003, 80 p.

CHRÉTIEN, Robert, *La Petite étoile perdue*, illustrations de Jean-François Demers, Ottawa, Éditions du Vermillon, « Pour enfants », 2003, 24 p.

CHRISTENSEN, Andrée, *Cigale d'avant-poème : gestation en quatre actes*, illustrations de Christine Palmieri, Ottawa, Éditions du Vermillon, « Rameau de ciel, n° 28 », 2003, 123 p.

CLOUTIER, Stephan, *Safari de banlieue*, Sudbury, Prise de parole, 2003, 96 p.

CONNOLLY, Carole, *Le Partenaire occulté : manifestations du narrataire dans le roman québécois*, Ottawa, Éditions David, « Voix savantes, 21 », 2003, 204 p.

COOK, Margaret Michèle, *En un tour de main : poésie*, Ottawa, Le Nordir, « Résonance », 2003, 72 p.

CÔTÉ, Jean-Denis et Dominic GARNEAU, *Daniel Marchildon*, Ottawa, Éditions David, « Voix didactiques. Auteurs », 2003, 259 p.

COUZIER, Nane, *De la lumière blanche : poésie*, Éditions du Vermillon, « Parole vivante, n° 46, 2002, 78 p.

DALLAIRE, Michel, *À l'écart du troupeau : poésie*, Ottawa, Éditions L'Interligne, « Fugues/Paroles », 2003, 89 p.

DEMERS, Edgar, *Le Gros cadeau du petit Adam*, Ottawa, Éditions les Trouvères, 2003, 140 p.

DION, Germain, *Le Printemps des impatientes rouges : roman*, Ottawa, Éditions du Vermillon, « Rompol », 2002, 230 p.

DOLBEC, Claude, *Sous le soleil de la vie*, Ottawa, Éditions du Vermillon, « Visages », 2002, 74 p.

DONOVAN, Marie-Andrée, *Mademoiselle Cassie : récit*, 2ᵉ éd. canadienne, rev. et augm., Ottawa, Éditions David, « Voix narratives et oniriques », 2003, 152 p.

DUHAIME, André, *D'hier et de toujours*, Ottawa, Éditions David, « Voix intérieures », 2003, 102 p.

DUSSAULT, Virginie, *Amour vainqueur*, édition préparée par Micheline Tremblay, Ottawa, Éditions David, « Voix retrouvées, 6 », 2003, 232 p. (Éd. originale : Montréal, Impr. J.R. Constantineau, 1915).

FLAMAND, Jacques, *Arbre généalogique des familles Prudon, Prudhon et Flamand*, Ottawa, Éditions du Vermillon, « Visages », 2002, 220 p.

FOURNIER, Anne-Marie, *Une rentrée en clé de sol*, Ottawa, Éditions L'Interligne, « Cavales », 2003, 86 p.

GENUIST, Monique, *Nootka : roman*, Sudbury, Prise de parole, 2003, 210 p.

* GERMAIN, Doric, *Défenses légitimes : roman*, Ottawa, Le Nordir, « Rémanence », 2003, 157 p.

GERVAIS, Gaétan, *Des gens de résolution : le passage du Canada français à l'Ontario français*, Sudbury, Prise de parole, « Ancrages », 2003, 230 p.

GRATTON, Denis, *Aux quatre vents*, Ottawa, Le Nordir, « Père Charles-Charlebois », 2003, 286 p.

GROSMAIRE, Jean-Louis, *L'Homme qui regardait vers l'ouest : roman*, Ottawa, Éditions du Vermillon, 2003, 397 p.

GROSMAIRE, Jean-Louis, *Palmiers dans la neige*, Ottawa, Éditions du Vermillon, « Romans (série Jeunesse) », 2003, 129 p.

GUILLAUME, Sylvie et Pierre GUILLAUME, *Nouveaux regards sur les francophonies torontoises*, Pessac (Gironde), Maison des sciences de l'homme d'Aquitaine, 2003, 147 p.

HENRIE, Maurice, *Mémoire vive : nouvelles*, Québec, L'Instant même, 2003, 251 p.

KAVUNGU, Aristote, *Un train pour l'Est*, Ottawa, Éditions L'Interligne, « Vertiges », 2003, 128 p.

LACOMBE, Gilles, *La Vie est plus simple : poésie*, Ottawa, Éditions L'Interligne, « Fugues/Paroles », 2003, 218 p.

LAFOND, Michel-Rémi, *Le Festin glauque : essai d'autobiographie feinte : roman*, Ottawa, Éditions L'Interligne, « Vertiges », 2003, 150 p.

LALONDE, Gisèle, *Jusqu'au bout*, préface de Yolande Grisé, Ottawa, Le Nordir, 2003, 340 p.

LEBEL, Carole, *Clapotis du temps*, accompagné des photographies de Carole LeBel, Ottawa, Éditions David, « Voix intérieures », 2003, 73 p.

LECLAIR, Didier, *Ce pays qui est le mien : roman*, Ottawa, Éditions du Vermillon, « Romans », 2003, 246 p.

LÉON, Pierre R., *Le Papillon à bicyclette : coquetail de poâmes : croquis, bestiaire, fables*, illustrations de Christine Tripp, Toronto, Éditions du GREF, « Hors collection », 2003, 120 p.

LEPAGE, Françoise, *Le Chant des loups*, Ottawa, Éditions L'Interligne, « Cavales », 2003, 72 p.

LEPAGE, Françoise, *Daniel Mativat*, Ottawa, Éditions David, « Voix didactiques. Auteurs », 2003, 278 p.

LEPAGE, Françoise, *Le Montreur d'ours*, Ottawa, Éditions L'Interligne, « Cavales », 2003, 70 p.

LEPAGE, Françoise, *Paule Daveluy, ou, La passion des mots : cinquante ans au service de la littérature pour la jeunesse : essai*, Saint-Laurent, Éditions P. Tisseyre, 2003, 284 p.

* LEROUX, Patrick, *Le Rêve totalitaire de dieu l'amibe : livret d'anti-opéra cybernétique*, Ottawa, Le Nordir, « Rappels », 2003, 176 p.

L'HEUREUX-HART, Jacqueline, *Yvette Debain : femme imaginaire, femme si peu ordinaire*, Ottawa, Éditions du Vermillon, « Visages, n⁰ 15 », 2003, 109 p.

MANGADA CAÑAS, Beatriz C., *Hélène Brodeur*, Ottawa, Éditions David, « Voix didactiques. Auteurs », 2003, 189 p.

MARCHAND, Micheline, *Une aventure au pays des Ouendats*, Ottawa, Éditions L'Interligne, « Cavales », 2003, 104 p.

MARCHILDON, Daniel, *Les Exilés : roman*, Ottawa, Le Nordir, « Rémanence », 2003, 139 p.

MATTEAU, Michèle, *Café crème et whisky*, Ottawa, Éditions L'Interligne, « Vertiges », 2003, 402 p.

MBONIMPA, Melchior, *Le Dernier roi faiseur de pluie*, Sudbury, Prise de parole, 2003, 381 p.

MERCIER, Denyse B., *Émail et patine : poésie*, traduction par Virginia Bogaan, Ottawa, Éditions du Vermillon, « Transvoix, 2 », 2003, 95 p. (Texte en français et roumain).

MESSIER, Mireille, *Une twiga à Ottawa*, illustrations de Marc Keelan-Bishop, Ottawa, Éditions du Vermillon, 2003, 64 p.

MOËN, Skip, *Dure, dure ma vie!*, Ottawa, Éditions L'Interligne, « Cavales », 2003, 120 p.

MORIN, Danyelle, *Cante Jondo : un chant profond, de vous à moi*, Ottawa, Éditions David, « Voix intérieures », 2003, 81 p.

MUIR, Michel, *Ce vertige lilas : récit poétique*, Sudbury, Prise de parole, 2003, 99 p.

NAYET, Bernard, *Juste un grand vent*, préface d'André Duhaime, Ottawa, Éditions David « Voix intérieures », 2003, 108 p.

* OUELLETTE, Michel, *Le Testament du couturier*, Ottawa, Le Nordir, « Rappels », 2002, 93 p.

*PARADIS, Daniel, *Le Roi des pissenlits : roman*, Ottawa, Le Nordir, « Rémanence », 2003, 127 p.

PARENT, Monique, *Fragiles et nus*, Ottawa, Éditions David, « Voix intérieures », 2003, 108 p.

* PELLETIER, Pierre Raphaël, *Le Retour à l'île : roman*, Ottawa, Le Nordir, « Rémanence », 2003, 130 p.

PERRON, Jean, *Un valentin à la fête des Morts*, Ottawa, Éditions L'Interligne, « Vertiges », 2003, 191 p.

POLIQUIN, Daniel, *Temps pascal : roman*, préface de Daniel Poliquin et postface de Lucie Hotte, 2ᵉ éd., Ottawa, Le Nordir, « BCF », 2003, 162 p. (Édition originale : Montréal, Pierre Tisseyre, 1982).

POULIN, Gabrielle, *Ombres et lueurs*, Ottawa, Éditions du Vermillon, « Rameau de ciel », 2003, 156 p.

PROULX-WEAVER, Ginette, *Le Père Noël à Pâques*, illustrations de Pierre Massé, Ottawa, Éditions du Vermillon, 2003, 32 p.

RENAUD, Rachelle, *Chocs légers : nouvelles*, Ottawa, Le Nordir, « Rémanence », 2003, 106 p.

ROBERTO, Eugène, *L'Hermès québécois II*, Ottawa, Éditions David, «Voix savantes, nº 19 », 2003, 263 p.

ROSENBLATT, Joe, *Le Perroquet fâcheux : fable surréaliste = Parrot fever: surrealist fable*, illustrations de Michel Christensen; traduction d'Andrée Christensen et Jacques Flamand, Ottawa, Éditions du Vermillon, « Transvoix, 3 », 2002, 77 p.

SILVERA-ROCHON, Claire, *Laisse en ciel ton regard : poésie*, Ottawa, Éditions du Vermillon, 2003, 84 p.

SIMARD, François-Xavier et André LAROSE, *Jean Despréz, 1906-1965 : une femme de tête, de courage et de cœur*, 2ᵉ éd., Ottawa, Éditions du Vermillon, « Visages, nº 12 », 2002, 450 p. 36, 55 p. de pl.

SLOATE, Daniel, *Chaque étreinte est un oubli : poésie*, Ottawa, Éditions L'Interligne, « Fugues/ Paroles », 2003, 86 p. (Traduction de : *Of dissonance and shadows*).

SOMAIN, Jean-François, *Tranches de soleil : roman*, Ottawa, Éditions du Vermillon, 2003, 348 p.

TREMBLAY, François-Bernard, *Brèves de saison*, accompagné des encres de Brigitte Sladek, Ottawa, Éditions David, « Voix intérieures », 2003, 82 p.

TREMBLAY, Gaston, *L'Écho de nos voix*, Sudbury, Prise de parole, 2003, 99 p.

TREMBLAY, Jessica, *Le Sourire de l'épouvantail*, Ottawa, Éditions David, « Voix intérieures », 2003, 80 p.

TRUDEL, Jean-Louis, *Jonctions impossibles : nouvelles*, Ottawa, Éditions du Vermillon, « Parole vivante, n° 47 », 2003, 144 p.

YOUNES, Mila, *Ma mère, ma sœur, ma fille*, Ottawa, Éditions David, « Voix narratives et oniriques », 2003, 172 p.

L'OUEST CANADIEN

ANDRON, Marie-Pierre, *L'Imaginaire du corps amoureux : lectures de Gabrielle Roy*, Paris, L'Harmattan, « Critiques littéraires », 2002, 258 p.

BAUDEMONT, David, *Les Beaux Jours*, Saint-Boniface, Éditions des Plaines, 2003, 160 p.

BÉDARD, Armand, *Un rêve en héritage*, Saint-Boniface, Éditions des Plaines, 2002, 159 p.

BOUCHARD, Gisèle, *De sillon en sillon, de saison en saison, Saint-Isidore, 50 ans d'histoire*, Saint-Isidore (Alb.), Société historique de Saint-Isidore, [2003?], 352 p.

DEVAUX, Nadège, *Le Crépuscule des braves*, Saint-Boniface, Éditions des Plaines, 2002, 147 p.

DUBÉ, Albert O., *Le P'tit gars de Duck Lake*, Regina, Éditions de la nouvelle plume, 2003, 105 p.

DUHAIME, André, *Châteaux d'été*, illustrations de Francine Couture, Saint-Boniface, Éditions des Plaines, 2003, 28 p. (Éd. originale : Hull, Québec, Éditions Asticou, 1990).

DUHAIME, André, *Le Soleil curieux du printemps*, illustrations de Francine Couture, Saint-Boniface, Éditions des Plaines, 2003, 28 p. (Éd. originale : Hull, Québec, Éditions Asticou, 1990).

FALARDEAU, Christian-Eric, *La Ligue des hélas : épisodes 1 et 2*, Victoria, Trafford, 2003, 272 p.

GAUTHIER, Guy, *Journal 5.1; suivi de Journal sur le journal*, Saint-Boniface, Éditions du Blé, « Rouge, 19ᵉ », 2003, 320 p.

HARDY, Stephan (dir.), *Nouvel homme : recueil de nouvelles*, Saint-Boniface, Éditions des Plaines, 2003, 144 p.

* HUSTON, Nancy, *Une Adoration : roman*, Arles (France), Actes Sud; Montréal, Leméac, « Un Endroit où aller, 118 », 2003, 403 p.

HUSTON, Nancy, *Angela et Marina : tragicomédie musicale*, collaboration de Valérie Grail, Arles (France), Actes Sud; Montréal, Leméac, 2002, 61 p.

JACK, Marie, *Un long voyage : nouvelles*, Saint-Boniface, Éditions du Blé, 2003, 128 p.

* KERMOAL, Nathalie (dir.), *Variations sur un thème : la francophonie albertaine dans tous ses états*, Edmonton, Salon d'histoire de la francophonie albertaine, 2003, 235 p.

LEBLANC, Charles, *L'Appétit du compteur*, Saint-Boniface, Éditions du Blé, 2003, 72 p.

LÉVEILLÉ, J. Roger, *Fastes : poésie*, Ottawa, Éditions L'Interligne, « BCF », 2003?, 160 p.

LÉVEILLÉ, J. Roger., *New York trip, ou, Tableaux d'une exposition = New York trip, or, Pictures from an exhibition*, traduction par Guy Gauthier, Ottawa, Éditions L'Interligne, « Hors collection », 2003, 43, 43 p.

LÉVEILLÉ, J. Roger, *Nosara, ou, Le volume de l'identité : roman*, Saint-Boniface, Éditions du Blé, « Rouge, 18e », 2003, 224 p.

LÉVESQUE, Claire, *Fragile Alexandra : roman*, Saint-Boniface, Éditions des Plaines, 2003, 154 p.

NAYET, Bertrand, Charles LEBLANC et France ADAMS, *Voyages en papier : trois récits épistolaires*, Saint-Boniface, Éditions du Blé, 2003, 139 p.

PICOUX, Louisa, *À la recherche de Riel*, Saint-Boniface, Éditions du Blé, 2002, 96 p.

PICOUX, Louisa et Edwige GROLET, *Légendes manitobaines*, illustrations de Réal Bérard, 3e éd. rev. et augm., Saint-Boniface, Éditions des Plaines, 2002, 173 p.

POLIQUIN, Laurent, *L'Ondoiement du désir : poésie*, Saint-Boniface, Éditions des Plaines, 2003, 80 p.

PRESCOTT, Marc, *Encore*, Saint-Boniface, Éditions du Blé, 2003, 144 p.

SAINT-MARTIN, Lori, *La Voyageuse et la prisonière : Gabrielle Roy et la question des femmes*, Montréal, Boréal, « Cahiers Gabrielle Roy », 2002, 396 p.

SIROIS, Donald, *Le Son de Donald*, Regina, Éditions de la nouvelle plume, 2002, 70 p. (Accompagné d'un disque compact).

SOCKEN, Paul G. (dir.), *Gabrielle Roy aujourd'hui = Gabrielle Roy today*, Saint-Boniface, Éditions des Plaines, 2003, 212 p.

VERRET, Jocelyne, *J'attendrai : roman*, Saint-Boniface, Éditions des Plaines, 2003, 128 p.

ZIAIAN, Shodja, *Contes iraniens ; suivi de, Critique historique de l'origine des contes et de leur morale*, Toronto, Éditions du GREF, « Athéna, n° 6 », 2003, 190 p.

LES ÉTATS-UNIS

BERNARD, Shane K., *The Cajuns : Americanization of a people*, Jackson, University Press of Mississippi, 2003, 196 p.

BRUNELLE, Claude, *Index for Drouin microfilm collection*, Woonsocket (R.I.), American French Genealogical Society, 2003, 4 v.

COMEAU, Elaine D., *An Index of the French neutrals of Massachusetts, 1755-1766: information extracted from index cards at the Massachusetts Archives*, S.l., Acadian Cultural Society, 2003, 101 p.

FONTENOT, Nicole Denée et Alicia Fontenot VIDRINE, *Cooking with Cajun women: recipes and remembrances from South Louisiana kitchens*, New York, Hippocrene Books, 2002, 376 p.

HENRY, Jacques M. et Sara LEMENESTREL, *Working the field: accounts from French Louisiana*, Westport (Conn.), Praeger, 2003, 188 p.

LETOURNEAU, Armand (comp.), *Reference and guide book for the genealogist: prepared especially for the Franco-Americans*, edited by Janice Burkhart, Woonsocket (R.I.), American French Genealogical Society, 2003, 378 p.

MALLEY, Raymond, *Notes regarding my Mallet and Vautour lineages*, [McLean, Va., R. Malley, 2003], 34 p.

PRÉVOST, Robert, *Mémorial de Canadiens français aux USA*, Sillery (Qc), Septentrion, 2003, 249 p.

STIVALE, Charles J., *Disenchanting les bons temps: identity and authenticity in Cajun music and dance*, Durham (N.C.), Duke University Press, 2003, 217 p.

GÉNÉRAL

BADEAUX, Guy (Bado), *Tout a changé le 11 septembre*, Ottawa, Éditions L'Inteligne, 2003, 120 p.

BARBEAU, Marius, *Le Pays des gourganes et le chanteur aveugle*, textes présentés par Jean des Gagniers, Ottawa, Éditions David, « Voix retrouvées, 5 », 2003, 166 p.

BOULANGER, Jean-Claude, *Les Inventeurs de dictionnaires : de l'eduba des scribes mésopotamiens au scriptorium des moines médiévaux*, Ottawa, Presses de l'Université d'Ottawa, « Regards sur la traduction », 2003, 545 p.

COLLECTIF, *50 ans de radio : tant de choses à se dire*, Regina, Éditions de la nouvelle plume, 2002, 256 p.

DEEVEY, Roxanne, *Montfort et Le Droit : même combat?: objectivité journalistique et militantisme communautaire*, préface de Chantal Hébert, Ottawa, Le Nordir, « Père Charles Charlebois », 2003, 150 p.

DELISLE, Jean, *La Traduction raisonnée : manuel d'initiation à la traduction professionnelle anglais-français : méthode par objectifs d'apprentissage*, avec la participation d'Alain René, 2e éd. rev. et augm., Ottawa, Presses de l'Université d'Ottawa, « Pédagogie de la traduction », 2003, 604 p.

DUMITRIU VAN SAANEN, Christine, *La Saga cosmique*, Ottawa, Éditions du Vermillon, « Science, no 1 », 2003, 100 p.

GAFFIELD, Chad. et Karen L. GOULD (dir.), *The Canadian distinctiveness into the XXIst century = La distinction canadienne au tournant du XXIe siècle*, Ottawa, Presses de l'Université d'Ottawa, « Collection internationale d'études canadiennes », 2003, 335 p.

GÉRIN-LAJOIE, Diane, *Parcours identitaires de jeunes francophones en milieu minoritaire*, Sudbury, Prise de parole, « Ancrages », 2003, 190 p.

GRATTON, Michel, *Montfort : la lutte d'un peuple*, Ottawa, Centre franco-ontarien de ressources pédagogiques, 2003, 805 p.

KUNSTMANN, Pierre (dir.), *Ancien et moyen français sur le Web : enjeux métho-dologiques et analyse du discours*, Ottawa, Éditions David, « Voix savantes », 2003, 330 p.

LABRIE, Normand et Sylvie A. LAMOUREUX (dir.), *L'éducation de langue française en Ontario : enjeux et processus sociaux*, Sudbury, Prise de parole, « Ancrages », 2003,
246 p.

MARESCHAL, Geneviève, Louise BRUNETTE, Zélie GUÉVEL et Egan VALENTINE (dir.), *La Formation à la traduction professionnelle*, Ottawa, Presses de l'Univer-sité d'Ottawa, « Regards sur la traduction », 2003, 212 p.

TAHON, Marie-Blanche, *Sociologie des rapports de sexe*, Ottawa, Presses de l'Université d'Ottawa, « Sciences sociales », 2003, 169 p.

THÈSES

BABINEAU, Jean, « Vortex : suivi de Ventanas : trois fenêtres de la création », M.A., Université de Moncton, 2003, 297 p.

BANZAR, Chimegsaikhan, « Étude sociohistorique et sociolinguistique de l'enseignement du français en Louisiane », Ph.D., University of Louisiana at Lafayette, 2003, 320 p.

BARNABÉ, Carole Lynne Marie, « Le service des archives du Collège universi-taire de Saint-Boniface : son établissement et son avenir », M.A., University of Manitoba, 2002, 139 p.

BLACK, Thea M., « Trois poètes acadiens sur la route de Jack Kerouac (Her-ménégilde Chiasson, Gérald Leblanc, Raymond LeBlanc) », M.A., Dalhousie University, 2002,
96 p.

BOCK, Michel, « Lionel Groulx, les minorités françaises et la construction de l'identité canadienne-française : étude d'histoire intellectuelle », Ph.D., Uni-versité d'Ottawa, 2002, 401 p.

BRAY, Annie J., « L'inscription de l'histoire dans la trilogie d'Hélène Brodeur », M.A., Université d'Ottawa, 2000, 159 p.

COUTURIER, Michelle, « Vers une politique de gestion des espaces verts pu-blics pour la ville d'Edmundston : une approche communautaire », M.A., Université de Moncton, 2003, 105 p.

DIETZ, Sabine, « Les relations formelles et informelles entre les organisations non gouvernementales en environnement (ONGE) et les gouvernements fédéral et provincial au Nouveau-Brunswick », M.A., Université de Moncton, 2003, 144 p.

ÉMOND, Patrick, « La contribution des espaces verts à la qualité de vie urbaine : le cas du parc linéaire de Dieppe », M.A., Université de Moncton, 2003, 100 p.

FABRIS, Papillon, « La pratique du journalisme en milieu minoritaire : un regard croisé sur le cas de l'Ontario français », M.A., Université Laval, 2000, 257 p.

FLUET, Grégoire J., « From French Canadian to Franco-American : cultural survival and reinvention of nationality in a Connecticut Yankee town, 1855-1895 », Ph.D., Clark University, 2002, 454 p.

HAYDAY, Matthew, « Bilingual today, united tomorrow : Canadian federalism and the development of the Official Languages in Education program, 1968-1984 », Ph.D., University of Ottawa, 2003, 480 p.

JOHANSON, Pamela Jean, « La poésie franco-manitobaine : une étude des caractéristiques essentielles », M.A., Dalhousie University, 2002, 144 p.

KEPPIE, Christina Lynn, « Les attitudes à l'égard du Chiac », M.A., Carleton University, 2002, 138 p.

LABELLE, Ronald, « "J'avais le pouvoir d'en haut" : la représentation de l'identité dans le témoignage autobiographique d'Allain Kelly », Ph.D., Université Laval, 2001, 323 p.

LACOURCIÈRE, Sheila, « Les manifestations du mythe orphique dans l'œuvre romanesque de Gabrielle Poulin », Ph.D., Université d'Ottawa, 2003, 443 p.

LAFRENIÈRE, Josée, « Hundred-year storm », M.A., Concordia University, 2002, 309 p.

LANDRY, Elizabeth Butcher, « Antonine Maillet : d'une recherche du Paradis perdu à la connaissance de soi », Ph.D., University of Louisiana at Lafayette, 2002, 210 p.

LANG, Stéphane, « La communauté franco-ontarienne et l'enseignement secondaire, (1910-1968) », Ph.D., Université d'Ottawa, 2003, 302 p.

LAVOIE, Marc, « Les Acadiens et les 'Planters des Maritimes' : une étude de deux ethnies, de 1680 à 1820 », Ph.D, Université Laval, 2002, 554 p.

LEBLANC, Georgette Anne, « La musique nous explique : la tradition musicale acadienne de la Baie Sainte-Marie », M.A., University of Louisiana at Lafayette, 2002, 101 p.

LEBLANC, Ronnie-Gilles, « Dynamiques familiales dans la communauté acadienne de Cap-Pelé-Chimougoui au XIXᵉ siècle : un regard sur le rôle de la famille à l'époque de la survivance acadienne », Ph.D., Université Laval, 2003, 345 p.

MCLAUGHLIN, Mireille, « Les représentations linguistiques des écrivains francophones du Sud-Est du Nouveau-Brunswick », M.A., Université de Moncton, 2002, 124 p.

MICHAEL, Anthony, « Functionalism, fidelity and creation in translation with a commented translation of the short story, 'La main de Dieu' by Pierre Karch », M.A., York University, 2002, 137 p.

PELLETIER, Lise, « La quête de l'identité dans deux romans acadiens : Le chemin Saint-Jacques et Moncton mantra = The quest for identity in two Acadian novels : Le chemin Saint-Jacques and Moncton mantra », M.A., University of Maine, 2002, 120 p.

PRÉAUD, Claire D., « Ethnic relations and assimilation : a case study of French people living in Portland, Oregon », M.A., Portland State University, 2002, 108 p.

PURL, Amy Jo, « Les Baptistes dans un milieu catholique : transformation ou renforcement de l'identité cadienne », Ph.D., University of Louisiana at Lafayette, 2002, 208 p.

REHNER, Katherine Anne, « The development of aspects of linguistic and discourse competence by advanced second language learners of French », Ph.D. University of Toronto, 2002, 232 p.

ROBICHAUD, Joseph Ronald, « Deportation-era Acadian community leaders: an arrested continuity », M.A. Saint Mary's University, 2002, 161 p.

THEOBALD, Andrew Gregory, « "We'll never let the old flag fall": the circonscription crisis in New Brunswick during the First World War », M.A., University of New Brunswick, 2002, 246 p.

T<small>REMBLAY</small>, Rémy, « Le concept de communauté en géographie vu à travers le petit Québec de la Floride », Ph.D., Université d'Ottawa, 2000, 325 p.

Y<small>AMUTUALÉ</small>, Désiré Badi Bady, « Le nouveau curriculum de l'Ontario face au défi de la formation identitaire de la jeunesse franco-ontarienne : étude comparative du programme-cadre des études sociales destinées aux écoles anglophones et francophones », M.A., University of Toronto, 2002, 188 p.

Y<small>OUNG</small>, Hilary Adrienne Nicole, « "C'est either que tu parles français, c'est either que tu parles anglais" : a cognitive approach to Chiac as a contact language », Ph.D., Rice University, 2002, 227 p.

* Nous tenons à rectifier une erreur qui s'est glissée par inadvertance dans la section de l'Ouest canadien du numéro 15. Les trois ouvrages, cités ci-dessous ont été publiés aux Éditions du Blé et non aux Éditions des Plaines.

F<small>RÉMONT</small>, Donatien, *Les Français dans l'Ouest canadien*, 3e éd., Saint-Boniface, Éditions du Blé, « Cahiers d'histoire de la Société historique de Saint-Boniface », 2002, 320 p.

G<small>ABOURY-DIALLO</small>, Lise, *Transitions : poésie*, Saint-Boniface, Éditions du Blé, 2002, 96 p.

L<small>A</small> V<small>ÉRENDRYE</small>, Pierre Gaultier de Varennes et de, *In Search of the Western Sea: Selected Journals of La Verendrye = À la recherche de la mémoire de l'Ouest : mémoires choisis de La Vérendrye*, sous la direction de Denis Combet, Winnipeg, Éditions du Blé, 2001, 191 p.